AF329497

Jean EMILE-BAYARD

Montmartre
Hier et Aujourd'hui

AVEC LES

Souvenirs de ses Artistes et Écrivains les plus célèbres

Ouvrage orné de quinze hors-texte d'après les
eaux-fortes originales de M. Lucien M. GAUTIER

Préface de **M. Adolphe WILLETTE**

Jouve & Cie, Éditeurs
15, rue Racine — PARIS-VIe

MONTMARTRE

Hier et Aujourd'hui

AVEC LES

Souvenirs de ses Artistes et Écrivains les plus célèbres

OUVRAGES DU MÊME AUTEUR

Le Quartier Latin, *hier et aujourd'hui*. Préface de M. Gustave Rivet, ancien Sénateur et ancien Vice-Président du Sénat. Avec les souvenirs de ses grands écrivains et des croquis de l'époque, par G. Lenin et F. A. Cazals.

En préparation (à d'autres librairies)

Trois Années de Critique littéraire (recueil des articles parus quotidiennement à la *France*, aux *Nouvelles*, à *Paris-Journal* et à d'autres journaux).

Souvenirs et Impressions du Front.

Montparnasse : *Hier et Aujourd'hui, avec les Souvenirs de ses Artistes et Écrivains, français et étrangers, les plus connus.*

JEAN ÉMILE-BAYARD

Montmartre

HIER ET AUJOURD'HUI

AVEC LES

Souvenirs de ses Artistes et Écrivains les plus célèbres

Ouvrage orné de quinze hors-texte d'après les
eaux-fortes originales de M. Lucien M. GAUTIER

Préface de M. Adolphe WILLETTE

Jouve & Cie, Éditeurs
15, rue Racine — PARIS-VIe

A M. MAURICE DONNAY

DE L'ACADÉMIE FRANÇAISE

En respectueux hommage.

J.-E.-B.

AVANT-PROPOS

Je ne prétends pas chanter ici l'épopée glorieusement lointaine de Montmartre (après celle du Quartier Latin [1]). Mon âge inexorable entrave cette possibilité. Mais, je me suis adressé aux maîtres du Crayon, de la Plume et de la Chanson qui virent naître la Butte, ainsi qu'à ceux qui la voient mourir.

En plusieurs entretiens, mes « collaborateurs » ont bien voulu se rappeler, à mon bénéfice, le printemps de leur jeunesse sur la Colline Sacrée. Quant au Printemps, lui-même il a approuvé ces hivers.

Et, aujourd hui, je soumets au lecteur, — indépendamment de pages documentaires, — le fruit de ma consultation parlée, méditée, écrite.

En outre, j'ai essayé d'esquisser le Montmartre d hier: celui du « Chat Noir » puis, le Montmartre d'avant le 1er ac . 1914 : l'Humour dégringolant la rue Lepic au bras de l'Insouciance : enfin, celui d'après le 1er août 1914

Conduit par mes « patients », je m'insérai dans le berceau de l'art montmartrois.

Petit-fils d'artiste, fils d'artiste, appartenant à une

---

1. *Le Quartier Latin Hier et Aujourdhui, avec les souvenirs de ses Ecrivains,* ouvrage du même auteur.

famille d'artistes, (le sujet était déjà préparé !), mes mentors m'ont documenté dans le passé où d'autre part l'atavisme m'a guidé.

De tout cœur je les en remercie. Peut-être ces confidences des deux âges aideront-elles mes « cadets » à se pénétrer davantage de charmes évanouis aux pieds du Modernisme...

J.-E.-B.

PRÉFACE

PAR

M. Adolphe Willette

Mon cher Jean-Emile Bayard,

Une préface ? Montmartre ! Dix ans de Bohême !
Dix ans de Bohême, c'était le titre d'un livre que
l'ancien rédacteur en chef du Journal le *Chat-Noir*,
Emile Goudeau, avait fait volontairement banal : cet
exquis poète, alors très las et devenu prudent, avait
peut-être raté cette belle occasion de surpasser Mürger
par son talent et par l'intérêt de notre Œuvre commune.

Jadis, Edmond Deschaumes, ex-secrétaire de la
rédaction, au *Chat-Noir*, a parfaitement défini la
mélancolie de cette généreuse épopée littéraire qu'on
regardait, hier encore, comme une fumisterie.

Tels les héros de Mürger, nous avons eu aussi notre
Rodolphe, mais celui-là était un maître renard qui sut
garder, dans son humide terrier, ces poules aux œufs
d'or qu'étaient les poètes et les artistes dont les noms
suivent :

Emile Goudeau, Clément Privé, Edmond Deschaumes,
Fernand Crésy, Victor Rey, de Sta, Henri Rivière,
Tiret-Bognet, Tanzy, Bourbier, Henri Pille, A. Willette,
de la Gandara, Quinsac, Steinlen, Joseph Bail, Boulard,
Franck Bail, Signac, Capazza, Georges Lorin, Henri
Somm, Villiers de l'Isle Adam, docteur Encausse, Maurice

Rollinat, Charles Morice, Carlier, Jules Jouy, Félix
Décori, Hugonnet, d'Abzac, Edmond Haraucourt, Jean
Rameau, Charles Cros, Alphonse Allais, Jules de Mar-
thold, André Gill, Paul Marot, Gérault-Richard, baron
Barbier, Harry Alis, Félicien Champsaur, qui a la
chance opportune de rimer avec « hareng saur »,
Charles Monselet, (dixit) Victor Meusy, René Ponsard,
Ernest d'Hervilly, Delarue, Edmond Lepelletier, Coli-
gnon, Tolbecque, Viardot de Lubienski dit Chouherski,
Paul Fauchey, Charles de Sivry, Fragerolle, Melandri,
P.-N. Roinard, Camille de Sainte-Croix, Marcel Legay,
Charles Leroy, Robert Caze, Henri Detouche, Hector
France, Georges Auriol, Gaston Sénéchal, Léon Bloy,
Léon Riotor, Louis Marsolleau, Jean Moréas, Caran
d'Ache, Georges d'Esparbès, Montencey, Guillaume
Livet, Marie Krysinska, Colibri, Tqtot, Mandika,
Eugène Brieux, Ogier d'Ivry, Maurice Montégut,
Armand Masson.

Quant à Monsieur Maurice Donnay, il n'était pas de ce
monde... que le Tout-Paris ignorait ou dédaignait alors.

Certes, ce n'est pas l'appât, d'ailleurs aussi onéreux
que dangereux, des boissons que leur servait le cabaretier dit « l'Ane rouge » qui avait fait se grouper cette
élite de jeunes gens, mais une occasion unique, sans les
ennuis et la discipline d'une société constituée, d'étudier
et de produire en commun

Après les tristesses de la guerre et celles de l'avenue
de Villiers, notre jeunesse, si sévèrement élevée dans
l'idée de la Revanche, prit d'abord celle de la joie et de
l'indépendance.

L'esprit de l'Art français était retrouvé. Et cela est
si vrai que continuant, au *Chat Noir*, les traditions
joyeuses de l'atelier, nous ne chantions, tous en chœur,

que des chansons de la vieille France, que Chouka-Bruand mit dans son répertoire lorsqu'il remplaça le *Chat Noir* par le cabaret du *Mirliton*.

Bien entendu aucun de nous ne portait de costume, ni de coiffure excentriques. Le cabaret ouvrait, comme les autres cafés, le matin à neuf heures : exigu et moins bien que son modèle « La Grande Pinte », il était encore arrangé avec goût ; le portrait par Antonio de la Gandara, sérieusement farce du maître du céans, sérieusement farce aussi faisait vis-à-vis au *Parce Domine*, mon tableau exposé alors aux « Arts Décoratifs » du pavillon de Marsan.

Ce tableau avait des étrangetés qui ne purent être comprises que par les contemporains, ainsi pour ce qui est, dans le ciel, de cet omnibus Batignolles-Odéon, dominant la foule des pierrots et des colombines.

Il faut d'abord savoir que le *Chat Noir* a dû sa clientèle d'artistes et de poètes surtout à la décadence du Quartier Latin embourgeoisé. Il y avait, de l'autre côté de l'eau, encore quelques cénacles littéraires et, faisant la navette entre Montmartre et Montparnasse, nous prenions l'omnibus *Odéon* qui alors, nous appartenait de plein droit : c'était notre roulotte. Dans celui de *Pigalle-aux-Vins*, j'ai vu un garçon vous servir à boire de l'intérieur à l'impériale.

Quand le cabaret était trop bondé, eh bien ! on s'installait sur les bancs du boulevard Rochechouart, et à notre appel, le garçon Picard accourait apporter cartes et liquides.

Tout Montmartre était à nous et c'est avec de grands étendards ornés de chats noirs héraldiques que nous allions, en chantant, sur la Butte, au fameux dîner de la *Soupe et le Bœuf* fondé par Jules Jouy. Ah oui ! c'était

l'époque, la belle époque du journal portant le titre du
Cabaret où il se composait. Le *Chat Noir*, titre délicieusement dessiné par le maître Henri Pille. Tout le monde
collaborait gracieusement à cette feuille d'assez grand
format et le tout jeune Henri Rivière se chargeait de la
mise en pages et du choix des caractères avec un goût
exquis.

C'est alors qu'impressionné par ces mimes extraordinaires, les Hanlœs et par les moulins de la Butte, je
donnai à Salis cette série de dessins dont le succès immédiat mais restreint me fit baptiser, par mes camarades, du doux nom de Pierrot.

En ces temps-là, le Boulevard (avec un grand *B*,
S. V. P... merci !) entrait en agonie ; au lieu d'idées, il
ne trouvait plus que des mots, misérables miettes de la
maison d'Or et de Tortoni, et déjà son monocle mépri-
sant reflétait la petite lueur qui grandissait... là-haut,
sur la Butte (avec un grand *B*, S. V. P... merci !) sur
la Sacrée Butte où on avait rêvé d'ensevelir, sous un
monstrueux amas de pierres, l'âme des révolutions...

Par malheur, notre gaîté laborieuse, toute intellectuelle, ne pouvait être comprise ni partagée par les
renards de chez *Maxim's*, qui bientôt raffolèrent des
grossièretées du Tyrtée des Marlous et firent la fortune
du *Mirliton*. De leur côté, MM. Oller et Zidler, leur Providence attentive, flairèrent la bonne affaire dans la
découverte de Pétomane, « gentilhomme mondain »
dont les vents devaient faire tourner les ailes du nouveau Moulin aux lueurs d'enfer.

Et nous qui n'avions, la nuit, pour nous restaurer,
que la tartine du bon charcutier du coin de la rue des
Martyrs, nous vîmes bientôt s'ouvrir, de tous côtés, des
restaurants de nuit, des bars modern'style, et nous

e ûmes la peste en habit noir !... *Parce Domine, parce populo tuo !*

Une tache de sang restant indélébile sur le seuil du *Cabaret du Chat Noir*, Salis prit le parti de traverser le boulevard-frontière et vint s'installer, plus grandement, rue Victor Massé : un succès parisien presque mondial l'y attendait. Cette deuxième et dernière phase du *Chat Noir* fut celle du théâtre d'ombres inspiré par Henri Somm et organisé avec tant d'ingéniosité artistique par Henri Rivière.

De ce *Chat Noir*, où les garçons servaient en académiciens, je ne fus pas... j'avais cédé mon fauteuil à M. Maurice Donnay.

... J'ai rappelé tous ces souvenirs, mon cher Jean-Emile Bayard, tous ces noms parce que, je me souviens qu'un certain jour, au Pavillon de Marsan, devant mes peintures, nous eûmes la commune idée, celle de nous réunir, nous les anciens du *Chat Noir*, n° 1, à un dîner qui s'appellerait, le « Dîner des Survivants ».

ADOLPHE WILLETTE.

MONTMARTRE
Hier et Aujourd'hui

PREMIÈRE PARTIE

CHAPITRE PREMIER

HISTORIQUE DE MONTMARTRE

Evoquons, en quelques mots, sa glorieuse mémoire à travers la brume épaisse des siècles. Ce préambule rétrospectif et d'intérêt lointain, s'efforcera à une utilité stricte.

Plusieurs étymologies ont été successivement adoptées pour la Butte Montmartre qui domine Paris depuis 1860 époque vers laquelle elle fut annexée à la capitale, constituant ainsi les deux quartiers du XVIII arrondissement. Son nom primitif a été rapporté diversement. Ainsi, une chronique de Frédégaire, rédigée sous le règne de Clovis II, dénomme cette Montagne : Mont de Mercure, du latin *Mons Mercurii*. Mais, sous le règne de Charles-le-Chauve, Abbon, dans un mémorial poème sur le siège de Paris par les Normands, lui donne l'épithète de *Mons Martis* : Mont de Mars. En outre, les chrétiens, afin de consacrer le sang versé par leurs apôtres dans l'expression de leur foi, baptisèrent la colline de Montmartre : *Mons Martyrum*. Puis, à la fin du XIIIᵉ siècle, la chronique de Saint-Denis la mentionne sous le nom que

nous lui connaissons aujourd'hui, avec ce commentaire :
« *Avaient esté martirié Saint-Denys, Saint-Rutiz et Saint-Elenteres au pié d'une Montagne qui orendroit est appelée Montmartre, auques près de la Cité de Paris.* »

La découverte empirique de plusieurs sarcophages au sein de la glaise montmartroise, vers l'année 1876, confirmée scientifiquement par la paléontologie et la paléographie, permet d'assurer que la Butte fut habitée à l'époque mérovingienne.

Plus tard, des Abbayes s'édifient sur le coteau où de fréquentes processions se déroulent.

Au début du IX° siècle, les Normands ravagent les rives de la Seine, brûlant toutes les églises ainsi que la légendaire chapelle du Mont des Martyrs.

Vers 876, dans une nouvelle incursion, ils mettent le siège devant Paris. Le comte Eudes se rend aussitôt sur la Butte et ranime le courage des parisiens.

L'église de Montmartre, à chaque attaque normande, fut régulièrement détruite puis reconstruite. A ce sujet, d'amusantes légendes du temps rapportent que des démons, sous la forme de cavaliers, s'acharnèrent à la démolir, qu'ensuite, ils dévastèrent les vignes de la montagne et anéantirent les cultures de sa population éplorée.

En 978, environ, l'empereur Othon II, établit son camp sur la Butte. Il y fait célébrer son triomphe par les clercs assemblés, à la grande stupeur des parisiens.

Au Moyen Age, Montmartre présente un aspect vraiment pittoresque. Partout ce ne sont que bouquets d'arbres et de vignes !

Au pied de la colline sacrée, de vastes marais serpentent à travers les ceps et les carrières à plâtre, à l'emplacement actuel des boulevards extérieurs où déambulent maintenant les filles et leurs protecteurs. Le ruisseau de Ménilmontant traverse le faubourg nord de Paris, de l'est à l'ouest pour aboutir à la Seine.

A cette époque, de petits bois couvrent, depuis le hameau de Clignancourt, les flancs de la Butte. La source de la Fontenelle alimente l'Abbaye et les populations des localités environnantes. Après la vente des biens de l'Abbaye, la partie haute tombe à son tour dans l'exploitation.

Cependant les carrières de la Butte fournissent abondamment du plâtre pour l'édification des bâtisses. Il en sera de même jusqu'à l'époque révolutionnaire. Mais, vers 1880, il ne reste plus rien à extraire de ces carrières.

Des documents du moyen âge rapprochent curieusement le pittoresque de Montmartre de celui de l'Italie, en raison de la prodigieuse fertilité de sa campagne et des ruines à la romaine qui descendent en amphithéâtre sur le flanc sud de la colline.

Vers 1095, un certain chevalier nommé Wautier Payen donne aux moines du prieuré de Saint-Martin des Champs plusieurs terrains de Montmartre. Et ces derniers les céderont plus tard à la reine Adélaïde de Savoye, en échange de l'Eglise de Saint-Denys de la Châtre. Sa majesté y fonda, en 1133, une Abbaye qui devint célèbre : l'abbaye des Dames de Montmartre. A la mort de Louis VI, son mari, Adélaïde de Savoye, épouse le connétable Mathieu de Montmorency et meurt dans son Abbaye.

Quelques années après, de sanglantes guerres civiles désolent Montmartre et la région parisienne avoisinante.

Les biens de l'Abbaye sont alors entièrement dispersés. Agnès des Jardins, devenue Abbesse, fait reconstruire l'Eglise et, Jean Simon, Evêque de Paris, rétablit la discipline — qui s'était quelque peu relâchée — dans les exercices religieux.

En 1559, la plupart des habitations situées sur le sommet de la Butte sont anéanties par un mystérieux incendie.

Henri IV, vers 1590, au moment du siège de Paris,
mène joyeuse vie avec ses officiers dans l'Abbaye —
décidément la « noce » à Montmartre s'honore de dignes
précurseurs ! — ils festoyent avec les religieuses de
Montmartre, réfugiées en cet endroit.

Cette vaste maison au toit de chaume, située à l'angle
de la rue du Mont-Cenis et de la montueuse rue Saint-
Vincent, abritait aussi les rendez-vous de chasse du bon
roi Henri IV.

Alors, Gabrielle d'Estrées, au grand émoi de ses
blanches brebis, prodiguait au Béharnais de chauds
baisers, dans sa douce bergerie... Quelques siècles plus
tard, à côté de la demeure de Berlioz, apparaîtra le pittoresque cabaret de la *Belle Gabrielle* tenu par Mme Marie
Vizier.

Vers 1900, la Butte commencera à succomber à l'exploitation commerciale : dans le parc de la Belle Gabrielle,
Butta-Parck, s'édifiera.

Evolution des genres et des hommes : moines, rois,
vignerons, pâtres, artistes, rapins et noceurs...

A propos de la célèbre Abbaye des Dames de Montmartre appelons-en à la sûre érudition de Jacques Bal-
lieu.

... « Son jardin était en friche, les murs par terre, le
réfectoire converti en bûcher, le cloître, le dortoir et le
chœur en promenade.

Les religieuses chantaient peu l'office, les moins déré-
glées travaillaient pour vivre et mouraient presque de
faim ; les jeunes faisaient les coquettes, les vieilles
allaient garder les vaches et servaient de confidentes aux
jeunes. »

Nombreuses et piquantes d'ailleurs, sont les anecdotes
illustrant l'inconduite d'Henri IV et de ses officiers pendant la Ligue.

Aux alentours de 1500, les ailes de plusieurs moulins
tournent déjà à Montmartre. Moulins à vent, moulins

historiques au-dessus desquels s'envolent les bonnets. C'est Etienne Marcel qui inaugura le premier.

Le plus célèbre d'entre eux le Blute-Fin, celui de l'immortel Sans-Souci, (le Moulin de la Galette) est illustré par la mort de son meunier-propriétaire, Pierre Charles Debray, tué à l'ennemi le 30 mars 1814, sur la butte de son moulin.

Le Moulin de la Galette fut à l'origine un étroit édifice de meunier. La ferme y attenant, transformée en hôtellerie, s'augmenta de quelques bosquets ombragés où l'on se régalait et, sur le gazon étoilé de coquelicots et de bleuets, les couples dansaient... Puis, avec le modernisme, le Moulin de la Galette deviendra le bal des « michés ».

Leurs ailes n'accrocheront plus nos rêves et nos refrains. Bref, l'Abbaye et le prieuré s'accouplèrent sous Louis XIV avec grand éclat. On compte parmi ses religieuses, les plus nobles familles de France : les Guises, les Montmorency, les La Rochefoucauld.

En 1788, l'Assemblée Nationale supprime tous les ordres monastiques et l'Abbaye est évacuée. Avec la Révolution, Montmartre changera son nom en Mont-Marat.

Dans l'*Ami du Peuple*, Marat attaque ,violemment l'Assemblée Nationale, la Commune de Paris ainsi que les juges du Châtelet ; ces derniers lancent aussitôt contre lui un décret de prise de corps qu'ils chargent La Fayette d'exécuter. Marat se cache en vain dans les carrières de Montmartre. Découvert, le Comité des Recherches le juge ; ne relevant aucune accusation contre lui, il le remet en liberté.

En 1794, l'Abbaye et ses bâtiments sont vendus puis démolis : c'est sur leur emplacement que s'érigera bientôt le Sacré-Cœur.

Vers 1848 on rencontre de nombreux clubs sur la Butte mais, la terrible insurrection de la Commune, qui commence le 18 mars 1871, assombrit Montmartre. Il est taché du sang des généraux Lecomte et Clément Thomas.

A ces heures d'angoisse succède une période d'accalmie. En effet, l'Assemblée Nationale autorise la construction de l'Eglise du Sacré-Cœur, à côté de laquelle se tient celle de Saint-Pierre, au point culminant de la Butte. La tradition veut que cet édifice roman repose sur des assises des temps mérovingiens.

Faisons enfin un pas de géant :

Dès 1880, sur les pentes de cette colline qui nous est chère, naquirent des cabarets dont le plus célèbre fut le « Chat Noir ».

Voilà, nous semble-t-il, ce qu'il importe de ne pas ignorer de l'enfance de la Butte Sacrée. Et puis, l'éloge d'une vieille personne aussi noble, serait-il complet s'il ne remontait à sa généalogie ?

Au surplus, avant d'aborder le présent, il est d'usage de déployer quelque érudition, d'autant plus impressionnante qu'elle témoigne de quelque ennui, du moindre ennui, si l'on veut.

CHAPITRE II

LE VIEUX MONTMARTRE

QUELQUES CABARETS FAMEUX : *La Grande Pinte* (1878)
L'Ane Rouge (1890) et *L'Auberge du Clou.*

Montmartre fut à la fois Pays de l'Art et Pays des
Cabarets. Ceux d'autrefois comptaient pour principaux
clients, des filles, des souteneurs et des ivrognes ; ceux
du XVI° siècle étaient fréquentés par des plâtriers, des
prêtres et des soldats. On en interdisait formellement
l'accès aux gens de la localité, car seuls les voyageurs et
passants pouvaient y consommer. Ceux du XVII° siècle
plus mal famés encore, étaient soumis à des ordonnances
sévères de police. Ils devaient être fermés à huit heures
du soir. Ces cabarets aux enseignes souvent obscènes,
véritables maisons de prostitution, abritaient l'ivrognerie,
l'orgie, le viol et le crime.

Au XVIII° siècle, la « traite des blanches » s'étale dans
toute son horreur ; soudards, filles et souteneurs s'é-
gorgent en plein jour devant la maréchaussée volontairement impassible. La luxure déborde. Toutefois, dans
la volupté, les mœurs se dégrossissent et les esprits
s'épurent. Alors fleurissent sur les rives de la Seine les
guinguettes et les cabarets artistiques naissent sur les
boulevards extérieurs.

Vers 1878, Laplace, — une sorte de marchand de tableaux, habitué des ateliers — dans l'espoir de faciliter
les rencontres d'artistes, fonde un petit établissement

dont l'enseigne porte : *A la Grande Pinte* (plus tard *l'Ane Rouge*), Rodolphe Salis, en présence du succès remporté par le cabaret de Laplace, rêve du *Chat Noir*.

L'Age d'Or va commencer. Mousseau fondera *l'Auberge du Clou* et Charles Moreux *Le Plus grand Bock*, rue Daucourt. *Le Cabaret des Assasssins*, rue des Saules, plus tard le *Lapin Agile*, *l'Auberge de la Mère Adèle*, rue Norvins, naîtront successivement... et tous ceux que nous oublions.

La Grande Pinte

En 1878, au coin de la rue Lallier et de l'avenue Trudaine, se dressait *La Grande Pinte*. C'était le coin artistique le plus typique de Montmartre à côté de la vie montmartroise de la place Pigalle.

On se souvient de la présence de Charles Monselet, d'André Gill, de Rodolphe Salis, de Carjat, de Ponchon d'Eugène Petit, de Feyen-Perrin, à l'inauguration de la Taverne de Laplace, dont Sals — au *Cabaret des Assassins* ; Salis — au *Chat Noir* ; Ch. Moreux — au *Grand Bock* et Mousseau, à *L'Auberge du Clou*, s'inspireront.

La façade, y compris la porte, apparaissait décorée de vitraux composés par Henri Pille. Ils évoquaient l'histoire de Panurge. Le verrier Poncin les exécuta.

L'intérieur de *La Grande Pinte*, taverne moyenageuse, était confortable et propre. Elle donnait l'impression d'un salon, avec ses chaises et tables de bois, avec ses banquettes en velours d'Utrecht. Des panneaux égaux, dus aux pinceaux les plus réputés,couraient tout autour de la salle, qu'égayaient encore de fraîches poteries. Un ancien acteur, Mousseau — dont la célébrité éphémère résultait du rôle de « Mes bottes » qu'il créa dans *L'Assommoir* — tenait la boutique voisine de « La Grande Pinte »

Cette intéressante brasserie, *La Grande Pinte*, ne réussit pas. Laplace, son « patron », un Lyonnais, tourmenté par le démon du jeu, fit de mauvaises affaires.

On le rencontra, plus tard, brocanteur et marchand de tableaux, le long du mur du boulevard de Clichy. En 1890, *L'Ane Rouge*, remplacera *La Grande Pinte*, Charles Chincolle réclama longtemps qu'un buste fut érigé, en mémoire de Laplace,« père du Montmartre pittoresque ».

Willette nous conte que Laplace « Père de Montmartre » — venu bien avant Salis et Bruant — prenant possession d'un modeste logement, dit au concierge : « Voici cent sous pour ne jamais me dire ni bonjour ni bonsoir. De mes lettres vous vous torcherez... la figure, et si on vous demande des renseignements sur moi, vous direz que je suis un P. D. et un voleur ! » C'est Laplace, qui dit à sa sœur, sa fidèle compagne de fortune et de misère, avant qu'il ne rendit le dernier soupir : — « Ne t'en fais pas ! et surtout ne te dérange pas... je me charge de puer suffisamment pour qu'on soit obligé de m'enlever d'office. »

L'Ane Rouge

Fondé par Gabriel Salis, en 1890, l'*Ane Rouge*, succède à la *Grande Pinte* (1878) dont nous avons vu le créateur précurseur des cabarets de Montmartre. Dans ce coin paisible de l'avenue Trudaine, à l'heure apéritive, Willette, G. Courteline, Gustave Charpentier, Verlaine, Caran d'Ache, Rivière, Rodolphe Salis, A. Truchet, Steinlen Somm, Cros, Arène, Rœdel et Grün, notamment, s'y rencontraient.

Le frère de Rodolphe Salis, Gabriel — fils de l'*Ane Rouge* du fait que Willette avait baptisé son père d'*Ane Rouge* à cause de la couleur ardente de ses cheveux — présidait les soirées et interloquait les visiteurs, tandis que Xavier-

Privas, Paul Delmet, Trimouillat, Meusy, Montoya, Lemercier, Legay, venaient chanter leurs œuvres.

L'*Ane Rouge*, après la chance connut la guigne noire. André Joyeux succéda à Gabriel Salis dit le « Léopard » et dans un moment de détresse extrême se suicida.

Le peintre de Feure s'étant chargé de décorer les murs de l'*Ane Rouge* d'originales peintures allégoriques. Et Willette enrichit le cabaret de l'un de ses premiers tableaux: La *Fédérée de la Place du Tertre*, inspirée par un poème de Jean Richepin.

Il y a quelques années, Willette découvrit, au cours d'une promenade, sa toile chez un marchand. Il l'acheta aussitôt, et non sans émotion la transporta dans son atelier de la rue Lacroix où il la conserve jalousement.

Une femme intelligente et artiste, Marinette, assuma ensuite la direction de l'*Ane Rouge* mais sans succès. Entre temps, des poètes naissants y essayaient leur talent, et ils y trouvaient quelquefois une juste rémunération.

En 1902, de Bercy reprit l'*Ane Rouge* mais il dut, au bout de quelque temps, en abandonner les destinées. Ce cabaret avait vécu.

L'Auberge du Clou

L'*Auberge du Clou*, située avenue Trudaine, en haut de la rue des Martyrs, à côté de la *Grande Pinte* semblait une prison, avec ses murs grossièrement maçonnés et ses fenêtres aux lourds barreaux. Aujourd'hui la salle a conservé sa même décoration pittoresque. Elle était agencée, nous dit Adolphe Willette, comme les auberges du temps du « Courrier de Lyon ». L'ancien acteur Mousseau, qui ouvrait et vendait des huîtres, prit pour associé le père Tomaschet « Schocnosof », ancien garçon de café enrichi au Quartier Latin. Mousseau s'en débarrassa

bientôt et son ex-associé inaugura, sur le boulevard
Saint-Martin, « l'auberge des Adrets ». Les mécontents
du Chat Noir, formèrent la clientèle du « Clou ». Willette
fut même chargé de décorer la salle du restaurant qui
était au premier étage. « Pierrot » ne pardonnera jamais
à Mousseau d'avoir pris *La tentation de Saint Antoine,*
son premier « Salon » qu'il lui avait confié, pour ciel-de-
lit !

Cela n'empêchait pas Mousseau, marchand d'oiseaux au
surplus, de fréquenter chez « La grande Pinte » que
Laplace venait d'ouvrir.

S'y comptaient : Alphonse Allais, Courteline, de Pawlowski, Saint-Georges de Bouhélier, Jean-Paul Fargue,
Jehan Rictus, Bottini et Launay, deux jeunes espoirs de
la peinture aujourd'hui disparus, Alfred Jarry et Dépaquit.

Les « Clients » de marque tenaient plus volontiers leurs
assises au sous-sol, dans une étroite salle mise à leur
disposition où Mousseau avait installé un piano — et
quel piano !

C'est au sous-sol qu'Albert Tinchant, en rupture de
Chat Noir, devait, au piano, charmer la clientèle, malgré
qu'il sût à peine tapoter avec deux doigts. Heureusement
que Thomaschet, acharné à culotter des pipes, n'avait
d'oreilles que pour entendre les compositeurs Claude
Debussy, Chevalier et Erik Satie, qui remplaçaient Tinchant pour donner de temps à autre, la primeur de leurs
œuvres. Alors Tinchant respirait largement.

Vers 1909, sous le qualificatif de *Symbolisme* un groupe
de jeunes gens — la plupart encore au collège — s'y réunirent le jeudi après-midi. Sous des pseudonymes abra-
cadabrants ils se livraient aux plus folles excentricités
dans le Quartier.

Transformée par ce modernisme, cette auberge est
devenue le rendez-vous des estomacs délicats et nocturnes...

Puisque nous évoquons *L'Auberge du Clou*, disons un mot d'un de ses anciens clients du brave poète-chansonnier Vadorin de Volgré, aujourd'hui à l'hospice de Brévannes, collaborateur de Paul Delmet, de Marcel Legay et de Léo Daniderff, fondateur jadis du cabaret de « Nostre Logis ».

C'est lui qui contait, à notre excellent confrère Maurice Hamel, de *Comœdia*, cette savoureuse anecdote : « Connaissez-vous la guérite, solidement rivée au sol, de la rue Forest à Montmartre ? Non. Eh ! bien, cette guérite ample comme une armoire, j'eus l'idée, un soir, avec le mage Georges Petitjean, de la faire parler... « Parle guérite ! » m'écriais-je. Et, aidé du mage, nous la pressions chacun de notre côté, comme on fait pour les tables tournantes. Nous exercions sur elle notre fluide dans le vague espoir de lui faire dire quelque chose. A notre stupéfaction, cette guérite, qui était scellée au trottoir, bougea, oscilla, tangua d'une façon extraordinaire... et tout à coup, bien qu'elle fut hermétiquememt close et qu'il n'y eut jamais personne dedans, elle s'ouvrit... oui, elle s'ouvrit avec fracas... et je vis se dresser devant moi un sergent de ville à l'œil terrible... « Ventre de poulpe ! », m'écriais-je en faisant un pas en arrière, puis un pas en avant... Le sergent de ville et moi, nous échangeâmes un regard courroucé et, ne sachant quoi nous dire, nous continuâmes notre chemin, lui à gauche, moi à droite, toujours accompagné du mage Petitjean, qui en est encore comme deux ronds de flan ! »

La Rue Sainte Rustique

CHAPITRE III

LE CABARET DU « CHAT NOIR »
LE JOURNAL « LE CHAT NOIR »

Le cabaret du « Chat Noir » (1881)

La création du *Chat Noir*, à Montmartre, remonte à
1881, simultanément, presque, avec celle des *Hydropathes*
au Quartier Latin. A cette époque, quelques artistes et
littérateurs bavardent dans une boutique du Boulevard
Rochechouart, derrière laquelle se trouve une petite
salle où ils déjeunent, dénommée : l'*Institut*. Comme ils
s'y voient irrégulièrement, ils choisissent un jour commun, le vendredi, pour s'y rencontrer à date fixe.
Emile Goudeau prend l'initiative de ces réunions, tout
amicales, d'où naîtra le *Chat Noir*. Quelques poètes y
disent leurs vers, des écrivains y lisent leurs proses, et
des peintres, tapissent les murs avec leurs toiles. Jeunes
et vieux, y voisinent. Spontanément, Villiers de L'Isle-
Adam, Verlaine, Rollinat, Haraucourt, Ycres, Marie Krysinska, Samain, Jean Ajalbert, parmi tant d'autres, y
parlent sans emphase, d'art et d'autre chose... Ils sont
tous très jeunes, remplis d'espérance, pleins de talent.
Tout en s'amusant, sans arrière-pensée et sans argent,
avec beaucoup d'idéal, leur cénacle s'agrandit. *Le Chat
Noir*, à ce moment, est un cercle fermé. Le public n'y a
pas encore ses entrées : seuls, ses fondateurs et amis, le
fréquentent. Ils vivent dans une parfaite communion
d'esprit et d'idées.

Chacun y apporte son printemps, son humour, son talent et ses pensées.

A la fin de 1881, Rodolphe Salis inaugure au numéro 84 du boulevard Rochechouart, le Cabaret du *Chat Noir* à l'emplacement aujourd'hui de l'établissement d'Aristide Bruant, sous-loué au Bruyant Alexandre

D'abord artiste-peintre, Salis loua cette boutique, anciennement un bureau auxiliaire de Postes tenu par M. Flocon, brave homme et bon poète, pour y faire de l'art, puis sur le conseil d'Emile Goudeau, il transforme son atelier en cabaret « afin », selon lui, « de verser à boire à tous ceux qui gagnent artistement la soif ».

Le directeur-fondateur du *Chat Noir* était une sorte de romantique amer dont la verve truculente et fantaisiste, émanait le plus souvent de l'esprit d'autrui qu'il traduisait avec une ironie originale.

Ce gentilhomme cabaretier passe généralement pour avoir exercé une heureuse influence sur les lettres et les arts, malgré que d'aucuns le tiennent pour un « exploiteur » des artistes qu'il avait su réunir afin de lui assurer son succès.

Adolphe Willette a été « pillé » souvent. On l'a « tapé » à toutes occasions et toujours il a « marché ». Seulement, n'est-ce pas ? tant va la cruche à l'eau...

Ainsi, l'incarnation même de Pierrot, qui, quatre années durant, dessina au *Chat Noir* pour l'amour de Pierrot, et trois années à la première page du *Courrier Français*, protestera souvent contre les misérables qui fabriquèrent et signèrent de son nom de ses œuvres. Il reprochera notamment à Rodolphe Salis de se prêter à diverses combinaisons de ce genre. Il lui écrira même : « oh ! je sais bien que vous avez le *tabouret mortel...* Voilà donc votre reconnaissance pour les quatre années que j'ai passées à vous donner, pour le *Chat Noir*, le meilleur de mon cœur et de ma cervelle. Pauvre et débutant, honteux d'un passé absurde, vous êtes venu à mon atelier, me demander, au nom de la camaraderie d'école, ma collaboration à votre jeune journal dont la rédaction se faisait dans notre petit cabaret du boulevard Rochechouart. J'y suis resté quatre ans, vous donnant mes petits pierrots sans aucune rétribution : le *Parce Domine* ne vous a pas coûté cher et j'ai même été chez vous un trop bon client : j'en ai failli perdre la santé et la raison. Et je vous laisserais exploiter indignement ce qui est à moi, ce qui doit me faire vivre ! Ah ! mais non! »

Mais retournons au cabaret.

A sa naissance, le *Chat Noir* apparaît une sorte de long boyau coupé en deux vers son milieu. La première salle appartient aux quelques consommateurs de passage : un comptoir la termine. Au fond, on distingue la seconde, réservée aux habitués : l'Institut ! Là, se réuniront Victor Hugo, Garibaldi, Zola, Legouvé, Paul Alexis, Hubertine Auclerc, Jérôme Napoléon, le général Skobeleff, P. Signac. Un rideau entr'ouvert, sépare ces deux salles : chacun peut se voir.

L'Institut, constitue surtout un coin dantesque, shakespearien, dans le tumulte des chansons et des discussions ; on peut s'y tenir quarante : d'où son nom. Les 'tapisseries qui en couvrent les murs sont semées d'armes, de tableaux et de faïences. A côté, des bouquins poudreux languissent sur un vieux bahut qui supporte le rouet de Marguerite...

Enfin l'établissement, en souvenir d'un conte d'Edgar Poë, prend pour enseigne : « Au Chat Noir ». C'est là l'explication « littéraire ». On en donne une autre, plus prosaïque. Certaine nuit, Salis aurait capturé un chat sur un bec de gaz, et le félin fut le parrain de son auberge...

Bref, chacun redoublant d'efforts artistiques, travaille avec soin à la décoration des murs du Cabaret. Alors, A. Willette compose sa précieuse *Vierge au Chat* et son adorable *Parce Domine* pour lequel Salis lui donnera cinquante francs.

A ce moment, on aperçoit au *Chat Noir*, autour de Goudeau et de Rodolphe Salis, Alphonse Allais, F. Coppée Georges Fragerolles, Marie Krysinska, Haraucourt, Jules Jouy, Grenet-Dancourt, Henri Pille, Caran d'Ache, Henri Rivière, Georges Auriol.

Les réunions du Cabaret du *Chat Noir* se poursuivent. Parfois les chants alternaient avec la musique instrumentale. Le violoniste Paul Viardot, le violoncelliste Tolbecque, le compositeur Charles de Sivry, le mélodiste Villiers de l'Isle-Adam, les pianistes Roche, l'organiste Faucher, de Saint-Roch, le cythariste Delougne, s'affirmèrent de généreux exécutants.

Mais ce furent incontestablement les « vendredis » qui accentuèrent la réputation du *Chat Noir*. En présence de leur succès, les « mercredis » suivirent. Poètes du lieu et d'ailleurs, alors, étaient fêtés ! Goudeau, F. Crésy, Haraucourt, Ogier d'Ivry, P. Marrot, P. Roinard, Déroulède, J. Rameau, G. Sénéchal, A. Masson, F. Décori, Marsolleau, J. Moréas, Georges Lorin, Rollinat, Ch. Cros, G. d'Esparbès furent à l'honneur.

A l'une de ces soirées même, Albert Wolff, alors critique d'art au *Figaro*, entendit chanter, pour la première fois, Maurice Rollinat.

Enthousiaste, il lui consacra le lendemain un article élogieux dans le *Figaro*, qui le lança aussitôt. Le *Chat Noir* reçoit alors la visite des personnalités les plus éminentes des nationalités les plus diverses.

Le succès grandissant, le local devient trop étroit. Salis prie donc poliment l'horloger genevois, son voisin, dont il convoitait la boutique contiguë, de s'en aller. Celui-ci refuse. Salis lui offre une indemnité. L'horloger lui montre son bail et déclare ne vouloir partir à aucun prix. Salis se fâche et, durant deux mois, il lui mène une existence d'enfer. Il lui fait livrer, par exemple, à son domicile, pendant plusieurs semaines, tous les pots de chambre qu'il peut trouver dans un bazar de la rue de

Clichy, ainsi que les objets les plus hétéroclites. Certain soir, furieux, le brave commerçant lance tous ces objets sur la voie publique et se voit dresser procès-verbal par un agent... cherché par Salis.

Une autre fois, un ami du spirituel cabaretier, fait l'aveugle et joue du flageolet avec son nez devant la boutique de l'horloger. Ce dernier chasse aussitôt le soi-disant aveugle. La foule s'amasse et parle déjà de tout détruire chez cette « brute »... Cependant, Salis toujours demeuré en bons rapports avec son martyr, lui envoie de grands coups de chapeau. Le « patient » court enfin, le lendemain, chez son bourreau. Puis, il traitent ensemble.

On a reproché à Salis — Léon Bloy et Willette les premiers — de cracher dans les bocks qu'il servait. Alors, « l'Ane Rouge » fit, un jour, cette réponse à la brave Elise, qui tenait le cabaret du Furet, au quartier Latin : « Mais oui, mais oui, je crache dans le bock des goujats qui me le commandent dédaigneusement. »

Ajoutons que si le garçon servait, Salis tirait les bocks, car la pompe à bière se trouvait cachée derrière le comp-toir.

Cette petite histoire fit dire au délicat romancier Edmond Deschaumes, lequel remplaça Victor Rey comme secrétaire du journal le *Chat Noir* :

«... Le Chat Noir a été une époque plutôt mélanco-lique ! »

. . . .

Compatissante, Mme Salis se plaît à retenir à sa table ceux qu'elle devine dans la gêne : on mange peu et rapi-dement. Au dessert, un concert s'improvise, les esprits s'échauffent et, quelqu'un se mettant au piano, détaille des chansons de Rollinat, Jules Jouy, Bruant, Mac Nab et Georges Lorin.

Afin de procurer davantage de place à sa clientèle tou-

jours plus nombreuse, et plus d'ampleur surtout à ses
« Vendredis artistiques », qui contribuent à la prospérité commerciale du Cabaret, Salis décide de déménager.
Des bagarres avec des souteneurs et la mort d'un de ses
garçons, au cours d'un assaut livré au *Chat Noir*, hâtent
son départ.

C'est alors un déménagement homérique. Salis adresse
la veille une invitation à chacun de ses habitués, ainsi
libellée : « Gentilshommes, bourgeois et manants, sont
invités à boire l'hypocras dans les coupes, cependant que
les poètes, les musiciens et les peintres charmeront, le
jour durant, l'esprit, l'oreille et les yeux.

« Fait en mon Hôtel du *Chat Noir*, moi, Rodolphe
Salis. »

L'exode, au long du boulevard Rochechouart, s'ébranle
lentement, à la lueur des flambeaux, au son d'un
orchestre de fifres et de violons. Salis s'avance — vêtu
en préfet — suivi de deux chasseurs tenant les bannières
du *Chat Noir* avec cette devise : « Montjoy Montmartre ».
Derrière, quatre hommes habillés en académiciens portent le *Parce Domine*, de Willette. Enfin, à quelques
mètres, dans une charrette à bras, se trouvent, pêle-
mêle, les objets les plus extraordinaires.

Etonnée la foule regarde et ne comprend pas... Les
chefs du cortège arrêtent sans raison les omnibus, les
voitures et les passants, cependant que les agents, en
l'absence d'ordres reçus, regardent d'un œil torve...
Imaginez cela !

Ainsi donc, 12, rue de Laval, depuis rue Victor-Massé,
se transfère le Cabaret du *Chat Noir* qui devient bientôt
le rendez-vous du Tout-Paris mondain.

Salis, ne veut jamais donner ce nouveau nom *Victor-
Massé*, à sa rue. Jusqu'au dernier jour du *Chat Noir*, sur
sa porte on lira : « Ici, rue de Laval ». Dans sa pensée,
il lutte contre le Modernisme et ses « évolutions » cosmopolites.

Au contrair.) du premier *Chat Noir*, le second connaîtra la présence de femmes jeunes et intelligentes. En effet, c'était alors la mode de la tournure démesurée. Et puis, il leur fallait trop de place... et puis, — c'est Willette qui nous le souffle, — le lavatory du cabaret était grand comme la moitié d'une guérite et aussi odieux que celui de notre lycée ! « On en sortait comme si qu'on aurait épluché des oignons ». Au premier *Chat Noir*, Willette se souvient parfaitement de ces quelques clientes : de la joyeuse Totote (du Second Empire), du Fiacre jaune, de Joanne Lorgnon, du Sphinx, de Marie Krysinska et de Christiane, une payse de Salis qui devait être son « lot ».

Le nouveau *Cabaret du Chat Noir*, — l'ancien hôtel d'Alfred Stévens — présente une façade dessinée par Henri Pille, illuminée par deux majestueuses lanternes de Grasset. Au-dessus de cette façade, dans un croissant de lune, un chat noir se découpe comme prêt à sauter sur les visiteurs.

Tout en haut de la façade, un autre chat noir resplendit au milieu d'un soleil.

On accède à l'intérieur du cabaret par un imposant escalier d'honneur, bordé de plantes vertes, placé sous la garde vigilante de la *Vénus* de Houdon. Un Suisse chamarré annonce le visiteur en frappant par trois fois sur le plancher avec sa hallebarde, et les « garçons » s'empressent autour des consommateurs, en costume d'académicien...

Au rez-de-chaussée, voici la Salle des Gardes dont les murs, à moitié de la hauteur, supportent des panneaux d'armoires Louis XIII. On y admire le *Te Deum laudamus*, le suggestif vitrail d'Adolphe Willette, fulgurant dans une baie profonde donnant sur la rue.

A l'entrée de cette salle, apparaît une vaste cheminée romane, œuvre de Grasset dont deux colonnes byzantines supportent l'entablement. Deux chats hiératiques la flanquent avec l'invariable devise : « Montjoye Montmartre » cependant qu'à leurs côtés, deux autres chats, en équilibre sur des missels, s'efforçaient de détourner les deux autres de leur but.

Sur les murs, encore quelques panneaux de Willette, rayonnent d'esprit et de couleur, contrastant avec une impressionnante toile de Steinlen. Multiformes et multicolores, des armes de tous les âges, des masques japonais, le crâne et le tibia de Villon enfant, adolescent et homme, à côté du verre de Voltaire (?), font à la fois frissonner et rire les visiteurs.

Au premier étage, se tient la Salle du Conseil et le bar du Captain Cap — personnage fameux créé par Alphonse Allais — qu'ornent des boiseries, peintures et dessins, ainsi qu'une monumentale cheminée, portant sur d'artistiques consoles. A côté, on admire la *Prieuse de Nuremberg*.

A cet étage, à la sortie des théâtres, la clientèle élégante soupe dans les petits salons. Elle y dégustait avec ses doigts — nous contait Camille de Sainte-Croix — des pommes de terre frites, cependant que des chansonniers et poètes auditionnaient dans leurs œuvres.

Au second étage, le *Parce Domine* de Willette, orne un grand atelier transformé en Salle des Fêtes avec encore une curieuse cheminée. De tous côtés sur les murs, de grandioses affiches.

Un grand guignol et un modeste théâtre d'ombres dessinés par Grasset et contruits par l'architecte Isaberg fonctionnent dans cette profonde salle sous la haute direction de Henri Rivière. Au fond de la Salle des Fêtes, deux loges se superposent, qu'occupent les personnalités les plus éminentes seulement aux jours de représentation.

Cette ambiance inspire une mise en scène toute nouvelle à Henri Rivière, qu'imitèrent plus tard MM. Albert Carré et André Antoine.

En outre, sur des compositions dessinées par Willette, Caran d'Ache, F. Fau, Henry Somm et, inspiré par ses propres compositions, Henri Rivière, conçoit des chefs-d'œuvre d'invention scénique et artistique qui feront courir tout Paris rue Laval. Plus loin, nous parlerons de cette innovation qui consacrera le *Chat Noir.*

De même, les matinées hebdomadaires du « mercredi », créées au 84 du boulevard Rochechouart, deviennent le gros attrait du second *Chat Noir.* Alphonse Daudet, Armand Silvestre, François Coppée, Sully Prudhomme, Sarah-Bernhardt, Jean Richepin, Haraucourt, Catulle Mendès, Léo Delibes, Maurice Bouchor qui fréquentèrent l'Ancien, applaudissent au Nouveau : Émile Goudeau, drapé dans son péplum d'ironie ; Coquelin cadet, à l'inénarrable verve : Paul Ceste, à la voix tonitruante, Jules Jouy, au génie satirique, Georges Auriol, Georges Lorin, Marcel Legay, Mac-Nab, Georges Moynet, Meusy et beaucoup d'autres. Puis, viennent les « vendredis », de deux heures de l'après-midi à huit heures du soir.

Dès lors, le nouveau Chat Noir prend un caractère « officiel » et devient surtout mondain. C'est, plus que jamais, une « affaire ». Chacun y est rétribué. Ordinairement, le Chat Noir n'ouvre pas ses portes avant quatre ou cinq heures de l'après-midi, à l'heure dite de « l'apéritif ».

Le soir de l'inauguration du premier « vendredi », on remarquait dans la salle : Emile Goudeau, F. Icres, G. d'Esparbès, A. Masson, Alphonse Allais, Léo Montancey, Albert Samain, Charles Morice, Jean Rameau, Térence Cros, M. Legay, Paul Legrand, Guocchi, Jean Blaise, Auguste Marin, G. Auriol, Steinlen, Mauger, Willette, Rivière, Lepelletier, Fernand Xau, Guillaume Livet, Edmond Deschaumes, Jean Lorrain, Louis Denise, Marsolleau, Léon Bloy, Paul Marrot, Coquelin cadet, Aristide Bruant, A. Tinchant, Léon Riotor, A. Vallette, H. Pille, Montégut, Coppée, Tailhade.

Puis les «samedis» suivent. Voici le programme d'une des soirées inoubliables du 12 de la rue Victor Massé :

THÉÂTRE DU CHAT NOIR

LA TENTATION DE SAINT-ANTOINE
Féerie à grand spectacle en 2 actes et 40 tableaux
PAR HENRI RIVIÈRE

LE FILS DE L'EUNUQUE
Drame en 1 acte et 6 tableaux
PAR HENRY SOMM.

L'AGE D'OR
Pantomime en un acte
PAR WILLETTE

UNE PARTIE DE WHIST
Comédie en un acte et en prose
PAR SAHIB

AVIS

Il nous est impossible de répondre aux nombreuses demandes de places qui nous arrivent de tous côtés. Nous prévenons que, étant donnée l'exiguïté du local, les places pour les premières représentations sont délivrées de préférence aux amis des auteurs et aux abonnés du *Chat Noir*.

Dans l'immense atelier du second étage, l'élégiaque Samain, Moréas, Tailhade, Haraucourt, Georges Lorin et Camille de Sainte-Croix, parmi tant d'autres, vivent leur esprit et leur talent. Durant de longs mois, ils font d'interminables quêtes pour le « Monument Villon » dont ils parlent toujours mais dont ils ne poussent jamais l'exécution.

Enfin, sur un album à feuillets jaunes, les enfants de la grande famille du *Chat Noir*, écrivent leurs pensées fugitives ou dessinent leurs visions : pages joyeuses ou amères ; illustrations spirituelles ou macabres. Banville, Rollinat, d'Aurevilly, Goudeau, Coppée et Haraucourt y échangent leurs sentiments.

Revenons aux ombres du *Chat Noir* qui bénéficient de l'accueil le plus enthousiaste, surtout la grande épopée néo-japonaise de Caran d'Ache : 1808 ; la *Tentation du Grand Saint-Antoine* et la *Rue à Paris*, de Henri Rivière ; *l'Eléphant* et *le Fils de l'eunuque*, de Henri Somm et *L'Age d'Or*, de A. Willette, dont les intermèdes sont remplis de chansons et de vers dits par leurs auteurs. Le « Tout Paris » et la Presse assistent régulièrement à ces représentations.

Les pièces jouées comportent une moralité. L'entrée est libre pour tous les abonnés du journal, excepté le vendredi, jour réservé au public chic et payant.

Maintenant, esquissons un rapide historique des ombres chinoises de nos pères ainsi rajeunies et modernisées par Henri Rivière sur la scène du Théâtre du Chat Noir.

Un jour, pendant que Jules Jouy distille ses chansons hilarantes, l'idée d'un guignol vient à Charles de Sivry et il joue « la Berline de l'Emigré », d'Henry Somm. Le lendemain, Henri Rivière plonge volontairement la salle dans l'obscurité cependant que Jouy chante et fait passer, derrière une serviette éclairée en transparence par un bec de gaz, quelques sergots découpés sur du carton. Les effets rendus sont inexistants il est vrai, mais le théâtre d'ombres est créé.

En deux mois, à la demande de Rivière, on construit sur la façade sud de l'hôtel, qui donne sur un petit jardin, une immense caisse : plateau et scène, avec coulisses. Après quelques répétitions, l'*Epopée* de Caran d'Ache y est « formidablement » accueillie. Salis, en pressent aussitôt le vif succès auprès du public. Il transforme la salle en un théâtre régulier avec places assises et invitations à la Presse pour les premières, et Henri Rivière obtient à nouveau l'agrandissement de la scène du théâtre, de toute la hauteur de la maison.

Douze machinistes l'assistent. Ses ombres projetées, primitivement noires, prennent les couleurs les plus diverses avec sa pièce : *Tentation de Saint-Antoine* (1888). C'est ensuite qu'il donne la *Marche à l'Etoile* (1890) de Fragerolle.

Avec *Phryné*, représentée la même année pour la première fois, apparaissent les ciels mouvants. Trois machinistes sont uniquement chargés des jeux de lumière. Grâce à de multiples rainures entre lesquelles glissent des glaces, sous des ciels peints, éclairés par des rayons de tonalités différentes, des effets « très nature » s'en dégagent. Néanmoins, Henri Rivière étudie toujours et, le public, dès le rideau levé, a l'illusion de se trouver en face de la grande nature qui s'éveille, palpite, vit, décline, se voile dans les vapeurs du soir, se couche, sommeille et meurt. Dès lors, sur cette scène minuscule, avec des décors grandioses, ce sont d'incessantes trouvailles, de nouvelles difficultés vaincues, des rendus imprévus de reflets, des notations nouvelles de l'enveloppe, des transparences et des lointains aériens...

Le boniment, extraordinairement amusant de Salis, commente agréablement la représentation. Il divertit l'esprit tandis que le récitant charme ses oreilles et le spectacle, ses yeux.

Avec *Ailleurs* (1891) de Maurice Donnay, Rivière s'efforce d'exprimer la nature dans toute sa belle simplicité émouvante.

On frappe les trois coups. L'obscurité se fait complète

sur la scène. Les cloches lointaines égrènent leurs sons.
Pour la manœuvre, dans les coulisses, se trouvent :

Au premier étage : un grand orgue, un piano, douze machinistes ; au deuxième étage : vingt et un musiciens.
Or, la veille, à la répétition générale, entre camarades, le feu s'était déclaré. En effet, pendant l'incendie de Metz, à l'arrivée des Huns, les artifices mal combinés mirent le feu à un écran trop fraîchement verni.

Vers 1894, les représentations de *L'Enfant prodigue*, de Fragerolle, obtiennent un succès artistique et scénique, très vif. Le premier tableau représente le père en pleurs. assis sous un arbre, tandis que son fils le quitte, avec le passage du jour à la nuit. Au coup de timbre, le fils prodigue fait son entrée à Thèbes. Vous savez le reste.

Le public considéra enfin le nombre, la variété et la beauté des sculptures, peintures, affiches et dessins originaux de Willette, Steinlen, Pille, Forain, Gérome, Falguière, Bombled, Caran d'Ache, Robida, Rochegrosse, La Gandara, Somm, Galice, Tiret-Bognet, Bac, Rafaëlli, etc., dont les moindres encognures du *Chat Noir* étaient tapissées. Cependant, les paisibles habitants de la rue Victor-Massé s'aigrissent, dépérissent ; ne pouvant dormir la nuit, certains essayent de succomber à Morphée durant le jour. De fatigue lasse, ils poursuivirent le *Chat Noir* pour tapage nocturne. Aux représentants de la force publique, Salis déclare stoïquement :

— « Puisqu'on veut me ruiner en m'expulsant, je me ferai sauter avec mon établissement et tous les miens. »

Grâce au général Pitié qui obtient du Président Grévy la remise des amendes et la suppression de la prison auxquels il avait été condamné, le *Chat Noir* n'est pas inquiété, perturbant toujours un peu néanmoins les locataires qui se résignent à dormir à leur bureau ou en ville, et l'affolement atteint au paroxysme !

Mais, une profonde scission existait déjà entre les membres du *Chat Noir*. Bientôt, Courteline, Steinlen et

Camille de Sainte-Croix désertent le cabaret de Salis
imités d'ailleurs par nombre de leurs amis. Ils fondent
le « mirliton », plus tard le cabaret d'Aristide Bruant,
avec Camille de Sainte-Croix pour directeur.

Après les représentations de *Clairs de Lune* de Fragerolle, vers 1896 le bail de Salis touche à sa fin. Il doit
remettre en bon état l'hôtel. Or, il l'a modifié sur presque
toutes ses faces. Il cherche un local qu'il ne trouve pas
puis un terrain vague pour faire construire un troisième
Chat Noir afin d'y donner exclusivement des représentations théâtrales.

Entre temps, il fait quelques tournées très fructueuses
en Province et à l'Etranger, avec ses trois grands succès :
L'Epopée, *Phryné* et *Ailleurs*. A son retour de Bretagne,
Rodolphe Salis meurt rue Germain-Pilon, à fin de bail...

Est-il vrai que la gloire ait souri à beaucoup de ses
familiers ? A notre sens, au *Chat Noir*, à Montmartre, au
Quartier Latin (1) comme ailleurs, seuls ceux-là con-
quirent la renommée qui, sagement, en dépit de l'emprise
du flot mondain, berceur d'illusions, comprirent la durée
et la valeur d'un tel engouement et armèrent leur talent
par l'étude et le travail, dans une longue patience. L'art
enfanté par le *Chat Noir* est tout de sincérité, d'émotion
et d'enthousiasme. Il a rajeuni les anciennes formules du
Dessin et de la Pensée. Il symbolise l'art en liberté et sa
devise demeure : « L'Art aux Artistes. »

D'ailleurs le public sentait si bien cette inspiration
ailée et cette supériorité intellectuelle qu'il n'osait, sans
y être invité, critiquer la « hardiesse — pour lui ! — de
la matière et de la manière montmartroises du *Chat Noir*.
Il lui semblait même qu'il jouissait d'un honneur sans
égal quand un de ses « pensionnaires » lui tendait la
main ou lui adressait la parole.

1. *Le Quartier Latin*, hier et aujourd'hui, avec les souvenirs de ses
écrivains les plus célèbres, ouvrage du même auteur.

Le *Chat Noir* vint donc à son heure : il eût fallu l'inventer — s'il n'eût existé — pour expliquer la naissance et l'éclosion du Génie de Montmartre.

Le *Chat Noir* est la plus caractéristique illustration de notre faconde des beaux-arts. Sa grande Muse a nom : Insouciance française !

En manière de conclusion, nous citerons ce jugement de Louis Morin, qui a toujours parlé davantage des autres que de lui-même : « Ce furent ces tentatives qui créèrent l'entité spirituelle du *Chat Noir*. Willette lui donna sa poésie symbolique et sa verve malicieuse : Rivière, le sens profond qu'il a des aspects de la nature ; Caran d'Ache, sa drôlerie qui, dans l'épopée, se mêla de grandeur ; Steinlen, son allègre sentiment des réalités ; Somm, son fin sourire et sa grâce inspirée de l'Extrême-Orient ; Auriol, son amour de la fleur et son joli goût décoratif; Pille, sa manière de rire bonhomme: Vaucaire, son délicat sadisme amoureux ; Donnay, son aquahonisme lyrique ; Allais, sa gaieté rapine ; Jouy, Fragerolle, Delmet, Tinchant, Petit, Montoya, de Sivry, Dauphin, et vingt autres lui donnèrent leur manière de rire ; drôles, terribles ou tendres, des musiques nouvelles ou sincèrement reconstituées, de l'esprit, de la vogue, de la rosserie. »

Et puis, pour terminer, voici que se déroule un film joyeux. Laissons A. Willette nous narrer, dans ses *Mémoires*, l'issue tragico-comique d'un certain « Dîner de la Soupe, et le Bœuf », fondé par le chansonnier Jules Jouy et servi dans les gargottes de la Butte.

Les convives hilares passent cloche en tête, coiffés de morions, armés d'arquebuses, d'épées à deux mains, étendart déployé, chantant le fameux chœur des séraphins mais ils sont attaqués par le guet surgi, du Poste de la place Dancourt. La police voyant ces jeunes insurgés, à l'équipement mi-civil, mi-guerrier, avait été alertée par la population des boulevards Rochechouart et Clichy.

La lutte fut épique autour du drapeau pris et repris,
mais Pierrot, l'infortuné porte-drapeau demeura aux
mains des sergots — on ne disait pas alors « flics » — qui
le plongèrent dans un noir cachot inondé d'urine et de
bran ! Puis, il fut passé à « tabac ».

La gaîté française bernant l'autorité, un artiste de
génie incarcéré, quelle auréole pour Montmartre !

Le Journal « le Chat Noir »
(14 janvier 1882)

En présence de la vogue presque mondiale du *Chat
Noir*, Salis fit paraître, dans un but désintéressé, un
organe destiné à conserver les œuvres éparses des
artistes et littérateurs du cabaret. D'où le journal *le
Chat Noir*. Pour composer ses numéros, Rodolphe Salis
tape les écrivains d'articles et, les artistes, d'illustrations. Goudeau, Allais, Jouy, Camille de Sainte-Croix
d'une part; Willette, Steinlen, Henri Pille, Henri Rivière,
Toulouse-Lautrec et Bombled, de l'autre, y collaborent.
La place manque bientôt pour tout insérer. En effet,
c'est un honneur que d'être imprimé au *Chat Noir* et
une preuve de haute estime littéraire, aussi les jeunes
y apportent-ils comme les aînés.leur copie.De province,
où la renommée du journal s'affirme, de nombreux
envois littéraires parviennent au cabaret avec cette
adresse : le *Chat Noir*, Paris.

Le *Chat Noir*, dont le premier numéro paraît le samedi
14 janvier 1882, est à la fois le reflet de l'art, de la
poésie et de la chanson de Montmartre et l'organe des
intérêts de ses habitants. Il s'occupe de tout ce qui concerne particulièrement la Butte Sacrée, soit au point de
vue édilité, salubrité ou intellection. En outre, des réunions permettent à ses collaborateurs et lecteurs d'expo-
ser leur desiderata, quels qu'ils soient. Il tirera pour le
moins, à 1.100 exemplaires.

La rédaction et l'administration du *Chat Noir* se tiennent 84, boulevard Rochechouart. Il paraît « irrégulièrement » le samedi et coûte quinze centimes le numéro. On lit en sous-titre : organe des intérêts de Montmartre.

Pour se faire une idée exacte de la rédaction du journal il faut se reporter à son numéro 35, en date du samedi 9 septembre 1882.

Le directeur du *Chat Noir* s'appelle, naturellement, Rodolphe Salis ; son rédacteur en chef est Emile Goudeau; Clément Privé et Edmond Deschaumes se partagent le secrétariat de la rédaction. Puis le nom d'Albert Tinchant, figure sur la manchette avec le titre de secrétaire de la rédaction. A cet égard, Jules Lemaître, son professeur, raconte qu'il est plus souvent en courses pour le journal qu'à la rédaction du *Chat Noir*. Il assure la matière de chaque numéro, aussi centralise-t-il la copie de chacun, portant encore les articles à l'imprimerie et corrigeant les épreuves. Au soir — en se délassant — il délasse les consommateurs, dans la salle du bas du cabaret puis, dans la salle du haut, en accompagnant au piano les chansonniers. Enfin, il plaque à la manière succinte que nous savons, quelques accords, cependant que les personnages se profilent sur l'écran du théâtre d'ombres chinoises.

Il n'ose s'absenter du *Chat Noir* parce que, dit-il, « pianiste attaché à l'établissement ». Un jour seulement, il pousse jusqu'à la rue Drouot mais, c'est un record...

. Henri Rivière dirige la partie littéraire, à laquelle collaborent : Aurélien Scholl, Jules Claretie, Catulle Mendès, Barbey d'Aurevilly, Léon Bloy, Juliette Lamber, Paul Arène, René Asse, Léon Montancey, Paul Marrot, Jules Lévy, Alphonse Daudet, J.-K. Huysmans, Harry Alis, Félicien Champsaur, Guy de Maupassant, Dubut de Laforest, Chincholle, Périvier, Hector de Callias, Villiers de l'Isle-Adam, Hector France, Lepelletier, Léon Cladel, Robert Caze, Sapeck, Edmond Haraucourt, Henri

Maret, Maurice Rollinat, Gaston Vassy, Henry Bauer, Saint-Juvis, Ernest d'Hervilly, Fargo, François Coppée, Louis Veuillet, Raymond d'Abzac, Victor Hugo, Emile Zola, Ed. de Goncourt, Paul Alexis, Fernand Crésy, Charles Morice, etc. etc...

Parmi les collaborateurs de la partie politique, on trouve plaisamment les noms de Léon Gambetta, Louise Michel, Salis député (*Sic*), Jules Grévy, du Maréchal de Mac-Mahon, du colonel Hugonnet, du capitaine Carjat, etc.

Quant à la partie musicale, elle est tout simplement confiée à Gounod, à Wagner et à Massenet. Cependant, Adolphe Willette, Tiret-Bognet, Somm, Uzès, Henri Rivière, Salis, Jean-Paul Laurens, Emile Bayard, H. de Sta, Kaulbach, Gill, Meissonnier, Carolus Duran, Pille, Cormon, Gervex, Danton Jeune, Charles Léandre, J.-B. Emile Bin, Daniel Vierge, Yamamoto, Régamey, Sei-Tei-Watanabe et Rochegrosse, affirment leurs divers talents dans la partie artistique.

Pour compléter ce tableau de la collaboration des premiers jours du *Chat Noir*, ajoutons-y les noms de Rollinat, Lorrain, Paul Adam, Jules Lemaître, Camille de Sainte-Croix, Gandillot, Pierre Mille, ainsi que ceux de Caran d'Ache, Galice et Fabiano, venus plus tard.

Telle est à peu près complète, l'énumération de cette fleur parisienne née ou flattée au contact du *Chat Noir*. Quand Alphonse Allais succéda à Emile Goudeau, il devint rédacteur en chef, donnant d'incomparables pages d'humour ; Salis, des contes moyenâgeux ; Léon Bloy des pamphlets violents.

A cette époque, Moréas, A. Samain, Donnay, Tailhade, Haraucourt, Victor Margueritte, Jean Lorrain, Rameau, Marsolleau, Narcisse Lebeau et Curnonsky, en constituaient la rédaction « ordinaire ».

Pour se faire une idée des desseins originaux du *Chat Noir*, la consultation de cet article de Jacques Lehardy, paru en tête du premier numéro de ce journal, le samedi 14 janvier 1882, s'impose :

« ... Il faudrait être aveugle comme Homère ou borgne comme Gambetta — que certains loustics appellent Périclès — pour ne pas voir que ces deux mots : « Mont' arrête » sont les radicaux inéluctables de Montmartre. Donc Montmartre est le berceau de l'Humanité. Je dirai plus : Montmartre est une mamelle, et je l'explique.

Deux grandes rivières prennent leur source dans les flancs de cette montagne sacrée et vont former un grand fleuve que l'on nomme la Seine.

Seulement, ces rivières coulent sous terre. Autrefois, elles roulaient leurs flots à ciel ouvert, témoin la rue Grange-Batelière. Donc Montmartre est le centre du monde.

Ces considérations ethnographiques et philologiques le prouvent surabondamment, cependant nous ne devons pas négliger la question archéologique dont la solution accablera mes détracteurs, s'il était quelqu'un d'assez osé pour me contredire.

C'est à Montmartre que fut construite la première ville de l'humanité. D'abord les descendants de Noé logèrent dans des cavernes qui sont encore visibles aujourd'hui. Puis, ils construisirent une citadelle sur le sommet de la montagne : *Oppidum*. On retrouve encore les vestiges de la muraille.

Puis, ils bâtirent un moulin et firent de la galette.

Ensuite, ils se répandirent par le monde.

Je suis plein d'une pitié miséricordieuse et sardonique quand je vois des archivistes pâles, écrire des volumes indigestes sur Thèbes, Ninive, Babylone et Carcassonne afin de prouver que ces bourgades ruinées sont les plus anciennes villes de toutes les antiquités.

... Du reste, ils trouveront dans la bibliothèque du *Chat Noir*, tous les documents qui m'ont servi pour établir ces preuves d'une façon victorieuse.

Montmartre est isolé, parce qu'il se suffit à lui seul.Ce centre est absolument autonome.

Dans une petite ville située à grande distance de Montmartre et que les voyageurs nomment Paris, une académie locale discute, dit-on, les conditions de l'autonomie municipale. Il y a longtemps que cette question est résolue à Montmartre. Les peuples qui pullulent à la surface du globe n'ont qu'à venir s'en assurer.

Le *Chat Noir*, moniteur de Montmartre, a été créé dans le seul but de raconter à l'univers habité, comme quoi cette ville, la plus ancienne du monde ainsi que je l'ai dit plus haut, est encore la plus belle, la plus riche et la plus florissante de notre époque... Le *Chat Noir* en décrira toutes les ressources,tous les agréments, toutes les somptuosités. Et, pour ne pas pratiquer un exclusivisme de mauvaise compagnie, pour ne pas avoir l'air de mépriser les petites cités qui se sont édifiées bien longtemps après Montmartre, le *Chat Noir*, qui ne recule devant aucune dépense,a déjà organisé une légion de hardis explorateurs qui n'hésiteront pas à risquer leurs jours pour aller, au loin, recueillir des documents qui enrichiront les connaissances scientifiques des habitants de la montagne où l'on s'arrête.

Les uns iront aux Batignolles, d'autres à Bercy ; des hommes dévoués et capables de tous les sacrifices, pousseront jusqu'à Paris, et, par leurs correspondances ruisselantes d'intérêt, permettront au *Chat Noir* d'apprendre aux Montmartrois les mœurs,les coutumes, la civilisation des peuples les plus lointains.

Par conséquent, notre journal sera la feuille la plus intéressante qui soit jamais sortie des presses « gémissantes », et celui qui ne le lira pas, ne pourra être — je n'hésite pas à l'affirmer — qu'un simple lecteur du *Mercure Galant* ou de la *Gazette de Hollande*. »

Au sommaire de chaque numéro du *Chat Noir*, en première page, figuraient le plus souvent : « Voyages de

Découvertes » et « Bulletin politique du Chat Noir »,
signés par A. Kempis, pseudonyme d'Emile Goudeau.
On y lisait aussi des causeries théâtrales, des entretiens
scientifiques et tous les genres littéraires. L'article de
tête, toujours d'actualité, rosse, du plus pur parisianisme,
révélait les dessous du monde artistique, littéraire, théâ-
tral et politique.

Voici, parmi tant de bulletins politiques, celui qui parut le samedi 9 septembre 1882 dans le numéro 35 du
Chat Noir :

« .. Les journaux ont donné au public parisien la
preuve d'une mauvaise foi qui n'étonne plus personne
à propos des attaques nocturnes et des exploits des souteneurs dans Paris.

Les journaux réactionnaires déclarent qu'il est impossible de s'aventurer dans les rues à la nuit tombante. Les
journaux, amis du gouvernement, déclarent au contraire
que, cinquante-huit gardiens de la paix ont offert leur
démission au préfet de police.

Ces braves gens ne voulaient point garder plus longtemps des fonctions qui sont devenues depuis longtemps
une sinécure !

Un rédacteur d'une feuille légitimiste a prétendu
qu'au sortir de son journal il avait été assommé d'un
coup de trique sur le front. Un journal gréviste a répli-
qué que cela était faux.

Le journaliste légitimiste ne sortait point de son bureau de rédaction. Il descendait tout simplement d'un
cabinet particulier du Café Américain, et, comme il était
un « Jeune homme » un peu trop soigné, il se serait
fendu le crâne contre un tronc d'arbre, en voulant monter en voiture. Cette polémique, a été suivie d'un envoi
de témoins. Ces messieurs n'ont pu s'entendre :

> Sur le choix des armes,
> Sur le choix des lieux,
> Sur l'heure du combat,
> Ni sur le menu du déjeuner ! ..

L'originalité de ce journal réside en la redaction de ses articles, à la fois montmartrois, littéraires et indépendants.

Aujourd'hui, *Fantasio*, le *Cri de Paris*, *La Vie Parisienne* et le *Carnet de la Semaine*, renouvellent sa manière.

Sous cette rubrique « demandes, offres d'emplois, insertions gratuites », de temps à autre les collaborateurs du *Chat Noir*, dans un assaut d'esprit — qui se termine quelquefois sur le pré — disent leurs quatre vérités à certaines hautes personnalités qu'ils jugent encombrantes ou, dont ils ne prisent guère la façon d'agir ou de penser. Parfois, ils confondaient les plagiats et les plagiaires.

A titre d'exemple, rapportons cette « annonce » imaginée par Jules Jouy, pour Emile Zola :

Egoutiers. — Une équipe d'égoutiers, en costume de travail, demande à M. Emile Zola de vouloir bien le recevoir pour une communication importante.

Hercule. — On demande un hercule, à Médan, pour flanquer des tripotées aux fumistes qui viennent quotidiennement hurler une chanson idiote intitulée : « Il est sauvé, notre saint naturalisme ! » S'adresser à M. Emile Zola, conseiller municipal.

Nègre. — On demande un nègre, à Médan, pour épousseter, entretenir et repeindre les feuilles des arbres d'une propriété ridicule... S'adresser à M. Emile Zola, propriétaire rural.

Jardinier-comptable. — On demande, à Médan, un jardinier-comptable pour laver, brosser et compter les petits cailloux des allées d'une villa de mauvais goût. S'adresser à M. Emile Zola, parvenu.

Garçon. — Un monsieur, de mœurs équivoques, offre à M. Emile Zola de lui apprendre l'argot en trente leçons. S'adresser à M. Sac-d'Os, à la Bastille. »

Quant à Alphonse Allais, chacun le sait, plusieurs fois il est honteusement plagié. Voici, à ce propos, le mot

malicieux qu'il adresse à Armand Silvestre, sous ce titre:
« Lettre ouverte ».

A M. Armand Silvestre, Poète lyrique et Pétardophile

Cher Maître,

*Je ne saurai jamais comment vous remercier du gra[nd]
honneur que vous m'avez fait en racontant, dans l'Echo de
Paris du 1er août 1889, une petite histoire que j'avais modestement publiée dans le* Chat noir *du 7 janvier 1888.*

*Seulement, pourquoi avez-vous remplacé mon pharma-
cien de Londres par un médecin de Vienne ?*

Je joins à la présente un paquet de numéros du Chat
Noir *contenant des histoires qui pourront vous servir.*

Ne vous gênez pas: au contraire, ça me ferait plaisir.

*Veuillez agréer, Cher Maître, l'hommage de mes senti-
ments les plus tumultueux.*

ALPHONSE ALLAIS

Ce modèle d'ironie déchaîne une ardente polémique
dans la presse.

Le *Chat Noir* met un point d'honneur à ignorer les
autres quartiers de Paris, aussi, chacun de ses collaborateurs chargés d'un reportage sur la Rive-Gauche, est-il
« envoyé spécial ». Le premier « voyageur » au Quartier
Latin est A. Kempis, à la verve intarissable. Il « part en
mission », dit-il, pour le journal, sur les grands boulevards, afin d'y glaner quelques impressions.

Voici, racontée par lui-même, l'aventure dont il est
l'acteur, certain après-midi :

« Un jour que j'étais au cabaret du Chat Noir, tout à
coup la porte s'ouvre. Deux étrangers entrent. L'un
marque la soixantaine, l'autre quelque quarante ans, ils
demandent à causer avec le voyageur A. Kempis.

— Alors, je leur réponds c'est moi-même.

— Vous ne nous reconnaissez pas, fit avec douceur le plus vieux ?

— Non.

— Pourtant, ajouta le gros, nos photographies se trouvent partout.

— Ça m'est bien égal, je ne vous connais pas. Et j'ajoutai avec l'autorité que me donne mon talent de voyageur : Qui êtes-vous ?

— Moi, dit le gros, je suis Gambetta et voilà Grévy. Nous voulons vous parler en particulier.

— Soit.

Et je les conduisis dans cette partie du cabaret du *Chat Noir* qu'on appelle l' « Institut ».

Donc, on s'asseoit, François apporte des bocks, et voici textuellement la conversation sténographiée par Signac :

MOI. — Présidents, que me voulez-vous ?

GAMBETTA. — Voyageur, que signifie cette rebellion de Montmartre ?

MOI (*vivement*). — Rebellion !! Sachez, ô voyageur ignare que c'est la juste revendication du premier peuple aborigène contre l'opresseur. De quel droit la plaine veut-elle gouverner la montagne ?

GAMBETTA. — Je ne discute pas, j'interroge. Quels sont vos projets ?

MOI. — Conquérir l'indépendance, l'autochtonie.

GAMBETTA. — A quel parti politique appartient la population artistique de Montmartre ?

MOI. — Les uns sont *Ixistes*, les autres *Zutistes* ; quelques-uns très rares, hésitant entre l'X et le Z, se sont faits *Ygréquistes*.

GAMBETTA (*s'emportant*). — Ah ! les zutistes, les ixistes, les ygréquistes ! Nous n'en voulons à aucun prix.

MOI (*sévère*). — Et alors quels sont vos projets à vous ?

GAMBETTA. — Nous irons dans vos repaires. L'armée viendra, l'armée de Paris, l'armée de Tunis (*sic*), nous vous saisirons au nom de la bourgeoisie, lasse de voir des gens faire des vers, peindre, chanter ; au nom de l'épicerie française, menacée sur sa base irréfragable par une cohorte de factieux armés de plumes et de pinceaux ; au nom du terre à terre, vexé que cette montagne produise de l'Idéal ; au nom des pieds-plats, des cuistres, des manieurs d'or, des financiers, inquiets de voir placer au-dessus de leurs têtes quelque chose d'incompréhensible pour eux, puisque ça ne se trouve pas avec de l'argent ; enfin au nom de l'ennui que nous portons et qui se rebiffe (*sic*) contre votre turbulente gaieté.

Moi. — Eh bien ! Venez-y.

J'étais debout, ils se levèrent.

Signac tendit le procès-verbal de la séance. Ce fut Grévy qui signa.

Ils sortirent. Montmartre, je te le répète, il faut lutter.

Jusques à quand ce peuple de la plaine nous encombrera-t-il de ses ridicules prétentions ? Jusques à quand ces grenouilles du marécage séquanais coasseront-elles contre les dieux de l'art, de l'industrie, du travail que nous sommes ?

Quoi ! peuple, ces volailles de la basse-cour parisienne commanderaient aux aigles des Buttes !

Non, non, non. Il faut lutter. Pour l'art et le libre ciel bleu. Debout !

A. KEMPIS

(*Chat Noir*, 1re année, n° 13, samedi 8 avril 1882).

Ici s'avère la soif de liberté de Montmartre. La moderne « Commune libre » de Montmartre n'a donc rien inventé ! De temps à autre, le *Chat Noir* propage avec force détails les nouvelles les plus abracadabrantes, les soit-disant faits et gestes ridicules d'un haut personnage ou bien dévoile un prétendu scandale politique ou de mœurs. Un jour, à bout de copie, A. Kempis, *alias* Emile

Goudeau, célèbre en ces termes, dans le *Chat Noir*, le prétendu décès de Salis :

« Rodolphe Salis, notre fondateur, notre directeur artistique, notre collaborateur de tous les instants, est mort... L'ambition le prit. Voyant triompher son journal, lui peintre, il s'imagina, pauvre Rodolphe, au contact de Victor Hugo, de Deschaumes, de Vacquerie, de Champsaur, et d'Erckmann-Chatrian qui fréquentaient son cabaret, il s'imagina qu'un peintre non médaillé pouvait s'improviser littérateur. Donc, il mit un mois à faire un roman naturaliste. Le roman fini, il réunit quelques intimes (à l'Institut) et lut son œuvre.

Ce n'était pas trop mauvais, mais soudain l'un des auditeurs qui lisait assidûment le *Gaulois*, déclare à Salis, que son œuvre n'était autre que *Pot-Bouille*. Il prit chaque matin le journal le *Gaulois* au kiosque n° 733 et, au fur et à mesure, s'attrista, il finit par croire que Zola lui avait volé son idée.

Enfin, avant-hier, voyant arriver à son trois centième mille le roman du maître, il nous regarda tous, clients du *Chat Noir*, poètes, peintres, musiciens, iconoclastes, voyageurs, anarchistes, néo-calédoniens, marchands d'estampes et autres avec une tendresse dernière, puis il monta dans sa chambre, et là, ayant écrit ces simples mots :

« Je ne puis survivre ! Zola dans *Pot-Bouille*, m'a volé
« l'idée qui devait faire de moi le poète national, digne
« héritier de Hugo, je pars. Adieu mon père et mon frère !
« Adieu toi, ma femme bien aimée, à qui, du reste, je
« laisse un cabaret prospère en pleine exploitation.
« Adieu, bibelots chéris, épées, casques, javelots, cui-
« rasses, assiettes et bahuts, adieu, je n'ai pu être un
« grand peintre, et Zola m'empêche de devenir un grand
« poète. Triste, je m'en vais. Adieu la vie. »

Enfin, A. Kempis conclut : « Ce papier fut trouvé avant-hier sur la table, et bientôt on découvrit le cadavre de

L'Église Saint-Pierre de Montmartre

l'infortuné Rodolphe Salis, le crâne brisé, la main droite serrant énergiquement le pistolet qui lui avait servi à accomplir cet acte de désespoir. »

Cette triste nouvelle court aussitôt de bouche en bouche ; les artistes de la rive-gauche et les habitués du *Chat Noir*, gravissent la Butte pour venir aux nouvelles.

Puis, le samedi 22 avril 1882, les amis de Rodolphe Salis, reçoivent le faire-part suivant:

« Le convoi et le service funèbre auront lieu lundi. On se réunira à deux heures, 84 boulevard Rochechouart, au cabarat du *Chat Noir*.

Des poètes sont engagés, ainsi que des musiciens pour dire ou chanter des psaumes funèbres. »

La supercherie se découvrit, et chacun s'en fut heureux de savoir « Salis ressuscité » et, de le voir remercier lui-même ceux qui l'avaient, disait-il, « si spontanément pleuré ».

Dans son numéro suivant, le *Chat Noir* raconte la cérémonie qui a eu lieu au Cabaret. On lit sur ses portes : « Ouvert pour cause de deuil national »...

Après avoir touché successivement à la peinture, à l'illustration et à la littérature, Rodolphe Salis s'adonne à la politique. Il se présente aux élections municipales du 4 mai 1884, dans le XVIIIᵉ arrondissement (Montmartre), comme « directeur du *Chat Noir* » et « Candidat des revendications littéraires, artistiques et sociales ». Son concurrent, Joffrin, très ému, envoie aussitôt chez Salis, les membres les plus sûrs de son bureau. Tandis que ces derniers entretiennent Salis du danger que court son élection à Montmartre, contre Joffrin, il s'écrie de sa voix tonitruante, s'adressant à l'employé qui gouverne la pompe à bière : — « Officier! allez faire de la pression !» Les envoyés de Joffrin croyant que Salis parle de pression électorale et qu'il s'adresse à la police, s'enfuient. Quelques heures après, Salis fait placarder, partout à Montmartre, la proclamation suivante :

ÉLECTIONS MUNICIPALES DU 4 MAI 1884.

XVIII° Arrondissement — Quartier Montmartre.

Electeurs!

Qu'est-ce que Montmartre ? — Rien !

Que doit-il être ? — Tout !

Le jour est enfin venu où Montmartre peut et doit revendiquer ses droits d'autonomie contre le restant de Paris.

En effet, dans sa fréquentation avec ce qu'on est convenu d'appeler la capitale, Montmartre n'a rien à gagner que des charges et des humiliations.

Montmartre est assez riche de finance, d'art et d'esprit pour vivre de sa vie propre.

Electeurs !

Il n'y a pas d'erreur !

Faisons claquer au vent de l'indépendance le noble drapeau de Montmartre.

La Butte, cette mamelle où s'allaitent la fantaisie, la science, et tous les arts vraiment français, avait déjà son organe le *Chat Noir*, à partir d'aujourd'hui, elle doit avoir son représentant, un représentant digne de ce nom.

Rodolphe Salis, qui, depuis trois ans, dirige, avec l'autorité que l'on sait, le journal qui est la joie de Montmartre, nous a paru apte à cette mission.

Montmartre mérite d'être même un arrondissement.

Il doit être une cité libre et fière.

Aussi notre programme sera-t-il court et simple :

1° La séparation de Montmartre et de l'Etat ;

2° La nomination par les Montmartrois d'un Conseil municipal et d'un Maire de la Cité nouvelle;

3° L'abolition de l'octroi pour l'arrondissement et le remplacement de cette tare vexatoire par un impôt sur la loterie, réorganisée sous la régie de Montmartre qui permettrait à notre quartier de subvenir à ses besoins et d'aider les dix-neuf arrondissements mercantiles ou misérables deParis ;

4° La protection de l'alimentation publique. La protection des ouvriers nationaux.

Le Comité

Willette (Pierrot) 20, rue Véron.
Poussard (R. P. La Cayorne), 84, boulevard Rochechouart.
Choubrac, rue Ramey, 38.
Marion, 26, rue Letort.
Marcel Legay, 92, boulevard de Clichy.
Gérault-Richard, 44, rue des Abbesses.
De Sivry, 82, rue des Martyrs.
Coquelin (cadet), 84, boulevard Rochechouart.
Jules Jouy, 84, boulevard Rochechouart.
Alphonse Allais, 84, boulevard Rochechouart.
Léon Bloy, 84, boulevard Rochechouart.
Ch. Leroy, homme de lettres, 23, boulevard Barbès.

Vu et approuvé :

Rodolphe Salis

Enfin, l'affiche de la « dernière heure », placardée sur tous les murs de l'arrondissement, est ainsi libellée :
Ce programme sera défendu avec une énergie farouche.
Je suis de ceux qui meurent plutôt que de se rendre

Si je descends dans l'arène, vous jugerez si ma devise, *Sérieux quand même*, est justifiée.

Electeurs, pas d'abstention. La postérité vous attend.

Vive Montmartre !

RODOLPHE SALIS

84, Boulevard Rochechouart

Candidat des revendications littéraires
artistiques et sociales

* * *

L'exemple de Salis fut imité, quelques années après, dans le IXe arrondissement. En effet, un certain Capron s'y portait candidat : Alphonse Allais vraisemblablement. Voici, résumé, son programme électoral :

1° La surélévation de Paris à la hauteur de Montmartre ;

2° l'abolition de la Bureaucratie ;

3° La création d'un fort observatoire sur la cime de Montmartre.

La première réunion politique se tint avenue Trudaine, à l'auberge du Clou. Au premier tour, Capron-Allais, remporta plus de 100 voix. Ce joyeux mystificateur, il est vrai, comptait dans son bureau, Willette, Courteline, Auriol, Goudeski et Lebeau. « Pour rire un peu », le 27 janvier 1889, Rodolphe Salis « directeur du *Chat Noir* », fait placarder sur les murs de Paris, cette affiche :

Electeurs, on vous trompe !

Depuis deux ans, un imposteur, abusant d'une vague ressemblance physique, se fait passer pour le général Boulanger.

Or, le général Boulanger, c'est moi.

Mon programme ? Il est simple :

La revision de la Constitution tous les trois mois.

Je déclare donc que je prends pour miennes toutes les voix qui se portent sur le nom du général Boulanger.

Et si je suis élu, je ne conseille pas à l'individu en question d'affronter en même temps que moi le seuil du Parlement.

Electeurs, aux urnes ! Et pas d'abstentions !!!

RODOLPHE SALIS,

directeur du Chat-Noir

Seigneur de Chatnoirville-en-Vexin

Suivent les signatures de :

Charles Chincholle, Boislavy, Laguerre, Vergoin,, Dick de Lonlay, M. Barrès, P. Adam, Géraudel, Paulus, Anatole Baju, René Ghil, Joséphin Péladan, E. Hoschedé, Paul Déroulède, A. Crié, Capoul, Sylvi Lesueur, Taupinard, E. Carjat, Alfred Le Petit, Georges Berry, Francis Laur, Benjamin Godard, Philippe Dubois, les frères Lyonnet.

Vers la troisième année de sa parution, le *Chat Noir*, — soit pour se moquer d'un écrivain connu, soit pour célébrer un inconnu ou bien pour remercier un généreux donateur — s'adjoint des « secrétaires de la rédaction pour rire »...

Parmi ces derniers, citons : Jules Joffrin, « candidat concurrent de Salis»; Coquelin aîné, « frère de Coquelin cadet » ; Alfred Naquet, « archange » ; Jules Vallès, mort sur les barricades »; F. Xau, « intrépide boulevardier » ; duc de la Rochefoucauld, « homme du peuple » ; Victor Hugo, « homme célèbre » ; Jules Simon, « l'espoir de la France »; la mère Moreau, « générale des Chinois; baron de Vaux, « homme de cheval »; Alphonse Daudet, « romancier polonais et cithariste » ; Hyacinthe Loyson, « catholique pour enterrements » ; Paul Jovis, « vol-au-vent » ; Ravaisson, « conservateur de la Chasteté publique » ; Francisque Sarcey, « pion, vierge et martyr » ; Jean Richepin, « touranien égaré » ; François Coppée, « poète mort jeune » ; Victorien Sardou, « honorable industriel » ; Alexandre Dumas, « agent matrimonial » ; Arthur Meyer, « mousquetaire persécuté » ; Carolus Duran, gros et détail » ; Albert Lambert, « père et fils » ; Alphonse de Rothschild, « futur candidat perpétuel » ; Jules Massenet, « musicien excommunié » ; Grosclaude, « pessimiste catholique » ; Armand Silvestre, « officier d'académie » ; Catulle-Mendès, « spadassin-folâtre » ; de Freycinet, « emballeur » ; sir Charles Dilke, « Anglais cochon » ; Jean-Rodolphe Salis (1), « place aux jeunes ! » ; Jules Lemaître, académicien surnuméraire » ; Ernest Renan, « vieillard lubrique » ; Séverine, « homme des coups d'Etat » ; Pierre Loti, « amiral des lettres » ; Saint-Saëns, « priez pour nous » ; baron de Mockau, « blanchisseuse de fin » ; prince de Saxe-Cobourg, « touriste » ; H. Taine, « punaise héraldique », Jules Ferry, « vieux caleçon » ; Carnot, « ancien Sadi » ; de Hérédia, « marron d'Inde » ; Puvis de Chavannes, « lui-même » ; Georges Duval, « vétéran de la Rigolade » ; Paul Bourget, « joyeux fumiste » ; Deibler « commis-voyageur » ; Emile Zola, « chaste et pur » ; Georges Berry, « vieux vaudevilliste » ; Paul Arène, « Struggle for licheur ».

Vers sa quatrième année Georges Auriol et Albert Tinchant, se partagent au *Chat Noir*, le secrétariat de la rédaction, Tinchant, succédant à Henri Rivière.

A partir de la neuvième année, le *Chat Noir* compte comme secrétaires de la direction, Georges Auriol et Narcisse Lebeau.

---

1. *Le fils de Rodolphe Salis s'appelait Jean-Rodolphe Salis.*
  Salis annonça, en ces termes, la naissance de son fils aux lecteurs du Chat-Noir et à ses amis.
  Jacques-Louis-Jean-Rodolphe Salis.
  Seigneur de Chatnoirville-en-Vexin, né le 24 août 1886, à deux heures de l'après-midi, a l'honneur de présenter ses salutations vives et empressées à tous les gens d'esprit de la connaissance de son père

Les rédacteurs du *Chat Noir* estimaient peu le Pays Latin comme aujourd'hui certains écrivains de la Rive Droite. Les Montmartrois de la Butte tenaient le quartier des Ecoles pour une pépinière à hommes d'Etat, à députés, préfets ou consuls. Ces adolescents trop correctement vêtus, qui suivent les Cours de l'Ecole de Droit, à leur sens, y viennent « sucer » le Code... En plus, ils sont pour eux militairement peignés et trop bourgeois : aussi leur déclarent-ils souvent la guerre à leur manière...

Partant, le *Chat Noir* compte des ennemis de marque, mais il puise, dans les innombrables querelles ou polémiques qu'il suscite, une publicité et des forces toujours nouvelles.

Plusieurs fois, il connaît des procès retentissants dont il sort toujours le front haut.

Ainsi M. J.-K. Paul Henry, ayant mis en cause, dans son feuilleton *Bredouille*, l'architecte Chambardon, celui-ci intente un procès au journal, devant son refus d'obtempérer aux rectifications qu'il exige.

Alors, le *Chat Noir* prétexte qu'il veut vider définitivement une question d'intérêt général et faire déterminer par les tribunaux un point de jurisprudence purement littéraire...

Les collaborateurs du fameux journal composent l'élite intellectuelle de Montmartre, ils sont mieux que quiconque à l'affût du ridicule et, leurs plumes acérées s'emploient parfois, terribles...

Découpons cet extrait savoureux d'un article de Georges Courteline « rédacteur au *Chat Noir* ».

« ... A deux heures, M. Goblet, ministre de l'Instruction publique et des Beaux-Arts, qui présidait la cérémonie, a déclaré la séance ouverte et, après que la musique de la Garde Républicaine eût exécuté la *Marche Indienne*, il a prononcé un discours dont plusieurs passages ont été relevés par d'unanimes applaudissements...

... « M. Edmond Turquet, directeur des Beaux-Arts, s'est alors levé, et a donné, à haute et intelligible voix, lecture du palmarès que nos lecteurs nous saurons gré de reproduire ci-dessous à leur intention :

DISTRIBUTION SOLENNELLE DES PRIX

du

GRAND CONCOURS DE LAIDEUR

*Organisé pour la première fois à Paris
par le Ministre de l'Instruction Publique*

LAIDEUR SIMPLE

Premier prix : M. Ohnet, Georges (*romancier*).
Deuxième prix : M. Sarcey, Francisque (du *Temps*).
Premier accessit : M. Hervé, Edouard (du *Soleil*).
Deuxième accessit : M. Dreyfus, Abraham (*auteur dramatique*).

LAIDEUR COMPLIQUÉE

Prix : M. Hyacinthe (du *Palais-Royal*).
Premier accessit : Dr Ball, Benjamin (de *la Société de Médecine de Paris*).
Deuxième accessit : M. Lassouche (des *Variétés*)·

DISGRACE

Premier prix : M. Sarcey, Francisque, déjà nommé.
Deuxième prix : M. Ohnet, Georges, déjà nommé.
Premier accessit : M. Monselet, Charles (*homme de lettres*).
Deuxième accessit : Ulbach, Louis (*homme de lettres*).
Troisième accessit : M. Pradeau (*artiste dramatique*).
Quatrième accessit : M. Daubray (*artiste dramatique*).

LAIDEUR GAIE

Premier prix : M. Thomas, Ambroise (*directeur du Conservatoire de Paris*).

Deuxième prix : M. Fustel de Coulanges (de la *Faculté des Lettres de Paris*).

Accessit : M. Ohnet, Georges, trois fois nommé.

DIFFORMITÉ

Premier prix : M. Ohnet, Georges, quatre fois nommé.
(*Des applaudissements frénétiques accueillent le nom de M. Georges Ohnet.*)

Deuxième prix : M. Naquet, Alfred (*député*).

Premier accessit : De Bornier, Henri (*auteur dramatique*).

Deuxième accessit : M. Chaillier, Gustave (*chanteur comique*).

Troisième accessit : M. Libert (*chanteur comique*).

LAIDEUR SPIRITUELLE

Prix unique : M. Grévy, Jules, Président de la République française (*vifs applaudissements*).

Leaders du « Matin »
Ex-œquo

M. Ranc.
M. Jules Simon.
M. Laguerre.
M. Scholl.

LAIDEUR MORALE

Premier prix : Mlle Bardin Anna, dite Baronne d'Ange (artiste).

Deuxième prix : M. Blot Henri, de Saint-Ouen (vampire)

Accessit : M. Léo Taxil (de l'*Univers*).

LAIDEUR TRISTE

Prix unique, fondé par le patron de la « Boule-Noire ».
Le prince Diaoulé-Karamoko.

(Des applaudissements enthousiastes accueillent le nom
du prince, et la musique de la Garde République commence en son honneur une troisième audition de la
Marche Indienne).

A quatre heures, la cérémonie était achevée.

GEORGES COURTELINE.

Au début, le *Chat Noir* était distribué gratuitement à
ses collaborateurs et amis, qui, en échange, se chargeaient
des frais de son édition. Un beau matin, il trouve quelques
acheteurs au numéro puis des abonnés. Bientôt, ses
polémiques et ses reportages sensationnels, ses démêlés
avec la Police, lui assurent une vogue réelle, enfin, la
publicité payante, — après celle des amis — emplit sa
caisse. Le *Chat Noir* devient alors une petite affaire commerciale. Son existence, désormais, est assurée. Néanmoins, la réclame s'y révèle montmartroisement présentée
par le patron bonimenteur:

LE CHAT NOIR

LE CHAT NOIR

LE CHAT NOIR,

*est le cabaret le plus extraordinaire du monde. On y coudoie
les hommes les plus illustres de Paris, qui s'y rencontrent
avec des étrangers venus de tous les coins du globe. Victor
Hugo, Émile Zola, Barbey D'Aurevilly, l'inséparable M. Bris-
son, l'austère Gambetta s'y tutoient avec MM. Gaston Vassy
et Gustave Rothschild; on s'y foule, on s'y presse.*

C'est le plus grand succès de l'époque.
ENTREZ !! ENTREZ !!

Il nous faut aussi citer cette « réclame payée » dont la manière de rédaction atteint la perfection artistique :

DERNIÈRE HEURE

Nous recevons de notre voyageur A. Kempis, la note suivante que nous nous empressons d'insérer sous les réserves ordinaires :

Café des variétés, une heure du matin.

J'apprends d'un homme autorisé et décoré du Nicham, qu'il existe non loin d'ici, sur les bords d'un fleuve appelé la Seine, une espèce de palais remarquable à plusieurs titres et que les riverains nomment :

Le Louvre

Ce palais a contenu jadis les Rois fossiles de ces pays bizarres, et aujourd'hui enferme en son sein les richesses les plus inestimables de l'art de la peinture ; or, à côté de ce palais, existe, paraît-il, un autre palais féerique intitulé :

Les grands magasins du Louvre.

Dans lequel entrent nuit et jour de jeunes femmes vêtues presque en sauvages et qui sortent de là vêtues en civilisées, presque en Montmartroises. Ce palais féerique renferme toutes les attractions : étoffes, dentelles, bijoux, objets d'art.

Un Montmartrois en serait étonné.

Je compte m'y rendre bientôt à petites journées.

A. KEMPIS.

Dans une amicale pensée, le *Chat Noir*, consacre à la parution des ouvrages de chacun de ses collaborateurs des chroniques destinées à faciliter leur vente, sous une forme originale. Quelquefois, c'est une réclame dans ce genre qui salue un roman réaliste de Félicien Champsaur:

DINAH SAMUEL

La librairie Ollendorff met en vente

DINAH SAMUEL

Dinah Samuel

par Félicien Champsaur

Livre, roman, poème, trou-la-la. Révélation sur le monde artistique, la-la-ï-tou.

Des choses inouies, renversantes; la vie des artistes dévoilée, mise à nu.

Horreur !!!

Que les femmes du monde ne lisent pas ce livre de Félicien Champsaur:

DINAH SAMUEL

Bientôt, le *Chat Noir* subit les assauts du Modernisme — qui le tuera — d'autre part, quelques-uns de ses premiers collaborateurs, du jour au lendemain, connaissent la vogue ; ils le quittent ; d'autres, préfèrent à la Butte la Rive gauche, enfin, une évolution lente, détourne les esprits les plus hardis et, les « embourgeoise ». Néanmoins, le *Chat Noir*, paraît tous les samedis.

Dès janvier 1895, Emile Boucher en prend la direction, installant l'administration et la rédaction du journal 4 rue Chauchat. Paul Dollfus, Jean Goudezki, Gaston de Pawlowski, Maurice Neumont, Emile Cohl, Delaw, G. Montoya, Fursy, Curnonsky, Paul Héon, Edouard Detaille, Henri Pille, Steinlen, Henry Gray, Vogel, Bac, Emile Blémont, y apportent leur collaboration amicale et désintéressée.

Comme par le passé, le *Chat Noir* conserve son même grand format avec la fameuse illustration de Henri

Pille. La première page est toujours réservée à l'actualité ou à l'information, et les autres sont consacrées à la
prose, à la poésie, à l'érudition et, surtout, à l'esprit
« montmartrois ». Seulement, les théâtres et les livres
y jouissent d'une place spéciale. Et Paul Dollfus, dans
une série de chroniques du plus pur parisianisme, exa-
mine le « monde du boulevard ». A la troisième page, le
plus souvent, figure une illustration d'actualité.

Cependant, le *Chat Noir*, doit réduire son format, bien
que la publicité afflue dans ses colonnes: il n'en compte
pas moins huit pages.

Avec bienveillance, Jules Lévy, à qui le poste de rédacteur en chef vient d'être confié, accueille les jeunes
talents et réserve, hebdomadairement, une page entière
à un dessinateur connu qui se caricaturise lui-même.
Dorénavant, la huitième page, — celle de la réclame —
disparaît sous la publicité des chemins de fer et des apéritifs : sans doute l'Administration du *Chat Noir* voyage-t-
elle et s'abreuve-t-elle beaucoup sans débourser ! Vers
janvier 1896, Willy, Benjamin Rabier, Roze, Numa Blès,
Fernand Hauser, J. Villon, H. Herrmann, Léonce Burret
Franc-Nohain, alimentent ses colonnes.

Eclectiques et cultivés, Emile Boucher et Raymond
Lacan, en avril, président aux destinées du journal avec
Don Emilio pour rédacteur en chef ; ils accueillent les
cigales du Languedoc et de la Provence qu'ils abritent
4, rue Favart.

En juillet, Raymond Lacan demeure seul directeur du
Chat Noir tandis qu'Emile Boucher passe rédacteur en
chef, remplacé quelques mois après par Don Emilio. A
partir de janvier 1897, Steinlen, Wély, Raffin, Valvérane,
Luc Leguey, Fernand Fau, Alfred le Petit, Léonce Burret, pour le crayon ; Docquois, Pierre Véber, Franc-
Nohain, Tristan Bernard, Paul Héon, Paul Acker, Maurice Boukay pour la plume, assurent régulièrement leur
collabor ⍰ tion au *Chat Noir*. Willy, devenu rédacteur en che

du journal, inaugure aussitôt, 3.5 rue Fontaine, un hall, —
la salle des Dépêches — mis uniquement à la disposition
des artistes afin qu'ils y exposent leurs œuvres, tandis
qu'au n° 27 du boulevard Poissonnière, s'ouvre une salle
de vente pour l'achat de leurs tableaux.

C'était un pas vers la suppression de l'intermédiaire
léonin entre l'artiste et son œuvre.

De-ci, de-là Laurent Tailhade et Jules Renard, appor-
taient au *Chat Noir* des pages inoubliables sur la nature
et ses voix intérieures.

Du premier jusqu'au dernier numéro du *Chat Noir*, on
rencontre des attaques assez vives contre l'Etudiant de
la Rive-Gauche que Montmartre se représente comme un
éphèbe bon élève dans sa famille ; pâle et morne d'être
claustré entre les murs sévères de sa chambre ; nourri
de grec, de latin et de haricots, intriguant au lendemain
du baccalauréat afin d'arriver quelque jour.... à quelque
haute fonction.

Organe de la ville de Montmartre, le *Chat Noir* se
devait à cette injustice vis-à-vis de la seconde ville de
France.

Vers septembre 1899, le *Chat Noir* a pour directeur
Emile Mahé, et ses bureaux sont transférés 3, rue Bour-
daloue. A partir de cette année, le *Chat Noir*, cesse de
paraître. Désormais il vivra dans la pensée de ses collaborateurs, de ses amis et de ses admirateurs.

Coup de théâtre ! quand, le 1er mars 1900, des communi-
qués à la Presse apprennent au Public l'apparition du
Nouveau Chat Noir... car le « Chat », précise l'Epitre au
Lecteur, « est éternel ! » Il courait la prétentaine, amoureux de par le monde alors qu'on le croyait fini, tombé
des gouttières ! Il miaule un bonjour, s'étire, fait le gros
dos, se dresse et reparaît. Hélas ! Allais, G. Sécot, E Ver-
deau, H. Cohl, d'Esparbès, Courteline, Auriol, Delorme,
— les collaborateurs littéraires du *Nouveau Chat Noir*, et
quelques dessinateurs fameux, — ne réussiront point à

vaincre l'indifférence générale du gros public pour les maîtresses plumes et les crayons vainqueurs. Alors que le *Nouveau Chat Noir* tend une patte de velours, des coups de griffes lui répondent.

CHAPITRE IV

« LE CABARET DES ASSASSINS... » « MA CAMPAGNE... » « CHEZ SALS »... « LA PEINT A. GILL », « LE LAPIN A GILL » ET « LAPIN AGILE ».

(1886-1925)

Une conversation avec « Fréde » patron du *Lapin Agile*

(1903-1925)

A. Willette se souvient de cette phrase : « Allons chez Sals » ! Elle signifiait : camarade montmartrois, allons boire quelque chose au « Lapin à Gill ». Ce nom, à cause de l'enseigne que peignit, à même le mur, le fameux caricaturiste. On disait, aussi, rendez-vous « aux Assassins » ! Sans doute ce coin apparaissait-il propice au crime, à minuit... ou bien alors, ce cabaret était-il mal fréquenté. Sals, à ce moment, apparaissait l'unique restaurateur qui recevait des clients la nuit. On le réveillait, on donnait son état civil... Cependant que Sals vous ouvrait, sa femme allumait son fourneau. Mme Sals, de mémoire unanime des habitués, s'affirmait un rare cordon bleu.

S'il se tient toujours au flanc de la rapide rue des Saules — en bordure du cimetière Saint-Vincent on ne sait par quel prodige ! — le *Cabaret des Assassins* (1), que dirigeait hier Mme Adèle, troquant son nom à la

1. 1886-1902.

Le Lapin Agile et la rue Saint-Vincent

faveur du modernisme, est devenu le cabaret du *Lapin Agile* avec Frédéric Gérard pour nouveau propriétaire.

De nos jours son prestige à la Butte est comparable à celui du *Cabaret du Père Lunette* sur la place Maubert, au Quartier latin. Un ruisseau coule entre les pierres de la terrasse du « Lapin ». Dernières gouttes de sang du Vieux Montmartre ! Le feuillage de deux hêtres majestueux ombre sa terrasse et, quelques branches de chêne jetées en croix constituent ses barrières.

Le *Lapin Agile* tire son nom d'un lapin dessiné par le peintre-poète André Gill. On disait alors « Là, peint A. Gill » et « Lapin à... Gill » puis, on préféra « Lapin agile », nom qui fut adopté définitivement. Sur ses murs de glaise rouge on. lit, écrit à la craie :

« Eh ! les amis ! au bon cidre de l'Arménan, qu'on se le dise » !

Le patron du Lapin Agile, Frédéric, depuis 1903 est l'âme de céans. Sans lui, « Berthe », sa femme et sa fille Margot, ce cabaret pittoresque eût disparu de la Butte comme les autres.

Frédéric aime le rapin qui le lui rend bien : il lui offre souvent le verre qu'il ne peut se payer lui-même. Il a le cœur sur la main. « Frédé », comme on l'appelle dans l'intimité, n'est pas qu'un gentilhomme cabaretier intelligent, c'est aussi un artiste.

S'il manie le crayon, le pinceau et l'archet avec adresse, il s'occupe surtout de céramique. D'autre part, les « étrangers » de la rive gauche qui montent au *Lapin Agile*, sont impressionnés par la sincérité et l'élévation de ses pensées.

Frédéric, tel Homère, arbore une imposante barbe grise. Un foulard rouge lui enveloppe la tête qu'il coiffe d'un bonnet de fourrure en hiver et, en été d'un monumental feutre légèrement incliné sur le temporal gauche. De taille moyenne, Frédé est doué d'une force herculéenne.

De gros sabots chaussent ses pieds qui soulèvent une
à une les dalles de la grande salle, cependant que, de
sa pipe, il tire de lentes bouffées.

Au *Lapin Agile*, pas d'individus louches, des rapins infortunés seulement. Si l'on pénètre dans ce cabaret, on se
trouve en présence, tout d'abord d'une salle étroite dont un
large comptoir occupe la plus grande place. Le jour perce
à travers les bouteilles, les verres, les piles d'assiettes et
de soucoupes. A droite — il faut monter cinq marches et
pousser une porte vitrée — c'est la « Salle des Fêtes »
du cabaret. Basse et profonde, mystérieuse et couleur de
fumée : quelque caveau. Que n'y voit-on pas ? Sculptures, boiseries, dessins, médaillons, tableaux, bas-reliefs,
affiches dûs aux artistes, clients de l'endroit, habillent
le « laboratoire » — suivant l'expression même de « papa
Frédé » — où la gentille arpète, sentimentale et déver-
gondée, sirote sa « combine » sur des escabeaux estropiés.

Là, chacun apporte son cœur, ses lumières et son talent cependant que les Etrangers de la rive-gauche, du
Café de la Rotonde et du Dôme, y laissent quelque argent,
quand Frédé fait, ou laisse faire, une quête en faveur
des poètes et artistes. L'accoutrement et l'humour de
Frédéric les intéresse et les divertit. N'oublions pas que
nous avons à faire à un poète délicat. D'ailleurs, qui ne
l'a pas entendu chanter : *Dans un grenier qu'on est bien
à vingt ans...* de Béranger et, aussi, ses vers, avec accompagnement de violoncelle ou de mandoline, cette aimable pièce intitulée : *Le Réveil*, par exemple ?

> Le mensonge, c'est la souffrance
> La vanité, c'est la démence
> Fuyons ces causes de tourment :
> Sans vérité, bonheur néant.

Jeunes femmes à cheveux courts et jeunes gens à cheveux longs l'écoutent en silence.

Dans son « livre du bord », ses amis fidèles et ses
visiteurs d'une nuit, dessinent ou écrivent un je ne sais

quoi qui commémore leur passage au *Lapin Agile*. Témoin
ces vers de Miguel Zamacoïs :

L'Amour, selon qu'on a l'âme triste ou joyeuse,
C'est le soleil obscur, ou l'ombre lumineuse.

Afin de perpétuer un triste incident dont un souteneur
et « Frédé » furent les acteurs, le dessinateur Georges
Delaw écrivit cette légende sous un amusant croquis :

Il était une fois un lapin
Qu'un maquereau regardait de travers
Le lapin prit un revolver
Et fit passer le goût du pain
A cet animal pervers.

Moralité :

Si on allait prendre un verre.

On y lit encore, sur ce pittoresque et précieux « livre
du bord », des pensées d'Haraucourt, G. Courteline, J. de
Bonnefon, André Salmon, Jehan Rictus, Paul Fort, Louis
Thomas, Arnyvelde, Max Jacob, Apollinaire, F. Carco ;
des menus improvisés et des illustrations de Willette,
Steinlen, Léandre, Poulbot, Mirande, Picasso, Capy,
Dulac, Dépaquit, Warnod, etc...

Aujourd'hui, le *Lapin Agile* évoque bien la physionomie
extérieure du cabaret montmartrois d'antan, mais on
n'y trouve plus sa grande famille d'artistes autour
d'un même foyer. A part quelques jeunes gens qui se
blottissent l'après-midi dans la grande salle et quelques
rares cénacles littéraires qui s'y réunissent, le soir, sur
invitations, le dernier vestige de la rue des Saules s'effrite sous la vague du progrès.

A la belle saison, Frédéric se repose à Saint-Cyr-sur-
Morin où il possède une bicoque. Aujourd'hui, un fidèle
groupe d'écrivains se réunit au *Lapin Agile* qui, après
celui du *Chat Noir*, contribue à donner à la jeune littérature actuelle un caractère personnel. Ces amis inséparables qui fondèrent les veillées du *Lapin Agile* ce sont

les fantaisistes, humoristes et poètes Apollinaire (1),
G. Bannerot (2), Carco, R. Bringer, Curnonsky, G. De-
law, Dekobra, Dorgelès, Dépaquit, Max Jacob, J. Dyssord,
G. de Lautrec, P. Mac Orlan, E. Montfort, A. Salmon,
A. Warnod, A. Machard.

Personne n'a oublié que Boronali, le fameux exposant
du *Salon des Indépendants*, anagramme d'Aliboron, peignit, à l'aide d'un pinceau attaché au bout de la queue
d'un âne, un tableau « futuriste » — ô combien — portant
ce titre : « Le Soleil sur l'Adriatique » Cela fit même
beaucoup de bruit dans le « Landerneau » Montmartrois
et à Paris, où la critique d'avant-garde s'y laissa prendre.

Une conversation
avec « Frédé », patron du « Lapin Agile »

A l'angle de la rue des Saules et de la rue Saint-Vincent, voici la terrasse en pente du célèbre « Cabaret des
Assassins » tenu par Adèle jusqu'en 1902, — laquelle
ouvrit plus tard l' « Auberge de la mère Adèle », rue de
Norvins, où officie aujourd'hui Mme Nini. Ce lieu de
curiosité pour les provinciaux et étrangers, cette chaumière hospitalière est condamnée à disparaître. Aristide
Bruant en est le propriétaire. Couché sur une peau de
mouton, la pipe à la bouche, coiffé d'un bonnet à poils,
« Frédé » repose sur les genoux de Berthe, sa femme,
qui épluche des pommes de terre. A ses pieds, dort son
vieux « toutou ». Frédé nous apostrophe à notre arrivée :

— Tu viens me faire « jacter ». Je sais beaucoup de
choses, mais je ne veux rien te dire car je n'ai pas mauvaise langue et puis, mes habitués sont de braves gars,
n'est-ce pas Berthe ?

1. Décédé le 9 novembre 1918.
2. Décédé le 9 juillet 1917.

Et Berthe, la brave compagne de notre « patient », et sa fille Margot, d'acquiescer :

— Ça, c'est bien vrai, « papa Frédé »

Comme nous lui demandons s'il a des souvenirs personnels sur son cabaret ou ses clients :

— J'en ai tant, souvenirs et habitués à la fois, que je ne peux pas les retrouver à la minute; attends que diable ! T'as pas de train à prendre !

J'en ai vu défiler chez moi, des petits, des « moyens », (taille et intelligence) des grands et des types dans ton genre. Attends... je « mouche » ma pipe et, je « dégoise »...

Aide-moi, Berthe, que je dise quelque chose d'intéressant au « monsieur ».

Alors, Frédé se lève, abandonnant Berthe, à ses pommes de terre, et Margot, à la boutonnière du pantalon de « papa » qu'elle achève de coudre :

— D'abord, dis-bien que Bruant a généreusement sauvé le *Lapin* en l'achetant. Comme ça, il ne mourra pas de sitôt. C'est beau, tu sais, ce qu'il a fait ! Hein ! Bruant, c'est un grand cœur !

Moi, j'aime les gens pas fiers et les choses simples, aussi j'ai toujours demeuré à la Butte. A part cela j'ignore la rive droite et la gauche (1).

Aujourd'hui, j'ai un petit four à moi, dans lequel je modèle des pots et obtiens de bons résultats: « Frédé », — cherche pas, c'est moi ! — est fier de ses pots aux formes et aux nuances plaisantes que tu sais! D'ailleurs, c'est le sculpteur espagnol Duriot qui m'a appris à « travailler » la céramique dans mon « labo ». Et puis, mes vases sont faits avec de la véritable glaise de Montmartre, dis-y leur à tes lectrices enfarinées... »

Sous l'œil du maître de céans, nous examinons avec

1. Frédé vint cependant, un soir, à la *Maison des Etudiants*, le jeudi 5 mars 1922 à une de nos conférences !

attention ses chefs-d'œuvre du genre, encadrés entre un Christ massif en plâtre dû à Wasley et son portrait expressif par Lumière.

— Tu serais incapable d'en faire un aussi ressemblant de portrait ! Ça c'est bath ! T'as pas le même dans ta salle de bains le « Monsieur » !...

Alors, tu veux des anecdotes ? Mais quoi ! Pour que tu les racontes mal ? T'en as des envies ! Et puis, j'ai pas la mémoire des noms et des choses. Raconte ce que je t'ai dit, ça te fera bien « quelques sous » hein ?

Dis-y leur à tous que je suis le seul encore sur la Butte et que les gars de la Rive-Gauche et des Boulevards ne m'auront pas grâce à Bruant : ah ! c'est Berthe qui « jubile » !

... Tiens, je voudrais que les casernes modernes qu'on construit sur la Butte, s'enfoncent dans la glaise avec les ateliers qui sont dessus, sans qu'il y ait des blessés, naturellement.

Chaque matin, avec colère, je constate de ma fenêtre que les nouvelles « prisons » ne se sont pas encore enfouies. Bah ! en me couchant je me dis : ça sera pour demain. Les « pensionnaires », ils s'en f... ; les « proprios » encore plus. Seules, les compagnies d'assurances, « encaissent ». On verra bien si l'on peut se payer la tête de la glaise impunément.

« Mais, moi, ils ne me « possèderont » pas, j'en crèverai plutôt avec Berthe... C'est pourtant la vie, on détruit pour reconstruire ; l'homme est une machine malfaisante, il faut s'y faire... »

Puis, notre interlocuteur s'impatiente, il nous pousse vers la porte : nous l' « embêtons » indubitablement :

— Ça c'est la « bobine » de Verlaine avec ces mots : « Au sympathique ami Frédé »...

Encore quelque chose ? Tu veux que je « jacte » sur les grisettes ? Elles sont bruyantes ainsi, quand je les laisse toutes seules, ces mômes-là, elles cassent tout et

puis, elles font des bêtises... celles que tu devines. Je
les excuse car je les comprends. Qu'est-ce que tu veux,
ces petites-là, elles sortent le plus souvent du couvent
pour devenir des modèles. Pige cette anecdote\ Après,
tu les « mettras »...

La petite Gaby — une fille de la Butte — avait un ami
et un camarade. Or, ce dernier partait au régiment. La
veille du départ, elle demanda à son ami la permission
d'aller tenir... compagnie à son camarade, le soldat de
demain car, dans quelques jours, il ne pourrait plus
« voir » de petite femme... Eh bien ! cette gosse-là, elle
avait un noble cœur ! La grisette ça pousse vite ; il faut
la prendre avant qu'elle n'arrive à maturité, sans ça, elle
ne tarde pas à se changer en mondaine, en demi-mon-
daine pour ne pas t'effrayer...

Moi, j'en ai connu qui vivaient avec presque rien, elles
aimaient leurs amants comme des petites folles et pleuraient avec eux. De beaux cœurs ces gosses-là ! Elles exis-
tent toujours, mais il faut les trouver et les prendre
avant qu'elles ne pensent au fin « miché » et à la « Citron ».

Tout ça ne vaut pas le tableau peint par la queue de
mon âne que des Américains payèrent grassement, le
prenant pour un chef-d'œuvre de l'art moderne... mais
t'en as déjà parlé !

Moi, je suis né bohême, je mourrai bohême, les potins
je m'en f... je ne veux pas qu'on puisse me reprocher
quelque chose... J'ai confiance en le retour des choses, je
revois bientôt le vieux Montmartre de jadis, avec ses
prisons en pierre, ses pittoresques baraques en planches
et en papier goudronné, ses coins de verdure et ses
arbres philosophes — car, ils en ont tant vu et entendu !

Oui, Montmartre refleurira, avec toute sa renommée
et sa « flore particulière ». Berthe et Frédé assisteront à
tout ce renouveau, mais quand ? Je te l'ai déjà dit, je
n'ai pas la mémoire du futur, alors tu me comprends ? »

A peine notre conversation était-elle terminée que Théodule, le petit singe de Berthe, sautait sur les épaules de Frédé :

— Il gueule, te frappe pas, c'est parce que tu ne l'as pas interviewé.

C'est pas à toi surtout qu'il en veut, c'est à Théoduline, notre bonne dévouée qui t'écoute et ne s'occupe pas de lui.

Et tous deux nous reconduisant, nous soufflent à l'oreille :

— Théodule et Théoduline, tu sais, ils couchent ensemble !

Si tu rates jamais ton dernier métro, viens nous revoir, porte-toi bien, ne nous oublie pas et ne te perds pas !... conseille, enfin, notre hôte pittoresque qui, bombant le torse, dans son chandail rouge que serre une grosse ceinture et montrant le cimetière Saint-Vincent, conclut : — « Tu vois, ça, c'est le Livre de Philosophie de Frédé Il en lit tous les jours une page. Ça c'est sa vie et ça sera sa mort. »

LA PLACE DU TERTRE

CHAPITRE V

L'AUBERGE DE « LA MÈRE ADÈLE »
(« LE VIEUX CHALET »)
(1903)

Rue Norvins, 14 *bis*, à côté de la place du Tertre, se tient aujourd'hui le *Vieux Chalet*, une bâtisse en planches, peinte en vert, qui évoque le souvenir de quelque buvette perdue dans une savane du Far-West... C'est là que gîtait l'*Auberge de la Mère Adèle*.

An fond d'un rez-de-chaussée: le trou d'une salle obscure d'où s'exhalent des senteurs culinaires. A côté, une cuisine avec un comptoir; aux murs des dessins de Willette et de Grün et de la plupart des artistes de Montmartre.

Hier, nombre d'écrivains et d'artistes fréquentaient chez la Mère Adèle. Il suffit de citer Courteline, Willette, Steinlen, et tous les habitués de la Butte, ainsi que MM. Georges Clemenceau et Pichon. Depuis 1912, Mme « Nini » remplace « la mère Adèle » au *Vieux Chalet*.

Les affaires prospères d'antan de « Mme Adèle » — comme on la nomme plus respectueusement, — lui permettent de demeurer l'été à la Butte-Pinson. L'hiver, elle dirige, de temps en temps, son cabaret, avec la sempiternelle gaieté de la grisette native de la glaise montmartroise. Mariée depuis trois années, elle compte néanmoins soixante-dix printemps. Que de secrets elle garde et,

surtout, combien de jeunes cœurs l'aimèrent! Se sou-
vient-elle de cette exubérante chanson qu'elle dût inspirer ?

Adèle !
T'es belle !
J'en pince pour tes gros nichons ;
T'es ronde,
T'es blonde,
Et j'aime tes airs folichons !

... Voisins, le *Coucou*, — place du Calvaire, — les cafés
Bouscarat et *Spielhmann*, — place du Tertre — semblent
paisibles et déserts.

Cette place carrée, séculaire, avec ses vieilles masures
décrépites où la marmaille grouille, témoin de proli-
fiques maternités, conserve l'aspect d'une étroite bourgade demeurée à l'écart de la civilisation.

Quelques souvenirs de Mme Adèle (1)

Mme Adèle est une « haute » personnalité montmartroise, qui dirigea le *Cabaret des Assassins*, depuis le
Lapin Agile, puis l'Auberge dite de la *Mère Adèle* Aimée
et respectée, jeune et spirituelle encore, sous la coiffe de
septuagénaire, Mme Adèle a su à temps... se ranger des
automobiles...

« Vers 1886, j'ai vu défiler au *Lapin Agile*, parmi tant
d'autres habitués, Gill, Willette, Steinlen, Forain, Caran
d'Ache, le colonel Joffre et le colonel Rocques, qui
venaient tous deux de Tombouctou, ainsi que MM. Sté-
phen Pichon et Eugène Brieux.

Si Sals avait fondé mon cabaret, Gill du moins le
baptisa. A cette époque, des jardins fleuris embaumaient
rue Saint-Vincent et dans les rues avoisinantes. A l'em-

---

1. Mme Adèle est morte le 13 décembre 1922, dans sa 80° année.
Cette interview fut prise en juin 1910, à la Butte-Pinson, à Montma-
gny, où elle s'était retirée.

placement actuel de la rue Caulaincourt jusqu'à la rue Marcadet, il n'y avait que palissades sur palissades... Ensuite, j'ai tenu vers 1900, rue Norvins, une auberge à laquelle j'ai donné mon nom.

La place du Tertre offrait alors un aspect vraiment pittoresque.

Dans ma maison de planches, j'ai reçu aussi les visites de De Lesseps, du duc de Morny, de Tardieu, de Delaunay-Belleville, et autres personnalités dont ma discrétion m'oblige à taire les noms.

Des anecdotes de la mère Adèle? Mais, il faudrait que je vous raconte tout mon passé et, dame, à mon âge c'est compromettant !

... Un certain matin, vers deux heures, Willette et Baltha, cognent de toutes leurs forces à ma porte : ils ont faim ! Donnez-nous n'importe quoi, crient-ils ! Je descends aussitôt et, n'ayant aucune provision en réserve, et allumant le feu avec des journaux, le papier me servant de combustible, je fais des œufs sur le plat.

Un autre jour, pendant la nuit, ma bonne entend du bruit, elle se réveille en sursaut. A reculons, elle ouvre. Un individu étrange entre. Jugeant qu'elle n'est guère rassurée, cet individu lui dit pour calmer son angoisse : « Ne craignez rien, mademoiselle, je ne suis pas un croquant. » Et, ma bonne, dans son émotion intense, lui réplique timidement : « Mon Dieu, monsieur, je ne connais pas *la Croquandie.* »

Quelques semaines après, vers trois heures du matin, une forme s'agite dans l'ombre, rue Norvins, quelque chose d'extraordinaire. Je me demande avec anxiété que peut bien être cet individu ! Je distingue un homme nul sous une vague chemise. Il me raconte qu'il s'est endormi au soir rue Caulaincourt derrière des palissades, qu'il s'est éveillé sans pantalon. Et, il fond en larmes. Je sèche ses pleurs et lui donne mon jupon avec lequel il s'essuie les yeux puis, il le revêt. Ainsi travesti, il s'éloigne dans la rue. A sa vue, des artistes facétieux préviennent des agents qui l'arrêtent. Toujours en larmes, notre type explique au commissaire de police qui le prend pour un fou, qu'on lui a volé son « grimpant », un beau « gr'n-pant » de trois francs...

Jamais je n'ai eu de mauvais bougres chez moi car j'ai aussitôt balancé de mon établissement les têtes qui ne m'inspiraient pas confiance.

Mes habitués passaient leurs soirées dans une salle transformée à leur intention, sur le tard, en salle de café-concert.

Puis, des « clients » riches, de « gros » journalistes et des étrangers cossus, remplacèrent peu à peu mes chers habitués des premiers jours, la gaieté bon enfant voyez-vous a changé de ton avec le progrès !

Quant à la grisette, elle venait le samedi et le dimanche avec son gosse. Les groupes d'amoureux ne perdaient pas leur temps.

Les autres jours de la semaine, Mlle Mimi travaillait dur chez maman ou à l'atelier... et le « môme » turbinait ferme chez le patron. Leurs économies filaient chez moi. »

Depuis notre entretien, Mme Adèle s'est mariée. Son époux est un agriculteur, sympathique et courageux, dans l'aisance. Retirée à la Butte-Pinson, au haut de la côte de Pierrefitte elle s'ennuyait dans sa petite maison. Or, le hasard des champs l'a mise en présence de cet homme qui lui a plu, et ils se sont unis.

« J'ai connu beaucoup d'intellectuels », nous a-t-elle déclaré, aujourd'hui, j'apprendrai à aimer les agricul-teurs et leur vie champêtre avec mon mari, c'est un si brave homme, mais, Montmartre, sa Butte, la place du Tertre !... »

Nul doute cependant, que Mme Adèle ne soit une compagne fidèle et éprouvée.

CHAPITRE VI

L'ANCIEN MONTMARTRE DU BOULEVARD ROCHECHOUART ET DE LA PLACE BLANCHE·

Quelques bals: *La Boule Noire* (1822), *l'Elysée Montmartre* (1835), La *Reine Blanche* (1850).

Quelques établissements: *Le Mirliton* (1885), d'Aristide Bruant, les " Boîtes „ (1885) de Maxime Lisbonne, Les *Quat'Z'arts* (1893).

A l'emplacement actuel de la Cigale, en 1822, le *Bal de la Belle en Cuisses* s'ouvrait, ayant pour directrice une femme de mœurs très légères qui se flattait d'avoir connu Barras. Puis, M. Bécuzet prend sa succession et sa clientèle... filles et souteneurs. Il transforme l'établissement, qu'il embellit, et accroche une grosse boule blanche en verre au-dessus de la porte d'entrée. Devenue sale, noire, cette boule blanche donnera son nom à ce bal: *la Boule Noire*.

En 1830, Leclerc succédant à Bécuzet, ajoutera un cabaret et un restaurant élégant à la *Boule Noire*. La fortune viendra à lui. Démoli, en 1885, ce bal tombe rapidement. A côté de ces « dames » et de leurs protecteurs, des bourgeois dînaient et valsaient tous les samedis. Lorettes et leurs amants s'y amusaient non loin des réunions de familles. Dans ses derniers temps, la *Boule Noire* verra des jeunes gens du meilleur monde y danser le quadrille des lanciers. Lorsque l'entrée ne coûtait que vingt-cinq centimes, l'atmosphère était crapuleuse. Le vin chaud rougissait les saladiers. La fumée et la poussière ren-

6

daient invisibles les panneaux de Rondeau, d'après Bou-
chet, qui décoraient les murs. C'est là que Léonie Weber,
la « Goulue », fit ses premiers pas. Au demeurant, ce bal
ne jouissait point d'une bonne réputation. Etrangers ou
Provinciaux, quand vous irez à la *Cigale*, sachez ne pas
oublier la *Boule Noire* qu'elle a remplacée, en 1865. La
Boule Noire où, dès 1840, après le quadrille échevelé, vint
le « grand écart », puis le « French Cancan » et le chahut.
Le tout assaisonné d'exhibitions de longs pantalons en
dentelle, jaillissant, dans le trémoussement des jambes
gantées de blanc, de jupons aussi blancs et toujours
moussoux de dentelle.

Ce « chahut » que *Tabarin* et le *Moulin Rouge* s'efforcent
de faire revivre et qui, de même que les danses soi-disant
orientales, n'a guère plus d'attrait que pour les étrangers. Ce « chahut » que nous évoquons encore, plus
loin.

L'apéritif, à *Tabarin*, au *Moulin Rouge*, à l'*Elysée Montmartre* ou au *Moulin de la Galette* sonne l'heure de la
danse.

Dès cinq heures du soir, dans ces bals hier comme
aujourd'hui, la petite courtisane, la fille ou l'ouvrière,
mêlées à des femmes du monde et à des « grues »,
prennent des tables d'assaut en vue du « labeur » quotidien ou de la curiosité. Aux divers étages de la galan-
terie, de l'oisiveté ou du luxe, la femme cherche un homme
pour lui offrir à dîner, à moins qu'elle soit simplement
en quête de sensations...

Entre temps elle tape Pierre ou Paul pour le taxi...
qu'elle n'a pas arrêté ou pour régler à la tenancière des
lavabos quelque dette. Tapeuse... tapette... se rencontrent ainsi, à l'apéritif en folx-trottant. Le *Bal Tabarin*,
rue Victor-Massé ; l'*Elysée Montmartre*, boulevard Rochechouart ; le *Moulin de la Galette*, rue Lepic ; le *Bal du
Moulin Rouge*, place Blanche, en dépit de la concurrence
nouvelle du dancing ou thé-dansant, parce qu'ils sont

populaires et d'un accès facile à toutes les bourses,
jouissent de la faveur du plus grand nombre.

.•.

Depuis que le village de Montmartre est devenu un
quartier de Paris, — le mur de ronde séparant Paris de
Montmartre fut abattu en 1860, — les guinguettes, tou-
chées à mort, s'effondrèrent. Cette évolution explique la
transformation subie par l'*Elysée Montmartre*, devenu un
bal parisien. La famille Serres en fit un vaste chalet avec
salle de jeux et un restaurant construit avec le confort
quasi moderne. Olivier Métra, l'auteur de la *Valse des
Roses*, y brandit la baguette de chef d'orchestre. En 1867,
il y organisera des concerts et les premiers bals masqués
suivis par les personnalités les plus connues.

Pendant la guerre, la Politique prendra la place de la
Danse puisque le Club de la Révolution y tient ses
séances. Des concerts y seront donnés au profit d'œuvres
patriotiques. L'après-guerre changera la physionomie de
l'*Elysée Montmartre*. Garçons coiffeurs, garçons bouchers,
souteneurs et filles, et quelques gens du monde s'y
côtoieront, démocratiquement.

Sous la direction de M. Desprez, avec la collaboration
artistique de Jules Roque, et celle de M. Dufour, chef
d'orchestre, apparaît le quadrille réaliste que lancèrent
Miss Rigolette, Nini-Patte-en-l'air, Grille d'Egoût et la
Goulue. C'est alors la vogue de l'*Elysée Montmartre*. Le
mardi devient le jour chic et le dimanche le jour de
famille. Jules Roque, petit employé de publicité, fondateur du célèbre journal illustré: *Le Courrier Français* (où
tant de grands artistes comme A. Willette semblent avoir
mis le meilleur de leur cœur et de leur talent), aura l'in-
génieuse idée d'y inaugurer les bals du *Courrier Français* qui déchaîneront la plus vive curiosité. Il était perçu
un franc par personne et pour le vestiaire. Les bals des

Quart'Z'arts, du *moyen âge* et une *Foire à Byzance*, sont fameux. D'autres bals suivront, moins réussis. M. Chauvin, en 1887, en fera le *Trianon*, bal, concert et théâtre. Un incendie l'anéantira, le 18 février 1900. Le *Trianon* reconstruit deviendra le Trianon-Lyrique. Depuis 1906, L'Elysée Montmartre est revenu à sa première destination. Un bal de quartier et un skating l'animent.

.   *   .

La *Reine Blanche* — que remplaça le *Moulin Rouge* — remonte à 1850. Les rupins et leurs amies y vinrent prendre des bains de gaîté. Des arpètes s'y pressaient en curieuses. Une mise décente était de rigueur. Johan Sarazin précise que les ouvrières, à la queue, en file indienne, déposaient au vestiaire leurs petits paniers d'osier contenant les vivres de la journée. Par ailleurs, les «filles arrivées» témoignaient leurs encouragements aux camarades malchanceuses. Et puis elles dansaient. Fatigue, chaleur et privations se lisaient sur leur visage. Nini-la-Belle-en-cuisses, qui ne portait jamais de pantalon, y marchait sur les mains, sous les regards extatiques du garde municipal de service. Les souteneurs de la *Reine Blanche* lui firent sa réputation. Tout lasse... et un beau jour l'établissement périclita. Le vieux bal fut démoli et le *Moulin Rouge* poussa à sa place. Alors que la nouvelle salle de danses réunit une clientèle cosmopolite, la salle de spectacles incendiée en 1915 et entièrement reconstruite, était inaugurée en décembre 1924.

.   *   .

Quand le *Chat Noir* de Salis, en 1885, émigra rue Victor-Massé, quittant le 84 du boulevard Rochechouart, Aristide Bruant assuma bravement, et tout seul, sa succession. A défaut d'art, il y avait là une intention artistique. A dix heures du soir, pas avant, le *Mirliton* était ouvert. Sur les murs, une toile superbe de Steinlen et un beau fusain de Lautrec retenaient l'attention parmi des portraits et des tableaux réalistes. Bruant témoignait de la plus exquise grossièreté. Il épata la Bourgeoisie avec son « engueulade » comme Fursy l'étonna avec « la chanson rosse » ou chanson à parti pris. C'est à l'ancien *Chat Noir* qu'il lancera *A la Villette*, ses célèbres chansons de Quartier et ses monologues sur le peuple, d'après nature. Bruant éclabousse chacun d'une épithète grasse... impertinent même avec les femmes, respectueux seulement pour l'Armée.

Nos riches chercheuses de frissons, et leurs snobs, maris ou amants, consacreront sa renommée. Chez lui, on boit de la bière et « de la mauvaise ». Il fera sa fortune répétons-le, en .. engueulant ses clients ! Dans son répertoire, il se relaye avec le fidèle Alexandre jusqu'à l'aube. Philosophe profond et observateur implacable, l'auteur de *Montmertre* était tenu par François Coppée pour un grand artiste. Longtemps Bruant habita une vieille maison historique, après Ignace de Loyola et les premiers Jésuites, au coin de la rue Cortot et de la rue des Saules. Son vaste enclos, avec une verdoyante charmille, demeurait toute sa fierté. Il était lié d'une amitié indéfectible avec Oscar Méténier qui, comme lui, accorda sa muse au diapason des déshérités et des humbles.

Aristide Bruant (1) délaissant la chanson d'argot pour le roman-feuilleton populaire, réaliste et dramatique, s'est retiré au Moulin de Liffert, par Courtenay, où il entend qu'on lui laisse la paix.

Il est brouillé avec Le Bruyant Alexandre (2), hier son

1. Après un long silence, Bruant s'est décidé à reparaître en public, à l'*Empire*, en novembre 1924.
2. Aujourd'hui presque aveugle et autorisé à chanter ses chansons dans la rue.

principal pensionnaire, et son Cabaret a beaucoup perdu, en dépit de ses éléments rajeunis. Yvanoff, Bedoux, Buffalot, ses anciens collaborateurs, semblent déjà loin, comme Alexandre, Alexandra et Alexandrette ! Aujourd'hui, cette « engueulade » nous apparaît bien surannée, même intercalée entre deux chansons du répertoire.

Cette constatation du « démodé » nous incite à ressusciter en quelques mots, plusieurs boîtes :

***

La « boîte » de Maxime Lisbonne, Colonel sous la Commune, patron, vers 1885, de la *Taverne du Bagne* (en souvenir de son passage au bagne de Toulon) se tenait à l'angle de la rue des Martyrs et du boulevard de Clichy. Une baraque en planches, construite sur un terrain vague. A son sujet, M. de Crauzat composa une curieuse étude. La *Gazette du Bagne* parut cinq fois sous la direction de l'ex-forçat Lisbonne, cabaretier qui se piquait d'avoir des lettres.

En 1888, Maxime Brienne ouvrira la *Brasserie des Frites révolutionnaires*, 54 boulevard de Clichy ; en 1889, il fondera un cabaret à l'enseigne : *Aux Brioches politiques*, 17, rue du Faubourg Montmartre, servi par des pâtissiers. Deux insuccès notoires. Il n'aura guère plus de chance avec Le *Casino des Concierges* ouvert, en 1893, au n° 73 de la rue Pigalle et où il fallait tirer le cordon pour entrer sans préjudice d'une verte réception par le pipelet. Puis, Maxime Lisbonne, revenu sur l'eau, prendra en octobre 1893, la direction du *Divan japonais* présidant en 1898 aux destinées du *Jockey Club de Montmartre*. Aujourd'hui le *Capitole*, au n° 58 de la rue Notre-Dame-de-Lorette. Enfin, en mars 1898, 37, rue de la Rochefoucauld, il conviera ses amis au cabaret des *Contributions indirectes*. Imaginez un hangar aux murs b'anchis à la chaux derrière un poste de police. L'invitation était une sommation sans frais. Autre insuccès. Las et désabusé, Maxime Lisbonne s'éteignit bourgeoisement, en 1905, à la Ferté-Alais à soixante-sept ans. Cette figure audacieuse, intéressante, montmartroise, méritait une mention particulière. Nous la retrouverons dans ce volume.

De cette épopée il ne reste plus rien aujourd'hui.

Nous en arrivons au cabaret des Quat' Z'arts.

* * *

Le cabaret des Quat' Z' arts, du boulevard de Clichy, fondé en 1893, a changé de physionomie de même que le Moulin de la Chanson. A la pièce d'ombres, chez lui, a succédé la Revue précédée du tour de chant. Il était tombé quand, ces derniers temps, en septembre 1922, MM. Charles de Lagrille et Georges Schmitt le remontèrent. En le reprenant, à la mort de Gabriel Montoya ils nettoyèrent les Ecuries d'Augias après une tentative de réouverture, faite par le Marquis de Montgaillard.

Succédant à celui-ci, Mme Alexandrette, assistée du poète-chansonnier-revuiste Gabriello, son directeur artistique, au début du printemps de l'année 1922, fermait aussi ses portes après une carrière infructueuse.

Tout seul, par la suite, Gabriello ne fut pas plus heureux.

Le cabaret des *Quat' Z' arts*, d'avatar en avatar, ne dégénéra-t-il point en dancing ? Mais, aujourd'hui, le succès récompense les efforts de Charles de Lagrille et G. Schmitt.

Avant lui, au 62 boulevard de Clichy, on connut le *Tambourin*, alors dirigé par une superbe Italienne que son refus vertueux de pratiquer les mœurs lesbiennes, déjà répandues à Montmartre, amena à fermer son établissement.

La Butte le remplaça quelques mois. Cette fois, *Les Quat' Z' arts*, après la guigne connurent la gloire.

Son directeur, le père François Trombert, Jacquet de son vrai nom, un brave homme, à la rondeur sympathique, était un « ancien ». Il découvrit notamment, Fragson et Yon-Lug, et les attacha à son établissement.

Toutes les vedettes futures de la Chanson y débutèrent. Martini en tête. La Revue de Cabaret, interprétée par ses auteurs, sans décors et sans mise en scène, y fut innovée avec grand succès le 12 mars 1894. Elle s'intitulait : *Tout pour les Quat' Z' arts*. Eugène Lemercier, se réclame de l'innovation de la scène du scandale appliquée à la Revue. La première revue interprétée dans la salle par l'auteur et ses camarades, triomphe donc avec Edmond Teulet, Yon-Lug, Paul Bobèche, François Trombert et Guirand de Scévola.

En 1896, le fameux Comité de la *Vachalcade* (évoqué plus loin) y nommera *Sa Muse*, Mlle Marguerite Stump. A cette petite lingère de nuit ans, Emile Goudeau dira, notamment :

> O Muse de Montmartre ! ouvrière aux doigts fins,
> Qui saurait broder d'or l'azur des Séraphins.

A ce propos l'on se souviendra toujours de l'entrée... aux Quat' Z' arts... d'un certain ours récalcitrant présenté spirituellement par Yon-Lug alors costumé en forain.

Quels artistes, aujourd'hui réputés, ne chantèrent pas aux Quat' Z' arts ! Mme Louise France, Mévisto, Marcel Legay, G. Tiercy, Gaston Sécot, P. Trimouillat, Jehan Rictus, — qui y lança ses premiers *Soliloques du Pauvre* — Charles de Sivry, Fragson — qui y créa *Le Benjo* et *la Famille* — Emile Goudeau, Clovis Hugues — qui y conférencia sur les *Chansons du Pays de Provence* — Maurice Boukay — applaudi dans ses *Chansons Franc-Comtoises* — Ferny, Hyspa, Bonnaud, Privas, Léon de Bercy, Baltha,

Botrel, Blès, Marinier, Noël-Laut y parurent, sans compter que Trombert y organisa des matinées consacrées à la Chanson populaire, particulièrement réussies.

Nous apercevons alors, aux *Quat' Z' arts*, à l'heure de l'apéritif sur la petite terrasse, Emile Goudeau, Willette, Mirande, Ed. Lepelletier, Léandre, Grün. Ibels, Truchet, P. Arène, J. Arène, Clovis Hugues. Des décorations dues aux meilleurs d'entre eux, dont quelques-unes demeurent encore sur les murs, — notamment le beau vitrail extérieur d'Abel Truchet — borneront la vue de toutes ces célébrités, à l'intérieur. Les habitués du cabaret collaboraient pour la plupart aux *Quat' Z' arts*; on y plaisantait, avec brio et originalité, les amis. On les caricaturait cependant qu'un adroit poème leur était dédié. La clientèle trouvait à dîner au premier étage, dans une salle pittoresque.

L. de Bercy ensuite, succéda à feu Trombert et Zig Brunner y donna ses exquises pièces d'ombres.

Cette brève mise au point, l'évocation rapide des joyeux *Quat' Z' arts* s'imposait, croyons-nous. Hier ! et Aujourd'hui ! L'Art s'est commercialisé ! Autres temps ! autres mœurs !

CHAPITRE VII

LES FÊTES D'ADIEU DE MONTMARTRE (1896 à 1913)

Afin de ressusciter le Montmartre intellectuel et de grouper efficacement ses artistes et littérateurs avec ceux de la rive gauche, dans une même famille, plusieurs Comités se constituèrent sur la Butte. Et, parmi les manifestations les mieux venues, il convient de citer, tout d'abord, la « Vachalcade », fête de la Vache Enragée, célébrée pour la première fois en 1896. Le cortège avait été composé par Roedel. La « Vachalcade » comportait des joueurs de trompette à cheval ; un superbe destrier d'une blancheur éclatante sur lequel chevauchait la gloire. Un grand nombre de sculpturales Montmartroises peu farouches encadraient l'animal terrible enfin maté : la Vache Noire. De nombreux chars suivaient : ceux de la place *Pigalle* avec de brunes courtisanes grecques (?) : de *Ma Tante* (le Mont-de-Piété) composé par Grün ; de la *Poésie*, du *Moulin de la Galette*, de la *Belle Étoile*, du *Sacré-Cœur*. A. Willette, Jehan Rictus, Abel Truchet, s'étaient chargés de décorer ces trois derniers chars. Cependant, le succès de la « Vachalcade » avait été assez terne, en 1896 et heureusement, l'année suivante, la fête de Montmartre — triomphe de l'Art libre — dont le but devint l'assistance pécuniaire et morale aux artistes du crayon, du ciseau et de la plume infortunés, se déroula dans une théorie de chars allégoriques des plus somptueux.

Le Comité-Directeur de cette fête, réuni au Moulin de la Galette, sous la présidence de Willette, était ainsi

composé : MM. Puvis de Chavannes, président d'honneur ;
Willette, H. Pille, M. Neumont, Roedel, Pelez, Faverot.
Viardot et Truchet. Willette rédigea un vibrant appel
dans lequel il invitait les artistes pauvres et riches de la
Butte et d'alentour à contribuer à la glorification de la
« Vache Enragée » cette nourrice tarie des artistes en
mal de carrière. Et, sur une spacieuse estrade, érigée
place Blanche, la Muse de Montmartre et les plus jolies
« midinettes » élues prirent place. Puis, le cortège comprenant une vingtaine de chars, précédé d'un orchestre
monstre, accompagné de chœurs, partit du pont Caulaincourt pour se dérouler sur les boulevards de Clichy, Rochechouart, Barbès et des Batignolles.

La place Blanche fut témoin de l'apothéose avec les har-
monies, fanfares et orchestres du cortège. Enthousiaste,
la foule applaudissait à tout rompre ; impassible, M. Lépine, alors préfet de police, écoutait.

La « Vachalcade » du dimanche 20 juin 1897 groupait
entre autres chars : La *Liberté sur la Barricade*, les *Lut-
teurs de la Pensée*, les *Ouvriers de la Pensée*, la *Cour des
Miracles* et *Paris la nuit*, par Adolphe Willette. Elle
comptait encore le *Char de l'imagination*, par Grün ; la
Vache enragée est condamnée, par Chaize ; la *Liberté dans
le Capital et le Travail*, par Lambert ; l'*Alimentation de la
Vache Enragée*, par Radiguet ; *A la Patrie libre*, par Roe-
del ; le *Char des Chimères*, par Guirand de Scevola et Ber-
thaud ; l'*Emmerdeur général de Montmartre*, par Georges
Brandimbourg : le *Cortège de la Folie*, par Chivot et Saint-
Just ; le *Char de la Muse*, par Charpentier et Roedel ;
Antiques et Modernes, par Lavau ; la *Chanson Libre*, par
Abric ; les *Propriétaires en congé*, par Ryb-Roy, Ledon et
Foroberg fils ; la *Clairvoyance*, par Specht ; le *Temple du
Veau d'Or*, par Pelez ; la *Vieille Parente*, par Pelican ; le
Couronnement de la Muse, déification par Charpentier.

Avant la dislocation du cortège, pour clore la promenade, on entendit le Couronnement de la Muse de Mont-

martre, apothéose musicale par l'auteur| de *Louise*, avec 150 exécutants dirigés par le compositeur.

Mlle Cléo de Mérode personnifiait la Beauté ; Mlle Stump : la Muse ; M. Dufaut, de l'opéra : le poète, et Willette : le Pierrot. Des danseuses appartenant au corps de ballet de l'Opéra prêtaient également leur concours.

Enfin, au matin, sur le faîte de la Butte, place du Tertre, un grand bal champêtre organisé par des commerçants locaux, clôturait la fête.

Au point de vue artistique, ces deux cortèges, touchèrent à la perfection. Mais, plus artistes qu'administrateurs, ses organisateurs se heurtèrent à d'insurmontables difficultés pécuniaires. Ils s'endettèrent même pour leur Butte et ses artistes...

L'insensibilité de la foule, l'hostilité de la Police et de la Bourgeoisie, le manque de ressources et d'accord empêchèrent par la suite la réalisation des fêtes projetées en l'honneur du couronnement de la rosière de Montmartre dont Tout-Paris s'entretenait.

La première et l'unique manifestation de ce genre, fut célébrée le 4 juillet. Sur la place du Tertre le maire passa en revue les pompiers, prononçant une allocution inénarrable cependant que, à dos d'âne, la rosière élue, écoutait.

Pourtant, l'été suivant, artistes et commerçants se réunirent gravement, à la Butte, pour y préparer une nouvelle solennité.

Mais si les dons en argent affluèrent, la note à payer dépassa de beaucoup les subsides. Un désastre. En vain les comités se succédèrent-ils ! Néanmoins la fête eut lieu ; l'après-midi : une matinée artistique, musicale et littéraire ; le soir : un bal. Ce fut piteux et la foule tiqua.

L'humour montmartrois et ses feux de joie s'étaient éteints dans l'indifférence.

Puisque Montmartre disparaît (alors que certains humo-

ristes assurent qu'il se rénove), donnons quelques précisions sur sa dernière fête du 20 juin 1913, dite « Fête des
Adieux à Montmartre ».

Vers neuf heures du soir, le *Moulin de la Galette* regor-
geait de dames du monde et du demi, de grisettes qui
s'écrasaient contre des parlementaires, d'artistes, d'écrivains, de musiciens, de commerçants et de bons bourgeois
venus écouter les talents les plus réputés et les plus
divers des principales scènes parisiennes. A la nuit, un
jury artistique et mondain présidé par M. André de Fou-
quières, procéda à l'élection des « Meunières » et de
leur Reine à l'heure où, précisément, l'on enterre le dernier moulin...

Jamais on ne rit autant, alors que les larmes eûssent
dû couler. Mais, certains hygiénistes proclament : Montmartre ne disparaît pas, il fait sa toilette, il se lave au
savon noir. Sur ses bâtisses branlantes et ses cloaques
souillés, s'édifieront des « casernes » modernes, où les
muses ne répugneront point à pénétrer, à demeurer et à
enfanter d'admirables chefs-d'œuvre...

Puissent-ils ces psychologues-hygiénistes prophétiser
juste et nous donner tort à nous qui dépirons, dans un
hommage ému, l'agonie de la Colline Sacrée.

CHAPITRE VIII

MONTMARTRE, A LA VEILLE DU 1er AOUT 1914

En 1907, avant 1914, c'est déjà la Guerre franco-allemande à Montmartre ! Par contre, M. André Salmon estime que le Cubisme ne vient pas d'Allemagne malgré ce qu'écrivent, à ce sujet, les témoins de sa naissance : Apollinaire, Maurice Raynal, Max Jacob et... André Salmon.

Donc, le collectionneur Uhde, le poète Frantz Essel et un troisième Allemand, sans doute trois uhlans en disponibilité, poussèrent un soir, jusqu'au *Lapin Agile* pour nous initier aux mystères du Cubisme puis, les revolvers, partirent... en l'air. Ce fut la guerre civile à Montmartre entre artistes... L'Ennemi fut repoussé et la Butte, restant aux Français, triompha... Beaucoup de bruit pour rien : l'avortement du Cubisme !

Au fait, que reste-il, aujourd'hui, de cette mystique bourgade, du « Nombril du Monde », comme disait Salis ? Nous allons essayer de le déterminer.

Le Vieux Montmartre, qui affecte à peu près la forme d'un quadrilatère, est limité par la rue Lamarck contournant le Sacré-Cœur, la rue Gabrielle, la rue Girardon et la rue Caulaincourt, à peu près demeurées intactes.

Là-haut, la pioche du démolisseur a accompli son œuvre meurtrière : proche des rues de l'Abreuvoir et du Mont Cenis, en plein cœur de la Butte, s'édifient de somptueuses maisons.

Il ne restera bientôt plus aucun vestige de Montmartre !

Fort heureusement, le Musée Carnavalet, cimetière artistique des vestiges de la Capitale, ne faillit point à sa tâche, et dessinateurs et peintres de la Butte ont religieusement enregistré ses convulsions. La photographie, d'autre part, contribua à la valeur d'un document en principe consolateur... Seule, l'existence du *Lapin Agile* est assurée jusqu'à la mort d'Aristide Bruant avec celles de quelques-unes des pauvres habitations construites sur le terrain avoisinant la rue Saint-Vincent. Il faudra ensuite l'intervention du fils de l'auteur de « Sur la Route » pour poursuivre l'œuvre de salut paternelle.

Actuellement, la place du Tertre n'abrite plus que l'*Auberge* de la mère Adèle et le *Vieux Chalet* tenu par la mère « Nini ». Quant à *Bouscarat*, devenu la *Maison de la Marine* ; quant aux cafés *Spielman* et de la *place du Tertre* avec le *Coucou* et le restaurant de la place du Calvaire, ils ne présentent guère de cachet artistique. Tandis que la rue Sainte-Eleuthère et ses hôtels démodés aux volets étroits ; tandis que la rue Norvins et ses méandres, avec l'impasse Traînée, en face, la rue du Chevalier de la Barre et ses enseignes moyenageuses, contrastent pittoresquement avec la Basilique du Sacré-Cœur dont l'architecture romano-bâtarde n'en impose guère que par sa situation élevée.

Si l'on prend la rue du Mont-Cenis, qui descend à pic, la rue Cortot, aux murs en forteresse, protecteurs de la glaise et de l'herbe folle, la rue de l'Abreuvoir, dont la gaieté d'antan sourit aujourd'hui dans les larmes et les plantes grimpantes meurent de soif, la rue Saint-Vincent, bordée de noires palissades, sentier des soupirs et de l'amour libre, on a, en somme, bouclé le circ it de la Colline Sacrée.

Au sein de la Butte, de nos jours, demeure Jules Dépaquit (1). La démolition quotidienne du Vieux-Mont-

1. Jules Dépaquit est décédé le vendredi 11 juillet 1924.

martre désole ce pur Montmartrois ; tous les jours une parcelle de son cœur d'artiste adhère à la pique du vandale en service commandé...

Et beaucoup, comme lui, estiment que c'est un peu de leur patrie qui s'en va, dans cette terre dispersée dans les tombereaux et que tant de voyageurs à la station de *Nord-Sud* Lamarck emportent dédaigneusement à leurs semelles...

Bref, Montmartre, « Montmertre » succombe à la vague de pierre, ou même, de ciment armé. Les efforts des artistes et des journalistes ayant été vains, ils prennent dignement le deuil de son glorieux passé.

Moribonde depuis dix ans la Butte entre en agonie.

Bosquets champêtres et ménétriers, merles et pinsons, grisettes et pierrots : Adieu !

Messieurs les entrepreneurs, — noirs corbeaux, — débarqués en automobile, ont décrété qu'il fallait abattre ses antiques murs moussus ; brûler ses souvenirs chers aux Arts ; métamorphoser ce doux village aux jardins fleuris, aux ruelles tortueuses et ravinées, en casernes dernier cri de Paris, à six étages avec confort moderne. A telle fin que si, quelque jour, Emile Goudeau, ressuscité, gravissait la rue du Mont-Cenis, lui, le chef des « Hydropathes », deviendrait fou !...

Les échafaudages pointent au ciel, les chantiers s'organisent, les wagonnets, les tombereaux, sillonnent les rues résonnantes du claquement de fouet des rouliers, ces rues où passaient difficilement, hier, un couple d'amoureux !

L'herbe brûlée vive gémit sous le mortier ; l'asphalte fait un tombeau à l'humus séculaire.

Ces murmures sont couverts par les jurons des ouvriers ; l'odeur du pétrole anéantit celle des fleurs.

Hier, un « sapin » ne pouvait gravir la Butte ; de nos jours, les automobiles grimpent à l'assaut de ses plus étroites rues. Seule, la place du Tertre — point encore

« commercialisée » par les mercantis qui y attireront, à la
fin de la Guerre, les Etrangers — qui pleure ses acacias
d'antan aux tons crus sous lesquels la marmaille s'ébruis-
sait, semble avoir échappé au désastre. Par contre,
L'Auberge du Coucou, du Père Vincent, place du Calvaire,
reçoit déjà de nombreuses visites.

L'artiste montmartrois — la « bête à diable » de Joseph
Prud'homme — savait souffrir la faim et le froid ; sacri-
fier à l'existence matérielle.

Ame bohème et créatrice, le rapin se nourrissait d'art,
d'amour et de lumière. Mais, cette jeunesse, cette fraîcheur
native et cette probité naturelle — fleur montmartroise
— profitèrent seulement à « ceux-là » qui surent lui ravir
l'inspiration, à la faveur d'un foyer de pauvre, à la flamme
d'une lampe fumeuse. Aujourd'hui, « ceux-là » sont parvenus, pour la plupart, aux situations honorifiques et
grassement rémunératrices. Cette « bête noire » a vécu
l'allégresse suprême, d'écraser sous le poids de sa culture désinvolte le bourgeois repu, fidèle « client » des
« mercantis » du Sacré-Cœur.

Pour Joseph Prud'homme, Montmartre symbolisera à
jamais la Bohême invertie des deux sexes sans foi ni
scrupule, vautrée dans l'orgie et les stupéfiants.

Conception fâcheusement erronée mais, ne fallait-il pas
que le bourgeois se venge de ses implacables ennemis :
le « titi » parisien, le rapin et la grisette de Montmartre
qui lui tiraient la barbe ?

La colline sacrée comme la grisette, au foyer de l'artiste, fut une muse précieuse.

Du haut de la Butte, le peintre apprit à considérer les
masses et aiguisa sa vision dans les lointains ; le sculpteur trouva en son atmosphère une manière d'intellectualité de plastique et de pensée originales. Quant au
littérateur, elle lui découvrit de larges horizons et lui
affranchit l'âme dans l'imagination exaltée. A tous, la
Butte offrit l'enthousiasme, au spectacle de ses habita-

tions champêtres, de sa vie rustique et de ses mœurs
libres, loin de la fournaise parisienne.

Ainsi, naquirent à Montmartre, Willette, Forain, Steinlen, et parmi les derniers venus, Poulbot, Neumont, Delaw,
Dépaquit et combien d'autres !

Bourgeois ! que ton cœur batte de joie, les ailes du vieux
moulin ne palpiteront plus ; les murs couverts de lierre
et le toit de chaume d'Henri IV ; les jardinets dont les
lilas blancs et la vigne vierge rougissaient de l'étreinte
des amoureux, n'auront plus de lendemain !

Quant au « bas » Montmartre des places Pigalle et
Blanche, du boulevard de Clichy, celui-là relève plutôt
de la police des mœurs.

Il importe que les étrangers munis de leur guide (« Bae-
deker » est mort !) ne confondent pas le bas Montmartre
avec le « haut » Montmartre issu du *Chat Noir* ! La Patrie
des Arts n'eut jamais rien de commun avec le Temple
du Snobisme, de Sodome et de Lesbie, avec le rasta-
quouère et la « coco ».

La grisette de la Butte savait partager son pain. Au
pauvre, elle donnait son aumône comme à l'amoureux
son cœur. Rarement elle était morose, car elle vivait de
baisers, de nature et de liberté. Elle savait coudre un
bouton et mettre une pièce. Elle se privait plutôt d'un
bifteack que d'une fleur : elle s'enivrait de rosée Elle la
choyait, cette fleur, la dorlotait pour qu'elle dure tout
son parfum. Depuis, la Grisette s'est éteinte avec sa
Butte car aujourd'hui, il n'y a guère plus de Montmartre
à Paris que de Paris à Montmartre...

Le Moulin de la Galette vu du Maquis

CHAPITRE IX

MONTMARTRE PENDANT ET APRÈS LA GUERRE

Ensanglanté, Montmartre s'effrite. Donc, seule la séculaire place Sainte-Eleuthère, autour de laquelle s'accrochent de vastes chantiers, demeure, ainsi que nous l'avons vu.

A la veille des hostilités, ébranlée par la perte de quelques-unes de ses chères figures : Marcel Legay, Léon de Bercy et Gabriel Montoya, la flamme de Montmartre, son âme, s'est plutôt vouée au culte de ses morts.

L'heure du sacrifice a sonné ; l'azur profond de ses ciels s'est assombri. Au jour de la mobilisation générale, Montmartre a vu ses enfants le quitter, combattre, tomber. Les mains jointes et la tête inclinée, le génie de Montmartre est venu s'agenouiller pour eux, au Sacré-Cœur.

Le « Cerveau du Monde », aurait conclu Rodolphe Salis, abdique.

Il semble effectivement qu'un obus ait ravagé les flancs de sa Butte car, son silence évoque le calme paisible des quartiers neufs et l'impersonnalité d'Auteuil et de Passy.

Pourtant, sous cet aspect nouveau, la Colline Sacrée se justifie pleinement : la joie est sœur de la douleur.

Sa détresse physique et morale la plongent seulement dans un sommeil léthargique d'où, après la guerre, elle peut sortir purifiée, régénérée, rajeunie, chantée par d'autres Pierre Dupont et Nadaud.

Dégagé de sa cangue, de ses toxiques et de ses tares

sexuelles, Montmartre ne recèle plus dans ses sous-sols, dans ses entresols, dans ses rues désinfectés, des filles encanaillées, aux lèvres refroidies par l'éther, au nez rongé par la coco.

S'il ne vivra plus avec ses oasis de verdure aux senteurs de chèvrefeuilles, dans le rose éclatant des lauriers, il se doit de renaître dans la jeunesse éternelle du rire.

Hier, l'Étranger ne connaissait que le Montmartre de la Nuit et de la Noce, ignorant le Montmartre du Jour et du Travail : celui de l'Art, de la Chanson et de la Littérature. Il savait par cœur le nom de ses « boîtes » de la place Blanche et de la place Pigalle, où son estomac subissait d'écœurantes cuisines et sa bouche d'incertains breuvages, cependant que de confortables teutonnes entôleuses ou kleptomanes, lui vendaient leurs pesantes faveurs, au son de violons importés d'Outre-Rhin, râclés par leurs « herren » de pseudo-Hongrois, espions le jour, marchands de stupéfiants la nuit... « Clients », habitués fidèles de la Butte et étrangers en « bombe », de passage à Paris, se retrouvaient alors dans quelques maisons spéciales où, à la faveur des flambeaux, des exhibitions déshabillées, des nus pornographiques alternaient avec des expositions de... mineures.

Là, où hier on festoyait la nuit, maintenant tout sommeille avant onze heures, seuls quelques cinémas, plusieurs music-halls et un cirque, veillent.

Montmartre a perdu sa Belle de Nuit, il a retrouvé sa Belle de Jour.

Le rire qui sonnait faux, ne dilate plus les masques poudrederizés des hétaïres cosmopolites de la Butte. Elles n'entrebaillent plus leurs corsages pour deux sous et, les trafiquants de cocaïne « débochisés » ont fini de tuer lentement mais sûrement ; ils exercent leur kommerce dans les kamps de koncentration.

Dès lors, il n'est pas de mansardes, place du Tertre où,

sur la fenêtre, ne flotte un drapeau tricolore car, la Montmartroise, fille du Sommet des Dieux, a le cœur très haut placé. Et, les rares boutiques fermées de la rue Norvins portent sur leurs volets ces lignes écrites à la craie : « Tout le monde est parti à la guerre ». Circulation et commerce sont interrompus sur la Butte.

Le petit modèle ne s'attarde plus au dehors, son cœur s'endeuille pour la patrie. Mais, au contact de la douleur, ses vertus ont fleuri, son petit nez en l'air ne quête plus le regard des amoureux ; elle a d'autres soucis : elle écrit tous les jours à « son poilu ».

... Puis, ne voilà-t-il pas qu'un beau jour, honteuses de leur inutilité au Pays, les midinettes frappèrent à l'huis de Gustave Charpentier. En temps de paix, dirent-elles au célèbre compositeur, nous soignions nos frères et sœurs, en temps de guerre, nous voulons soigner nos pères, nos fiancés, nos époux et les « poilus ». Notre soif d'aimer est intarissable.

Depuis, assidues aux cours de pansements, aux stages dans les hôpitaux, elles vivent auprès des typhiques et des blessés, les heures fébriles de la grande guerre tandis qu'elles chantent, entre deux larmes, la « Lisette » de Béranger ou « Au temps des Cerises »...

Enfin contemplons nos soldats. Leur héroïsme est un flot où nous nous baignons, qui nous porte et nous soulève. Pas une minute, pas un jour, pas une nuit nous ne commettrons le crime de douter en l'issue finale.

Les lettres de nos « poilus » nous ordonnent les commandements de la patrie. Elles retranchent du monde l'inanité des mots et des gestes. Dans cette œuvre de délivrance et de gloire, les nôtres ont filtré leur sang.

En novembre 1914, Maurice Neumont et Mme ouvrent une cantine, « L'Appui aux Artistes », au *Lapin Agile*. En l'absence de Frédé, Berthe, son épouse, fait la cuisine. Une soixantaine de femmes d'artistes mobilisés et leurs enfants pour la somme modique de vingt-cinq centimes

trouvent là une alimentation saine et copieuse. Le
Comité Franco-Américain subventionne cette œuvre
digne qui, se développant, installe ensuite sa « Cantine
Buffalo » 1, place du Calvaire chez M. Maurice Neumont.
Jusqu'au 30 juin 1919, « L'Appui aux Artistes » (1) —
qui, durant la guerre, vint en aide aux dessinateurs,
peintres, sculpteurs et graveurs par des dons de toutes
sortes — servit 475.381 repas, affectant le reliquat de
ses fonds à la création d'un prix annuel, dit prix de
l'Appui aux Artistes, destiné à encourager et à récompenser un ou plusieurs membres de la Société des Dessinateurs Humoristes exposant au Salon des Humoristes.

Aussi bien, à « La Féria », rue Fontaine, fonctionna
« Le Repas aux Artistes », dont Maurice Neumont est le
secrétaire général, sous la direction de Mme Bechemann.
Nos comédiennes et cantatrices les plus connues en
assurent bénévolement le service. Par ailleurs, place
Pigalle, « L'Aide aux Artistes » répond au même but.
Mme Cillard, la femme du peintre décorateur, assume
cette cantine. Tombent alors au champ d'honneur, parmi
tant d'autres, ces braves artistes montmartrois : Jean
Guiet, F. Puechmagre, Starck, J. Morin. P. Poterin du
Motel, L. Bresson, D. de Losques, Touraine, tous
membres de la Société des Dessinateurs Humoristes.

Artistes ingénieux et bons Français ils prouvèrent
qu'il y eut, durant les hostilités, — à côté de la légendaire
bravoure des Poilus, — deux impérissables facteurs de
la Victoire : le Pinard... et l'Humour ! A l'avant, les poilus tenaient bon... à l'arrière, il fallait que les civils
tinssent... Forain l'a dit... et les civils ont tenu ! ainsi que
le rappelait, si justement, dans son discours, Maurice
Neumont, vice-président et secrétaire général de la
Société des Dessinateurs Humoristes, à l'occasion de la

1. Présidente : Mme Gisèle Bunau-Varilla.

remise, au maître, de son Epée de Membre de l'Institut,
au Banquet Forain présidé par M. Léon Bérard, alors
ministre de l'Instruction Publique.

Réalisant l'Union sacrée, la Société des Artistes Humoristes — fondée, en 1910, par M. Abel Faivre — et la
Société des Dessinateurs Humoristes — fondée, en 1904,
par M. C. Léandre — réunirent, en 1915, leurs deux Salons en un seul qui, depuis cette date, se tient annuel-
lement à la galerie La Boëtie. Et, le 4 mai 1920, les deux
Sociétés votaient leur fusion complète sous le titre de
Société des Dessinateurs Humoristes avec J. L. Forain
comme président.

* * *

Montmartre qui, pendant la guerre porta le deuil de
ses morts, bien avant la signature de l'Armistice sera
bientôt envahi par le *tommy* et le *sammy* démobilisés ou
non. La Place du Tertre deviendra une « affaire » pour
ses débits de vins. Chacun s'y découvrira une raison de
commerçant, à défaut d'une âme d'artiste. Montmartre
deviendra *autre chose*... témoin, aujourd'hui, la Place du
Tertre. Malgré cette fâcheuse évolution Montmartre restera le « coin » des Artistes. Qu'en pensent ses enfants
terribles : la Société des Dessinateurs Humoristes, la
Commune libre de Montmartre et la République de Montmartre ?

CHAPITRE X

LES VEILLÉES DE « LA VACHE ENRAGÉE »
DE MAURICE HALLÉ
ET
LA MAIRIE DE LA COMMUNE LIBRE DE MONTMARTRE
(4, |place Constantin-Pecqueur)

M. Maurice Hallé

Une curieuse figure que celle de Maurice Hallé. Né, en 1886, à Oucques (Loir-et-Cher), à treize ans il apprend le métier de son père, charron-forgeron. A Paris, deux années plus tard il travaille manuellement, s'instruisant la nuit. De retour, en 1905, à son village, il reprend le marteau.

Ses premiers vers beaucerons paraissent, en 1910, sous ce titre: *Au Pays où qu'on parl' ben*. A Paris, en 1911, où il revient à nouveau, Maurice reprend son travail manuel. Un dimanche soir, il débute à *La Chanson du Peuple* puis au Théâtre Montmartre, passant au *Caveau de la République*, aux *Noctambules*, à *La Sirène*, et au *Grillon*. Puis, le collaborateur de *la Guerre Sociale* et de *La Politique illustrée*, fondera *La Vache enragée*, en 1917, dont les goguettes seront fort appréciées. Hallé tente ensuite la fortune à Liége — à *L'Ane Rouge* — et, à Bruxelles — à *La Boîte à Surgère*... Mais, c'est Paris, la Butte-Sacrée surtout, qu'il affectionne. Avec Jules Dépaquit en 1920, il fonde la Commune libre de Montmartre et, en 1921, il inaugure, assisté de Toziny, la Mairie de la dite Commune, un bon cabaret doublé d'un Salon de pein-

tures montmartrois. Maurice Hallé, il le proclame lui-
même, connut longtemps... la vache enragée. S'il possède
— après sept ans d'efforts — un petit coin, place Constantin-Pecqueur, le poète-chansonnier beauceron de
Par la grand'route et les chemins creux, de *Le Berland chansonnier* et de *Par les Guérets et par les Chaumes* n'oublie
pas, — car il en est fier, — qu'il fonda en 1923 *Le gâs
d'cheux nous*, gazette régionaliste et officielle de la
Société du même nom et organe des naturels du Loir-et-
Cher et du Centre.

Les Veillées de la « Vache enragée »

Cabaret fondé le 10 février 1921
et
Mairie de la Commune Libre de Montmartre
(4, place Constantin-Pecqueur.)

En 1918, au Quartier Latin, le poète beauceron Maurice Hallé qui dirigeait une petite revue, la *Vache enragée*
fondait, rue des Ecoles, à « la Chope Parisienne » au premier étage, sa première « goguette » de la *Vache enragée*. Il y avait avec lui deux ou trois chansonniers,
bohèmes de la Butte et du Quartier et... un spectateur.

Le dimanche suivant, on comptait une dizaine d'auditeurs. Peu à peu, le nombre des « clients » augmenta et
à la dixième séance, la salle était trop exigüe pour le
public venu là.

A la saison suivante, Maurice Hallé loua une salle
rue Lamartine, dans un restaurant. Celle-ci n'étant pas
encore assez grande, il se transporta alors rue des Petits-
Hôtels, à la Salle Herz. Puis, la saison suivante 1919-1920,
à la Salle Saint-Georges, au n° 9 de cette rue. Et, de la
rue Saint-Georges il gagna les sous-sols de Gaumont à la
fin de la saison.

Son public fidèle le suivit, et le noyau de clientèle étant
formé, il ne lui restait plus qu'à trouver un local où s'installer définitivement... et de l'argent.

Heureusement, un ami qui s'intéressait à lui voulut bien avancer les premiers fonds et, comme le chansonnier Roger Toziny revenait de Marseille où il tenait un cabaret, Maurice Hallé le prit avec lui.

L'établissement dont le nom primitif devait être *Les Veillées de la « Vache enragée »* devint en même temps la *Mairie de la Commune Libre de Montmartre* à la suite de polémiques échangées avec certains personnages qui voulaient s'emparer du titre de la Commune Libre de Montmartre.

Le public suivit encore Maurice Hallé comme il avait suivi les premières *Veillées de la Vache enragée* dans les diverses salles successivement louées.

Maurice Hallé et Roger Toziny firent régulièrement paraître leur journal et furent les véritables animateurs de la Butte à l'occasion des Fêtes de Montmartre.

Dix huit mois après, Maurice Hallé et Roger Toziny se séparèrent. Le poète beauceron demeura seul, tandis que Toziny prenait la direction du Moulin de la Chanson et fondait *Les Chansons de la Butte,* revue de la chanson.

Aujourd'hui, la mairie de la Commune Libre est ouverte à partir de dix heures du matin.

C'est un café, où, pour un prix modique, on peut déguster les boissons les plus variées.

Sur la cheminée, une caricature du maître de céans, œuvre de Tap, s'offre aux regards des visiteurs ; deux panneaux du dessinateur Dépaquit et, un autre, de Tap, ornent les murs de la salle.

Sur les portes, les inscriptions les plus diverses rappellent aux « administrés » qu'ils sont dans « leur mairie » :

Salle des mariages, Divorces, Archives, Justice de Paix, Salle des Fêtes, Violon municipal, etc...

Sous la caricature de Maurice Hallé, une devise prévient les clients que :

> *Ici l'on ne fait pas crédit*
> *Et le tapage est interdit.*

Aux murs de la salle, accrochés, les tableaux des artistes-peintres du groupe « La Chimère ». Sur le catalogue que nous feuilletons, nous relevons les noms de : Blanchard, Louis Buty, Chaillet, Mme Deglesne, Créach, J. Delpy, L. Emiot, Jean Garnier, Glasser, Gyaminy, Hemmings, Iker, Henri Jamet, Lachat, Mme Lacourcière, Luc Laguet, R. Lafont, F. Laval, G. Moreau, Henri Noizeux, Albert Noizeux, Mlle Ruff, Ch. Raymond, Régine Sim, Albert Solon, Stanley, Mme Pommarès-Béguin, Fernand Trochain, Maurice Trochain.

Ce sont les artistes eux-mêmes qui fixent le prix de leurs tableaux et qui les vendent par le truchement d'un intermédiaire désintéressé.

Le soir, la Mairie se transforme en café où l'on chante, après dîner.

Sur un tréteau, grand comme un mouchoir de poche, derrière le piano, des chansonniers et des poètes se produisent dans leurs œuvres.

Jusqu'à minuit, on peut passer agréablement le temps en écoutant un programme choisi et éclectique.

On se garde d'applaudir, pour ne pas gêner les voisins. On agite les bras en l'air et l'on remue les mains comme si l'on voulait faire les marionnettes...

On peut, si l'on veut, demeurer jusqu'à deux heures du matin à boire des chopes et à « casser la croûte ».

Tous les samedis, de cinq à sept heures, les peintres se réunissent pour prendre l'apéritif, causer de leurs affaires, voire à en faire...

Parmi les chansonniers des Veillées de la *Vache enragée* on cite : Xavier Privas, P. Trimouillat, Francine-Lorée-Privas, Marinier, Jean Rieux, Henry Cor, Marc Hély, Maurice Mauclay, Bousquat, P. Mérop, Gaston Bertier, Rob. Goupil, de Soutter, Maader, Léo Deglesne, Francis Quint, Jean Vorcet, J. R. Darnys, René-Paul Groffe, B. Forel, Jean Varenne, G. Secrétan, Dornano, Henri Chassin, Loréal, Ch. d'Avray, Frédéric Mouret,

Eug. Wyl, Ch. Aug. Bontemps, Suzanne Teissier, Edme
Goyard, Michel Herbert, R. Depressis, Surgères, Marcel
Pénitent, Pierre Dac, R. Toziny, Eug. Lemercier, Noël
Laut, Rob. Casa, Paul Maye, le poète solognot Paul Bes-
nard, le poète berrichon Jean Rameau, etc...

C'est là que le regretté Yon-Lug chanta pour la dernière fois, et que débutèrent les chansonniers Michel
Herbert, Depressis, P. Dac, Jean Lubin, Rimbourg, etc.
C'est un des rares cabarets de Paris où l'on conserve la
véritable tradition et où l'on forme des jeunes chansonniers.

De nombreux interprètes aussi s'y sont produits, et
s'y produisent encore, à tour de rôle : Aimée Morin, le
baryton Loynel, Marguerite Greyval, Henri Valbel,
H. Marchand, Sylvette Fillacier, Guy Rémond, le ténor
Tanis, le baryton Morel, Pascale, Jane Stick, Jane Du-
maine.

Enfin, Mme et M. Maurice Hallé, en demeurent les sympathiques et infatigables « animateurs ».

LA RUE SAINT-VINCENT

inamovible à la totalité des voix plus une, s'il commença par ne rencontrer que des roses sous ses pas, vivant dans une atmosphère de liesse perpétuelle et d'arcs de triomphe, Dépaquit sentit bientôt de rudes épines à ses pieds de dictateur. Il n'oublie pas que des mines traîtreusement semées, éclatèrent sous lui, que des trappes mystérieusement ménagées s'ouvrirent pour l'engloutir Ça, constate-t-il philosophiquement, c'est la Vie !

En dépit des fêtes remplacées par des hymnes funèbres, par des messes noires et des envoûtements, Jules Dépaquit ne perdit jamais espoir. Si par deux fois, il fut brûlé en effigie par ses meilleurs amis, sur les rares places publiques de la Butte, par contre notre Nouveau Phénix renaquit chaque fois de ses cendres ! L'Histoire de France peut être fière de l'Histoire de Montmartre ! Après avoir dissous d'un trait de plume son conseil municipal dissident, le Dictateur ne conservera plus que ses deux bras droits, ses adjoints : Maurice Hallé et Roger Toziny, les spirituels directeurs de la *Vache enragée* qui se doublent de deux poètes chansonniers à la veine intarissable. N'admettant que d'honnêtes gens dans sa Commune, Dépaquit chargea de sa maison militaire le valeureux garde-champêtre Edgar Fasquelle, surnommé « Mon Oncle », tandis que Bibendum, était promu capitaine des sapeurs-pompiers. Après une série de fêtes triomphales, à Paris et en province, en mal de tête et d'estomac, Dépaquit(1) se décide enfin à infuser un sang nouveau aux vieilles artères de la Butte-Sacrée. Qui plus est, trop sommairement outillé pour percer de nouvelles rues, il se contente de les débaptiser pour les rebaptiser. Son cher Village, Dépaquit l'aime de toutes ses forces. N'entend-il pas réparer certaines grandes injustices ? Ainsi Salis aura sa rue, Gaston Couté son

1. Dépaquit fut opéré d'une adénite cervicale, à Lariboisière, le mardi 10 juin 1924. Il mourait, dans sa famille, le vendredi 11 juillet 1924.

square et Henri IV, son avenue. D'ailleurs, M. R...,
l'habile architecte de la Commune, un ami, en dressa le
plan superbe, presque grandeur nature, dans la Salle
des Fêtes de la Mairie.

Quand on interroge M. le maire de la Commune Libre
de Montmartre sur ses projets, il répond imperturbablement : « J'encouragerai les Arts et les Lettres, le Commerce et l'Industrie ; je célèbrerai de somptueux
mariages ; j'édifierai de luxueux hôpitaux, etc., etc., car
notre devise est : « Au Travail ! au Travail ! au Travail ! »
tout comme les chœurs de l'Opéra chantent, dans un sur-
place impressionnant : avançons ! avançons ! On comprend — cette fois nous parlons sérieusement — que
Jules Dépaquit veuille conserver les Jardins de Montmartre, la silhouette phallique du Sacré-Cœur, et celle
pittoresque du Moulin Debray, la physionomie propre de
la Place du Tertre enfin, ce point de vue hautain, à
mi-chemin déjà, entre l'Homme et Dieu.

Si Dépaquit consacre tout son cœur au « vieux » village de Montmartre, il donne tout son esprit au « nouveau ». Ainsi, la Commune Libre de Montmartre fait-elle
œuvre utile en rendant d'innombrables services aux
artistes malheureux de la Butte.

— Nous faisons rire, dit-il souvent, mais les rieurs
paient ! et c'est tout ce qu'il faut.
Quand cette « concurrente », la République de Montmartre, surgira, Dépaquit s'écriera :

— Pourquoi pas l'Empire, le Royaume ou la Principauté de Montmartre ? Dès que l'on veut faire du bien,
on rencontre toujours des gens qui montent une boutique en face de votre maison !...

Ah ! si Dépaquit avait voulu figurer, à la veille des
élections, sur une liste de candidats, il eût remplacé, au
Palais-Bourbon, son ami Charles Bernard, ancien député
de Montmartre !

Pour en revenir aux réjouissances populaires de la

Commune Libre de Montmartre, disons qu'elles servent à la fois la mémoire de la Butte et les intérêts de ses commerçants. Aussi bien, les uns et les autres combinèrent les programmes les plus ahurissants. La sensationnelle traversée de la Butte par les auto-chenilles, auto-limaces et auto-limaçons par exemple, souleva un formidable enthousiasme ! Durant plusieurs mois, la municipalité irrégulière organisa des courses pour chansonniers, pour « citoyennes », pour gosses de la commune libre, des retraites « aux becs de gaz ». On vit même, place Constantin-Pecqueur, le corrida del Muerto de la *Vache enragée*, avec mise à mort du torero Mousselinos, et la traversée de la manchette par le nageur Tribouchoni. Entre temps, Maurice Hallé organisait les fameuses foires aux croûtes...

C'est dans la petite salle du *Lapin Agile*, — la salle « réservée » aux retardataires — que fut décidée la séparation de Montmartre et de l'Etat.

Etaient présents : Frédé, patron du *Lapin Agile* ; Jules Dépaquit, dessinateur-humoriste et poète et Maurice Hallé, poète beauceron, directeur du journal la *Vache enragée* (journal intermittent paraissant quand il y a de l'argent) et organisateur dans Paris, des *Veillées artistiques*.

On décida de se présenter aux électeurs de Montmartre. Maurice Hallé mit son journal à la disposition des candidats, Frédé prêta sa salle, et Dépaquit offrit son cœur.

On élabora, immédiatement, un programme que la *Vache enragée* inséra, dans son plus prochain numéro, (26 mars 1920). En voici quelques aperçus :

PROGRAMME
DU PARTI ANTIGRATTECIELISTE

1° Autonomie de Montmartre ;

2° Transport des fortifications de Paris sur la ligne

de démarcation de Montmartre, savoir: rue Custine (depuis la rue Ramey), rue Caulaincourt (jusqu'au pont), rue de Maistre, rue des Abbesses, rue d'Orsel (théâtre Montmartre compris, percement de l'impasse), rue Clignancourt et rue Ramey jusqu'à la rue Custine seulement) ;

3º Détournement de la Seine ou du canal Saint-Martin autour desdites fortifications après leur transport ;

4º Anéantissement des gratte-ciel ;

5º Construction de vieilles maisons sur mesure ;

6º Prolongement du Funiculaire jusqu'à la rue Caulaincourt ;

7º Construction de rues à bascules ;

8º Transformation du Réservoir en piscine et station d'eaux thermales ;

9º Etablissement de la Foire de Montmartre, place du Tertre ;

10º Expulsion des marchands d'habits, des vitriers, des marchands de quatre-saisons déambulants, des cucubistes, des fouturistes, etc. ;

11º Réforme du calendrier: la semaine de 10 jours ; 6 jours de travail, 4 jours de repos (journée d'une heure); le mois de 40 jours ; l'année de 9 mois ; suppression des mois de décembre, janvier et février. Jamais d'hiver (les effets de neige se feront par imagination) ;

12º Construction de toboggans pour descendre la Butte et de trottoirs roulants pour se rendre d'un bistrot à l'autre ;

13º Escaliers mécaniques montants et descendants ;

14º Heure officielle :cadran solaire, rue de l'Abreuvoir;

15º Caoutchoutage des roues des voitures et des fers des chevaux de la Compagnie Richer et de la boulangerie Pimoulle ;

16º Interdiction de faire sonner la « Savoyarde » avant 3 heures de l'après-midi ;

17º Interdiction de battre les tapis, les enfants, les

femmes et les vieillards avant 3 heures de l'après-midi;

18º Culture intensive des champs de blé, de vigne et de vins ;

19º Les pots de fleurs, aux fenêtres, devront être transformés en pots de vigne ou en pots de vins ;

20º Suppression de l'eau. Les fontaines devront éjaculer du vin blanc, rouge ou rosé, suivant le goût de l'habitant ;

21º Interdiction de passer plus de 20 personnes de front, rue Cortot ;

22º Interdiction de meetings de plus de cent mille manifestants, place du Tertre ;

23º Construction de vespasiennes à roulettes et de châlets de nécessité à glissières ;

24º Lignes de tanks-autobus pour toutes les directions ;

25º Suppression des impôts, des charges et des devoirs;

26º Installation d'une soupape de sûreté au-dessus de l'orifice de la gare des Abbesses, pour prévenir une agression de l'étranger ;

27º Déclaration de la Paix en cas de déclaration de guerre ;

28º Expulsion des locataires du cimetière Saint-Vincent ne pouvant justifier qu'ils demeuraient à Montmartre avant de mourir ;

29º Interdiction de permis de séjour aux dénommés H.-P Gassier et G. de la Fouchardière ;

30º La *Vache Enragée*, seul journal officiel de la Commune.

La liste « antigrattecieliste » lança en même temps, un appel vibrant au Peuple de la Butte.

Cet extrait en donnera une idée:

PARTI ANTIGRATTECIELISTE

Citoyennes, Citoyens !

L'heure est grave.

Des propriétaires sans scrupules, sans esprit et sans cœur ont déshonoré la Butte, en faisant construire d'abominables bâtisses en forme de cubes.

Il faut que ces maisons disparaissent !

Il nous faut de la verdure, des espaces libres, des petites maisons, des petits oiseaux.

Et il nous faut surtout la liberté de nous gouverner nous-mêmes.

Ayant été élevés au sein de notre mère ou au biberon, nous ne voulons plus de nourrice.

L'Europe est une nourrice sèche.

L'heure est grave, nous ne le répèterons jamais assez.

Citoyennes et Citoyens !

Si vous voulez vivre librement ; si vous désirez jouir librement, chacun dans votre maison, libérez-vous du joug affreux sous lequel vous ployez, brisez les chaînes qui vous attachent, abattez les murailles qui vous entourent, venez réchauffer vos membres engourdis au soleil de notre indépendance et éclairer vos cerveaux à la phosphorescence de notre programme.

Pour l'autonomie de Montmartre !

Pour l'anéantissement des gratte-ciel !

Votez pour la liste Dépaquit !

LE COMITÉ

Entre temps, une discussion s'était élevée au sujet de l'appellation du nouveau territoire séparatiste.

Frédé avait proposé : « Etat Libre de Montmartre » ;

Dépaquit : « République de Montmartre » et Maurice Hallé : « Commune Libre de Montmartre ».

Ce dernier titre prévalut, et la campagne commença.

Ce fut épique : chaque soir au *Lapin* les réunions électorales s'animèrent à tel point que Frédé semblait bien « embêté » d'avoir spontanément donné asile à des candidats aussi bruyants.

On décida alors d'organiser des réunions en plein air. Chaque dimanche, sur les places publiques de la Butte, places du Saule et de la Liberté (terrain vague en face du *Lapin*), place du Tertre, place J.-B. Clément, place Constantin-Pecqueur, les foules amusées se dilataient la rate à l'audition des professions de foi contradictoires et toujours imprévues, des candidats.

La liste anti-grattecieliste intitulée, modestement, *liste onéreuse, honorable et honorée*, présentait aux suffrages des électeurs : Dépaquit. dessinateur; Maurice Hallé, directeur de *La Vache enragée*; Frédé, directeur du *Lapin Agile*; Poulbot, dessinateur; Platon Argyriadès, statuaire ; Julien de Pavil, dessinateur ; Vincent Hyspa, chansonnier ; Serge H. Moreau, peintre ; Suzanne Valadon, peintre; Raoul Alexandre, journaliste; Suzanne Teissier, poète; Berthe Frédé, du *Lapin Agile*; Guérin, restaurateur ; Nigay, fruitier.

Les listes adverses se composaient ainsi, telles que *La Vache enragée* nous les procure (avec les programmes à la clef) :

LE COIN DES ADVERSAIRES

LES LISTES ADVERSES

Notre conscience étant aussi élastique que notre porte-monnaie et les nichons de Mme de Rochebrune, nous ne reculons devant aucun sacrifice.

C'est pourquoi nous offrons l'hospitalité de nos colonnes à nos adversaires.

Nos lecteurs jugeront des procédés employés par nos vils concurrents.

Liste abstentionniste

Henri-Paul Gassier, dessinateur.
Hache Pet Gassier, dessinateur.
Hanus Petus Gassiérus, dessinateur.
Herr Professor Gassier, dessinateur.
Heurine Peterhof Gassieroff, dessinateur.
Henizelos Petos Gassieropoulos, dessinateur.
Hansi Pietri Gassieri, dessinateur.

Etc., etc.

Et ils sont trente comme cela! Nous n'y comprenons rien!

Liste cubiste

Picasso, artiste peintre; Max Jacob, littérateur; Archipenko, sculpteur; Bernouard, éditeur; Zadkin, sculpteur; Libion, cabaretier; Existence, singe; Paul Guillaume, marchand de tableaux; Corneau, peintre; Poiret, couturier; Marcel Gaillard, peintre; Héran-Chaban, peintre; Baty, aubergiste; Maurice Taquoy, peintre; Jean Cocteau, poète; Aïcha, négresse; Nicol Briggs, peintre; G. Tailleferre, compositeur; Durey, peintre; Benito, dessinateur; Cecil Howard, statuaire.

PROGRAMME CUBISTE

Les vieilles maisons, erreur!
Démolissons, démolissons!
Un gratte-ciel, deux gratte-ciel, trois gratte-ciel, encore plus, et encore *Montparno regente.*
Nord-Sud, Métropolitain, douze étages, et nous allons rêver, la mécanique se développe, le bâtiment bouge.

Vivent les entrepreneurs de bâtisses.
Les scieurs de long, les ébénisses !
Et *Picasso imperator.*

Pour le Comité cubiste,
Max Jacob,
artiste peintre.

Liste dadaïste

Picabia, peintre ; Dermée, poète; Albert Birot, littérateur ; Breton, dada ; Tzara, dada, etc.

PROGRAMME DADA

A dada, a dada, a dada

Hue !

A Bubu, a bubu, a bu-butte.

15 heures 30.

Trente, trente, trente.

Du gazon, du gazon.

A Dada, A dada, a dada, enlever, effacer, détruire, anéantir, supprimer...
Deleatur, deleatur, deleatur.

A DADA.

TRADUCTION INTERPRÉTATIVE

Démolition des vieilles maisons, des neuves, des grandes, des petites, destruction du Sacré-Cœur, de Dufayel, du Lapin-Agile, du Moulin de la Galette, suppression des habitants, anéantissement de la syphilis, en un mot : effacer la Butte et la remplacer par : Rien.

Liste sauvagiste

Henri Chassin, poète ; Guérin, dessinateur ; Tristan Rémy, poète ; Marcel Pénitent, chansonnier; Maître-jean, sellier ; Casque d'Or, culottière ; Jean Parigot, chansonnier ; Raphaël Diligent, dessinateur ; Hélène Clément, culottière ; Sainte Geneviève, institutrice ; Pascal Musine,

artiste lyrique ; Sergine, couturière ; Roger, peintre ;
Malleterre, peintre ; Vatès, chanteur ; Jehan Brocard,
poète ; Alathène, poète ; Citroën, ouvrier métallurgiste ;
Bec de Corail, romans policiers ; etc., etc.

La liste *anti-grattecieliste* fut élue à une énorme majo-
rité, par 57.835 voix. De la liste *sauvagiste* se réclamèrent
avec 43.699 voix, Guérin, dessinateur ; Chassin, poète ;
Marcel Pénitent. poète ; Guermette, rentière ; Tristan
Remy, poète ; Casque d'or, Poètesse ; Maître-jean, savetier ;
Bec de Corail, écrivain ; Vatès, barde ; Jehan Brocart,
poète-décorateur.

La liste *fémino-anti-féministe* triompha, avec sa seule
candidate Magdel (40.999 voix) et, la liste *abstentionniste*,
avec son unique candidat : le dessinateur H. P. Gassier
lequel obtint 2 voix ! Les élus s'attribuèrent, eux-mêmes,
leurs fonctions et se promurent à vie.

Les élections terminées, les élus et les électeurs se
reposèrent un moment.

Cependant, le 11 novembre 1920 eut lieu la Fête des
gosses, présidée par Poulbot. Et puis, dans l'ordre, l'élection de la Muse de Montmartre : Geneviève Félix suivie
de la cavalcade qui déroula son cortège le 13 mars 1921.
Se place ensuite la *Première Foire aux croûtes*, le 17 avril
1921, fondée par les directeurs de la *Vache enragée* :
Maurice Hallé et le poète Roger Toziny.

Ce furent eux qui, en édifiant la « Mairie de la commune Libre de Montmartre », au 4, place Constantin-Pecqueur, s'affirmèrent les véritables « animateurs » de Montmartre. A ce Quartier, à peu près mort, ils apportèrent
leur activité passionnée.

Ainsi que nous l'avons déjà vu, la Commune s'adjoint
un garde-champêtre, puis un capitaine de pompiers, puis,
une pompe. L'Amour intervenant, notre garde-champêtre
se marie avec la Muse. Mais, hélas ! son divorce suivra
bientôt.

Le 5 juin 1921, seconde foire aux croûtes.

Le 3 juillet 1921, Championnat de Montmartre et de la Vie chère organisé par Batignolles-Sportif, Montmartre-Sportif et la Commune Libre avec le concours de l'*Auto*, *Sporting*, le *Montmartrois* et la *Vache enragée*.

Ce même 3 juillet, l'après-midi, la Mairie de la Commune reçoit, après l'avoir longuement promenée sur son territoire, la Duchesse de Savoie, inaugurant une grande *Vogue Savoyarde*.

C'est le 24 juillet 1921 que fut célébré le premier anniversaire de la Commune Libre. Le programme comportait la course de la Plume et du Pinceau, conçue par *la Vache enragée*. Il s'agissait pour les chansonniers d'effectuer à pied le tour de la Butte en composant une chanson sur un sujet donné cependant que les artistes-peintres ou dessinateurs devaient exécuter un motif prévu.

Au départ, le chansonnier Maurice Mauclay et le peintre Judex (Marcel Raymond) s'adjugèrent les premières places.

La Traversée de la Butte à la nage fut gagnée par Suzy Boudha, une artiste-peintre. Cette épreuve nécessitait, pour traverser la Butte, un tonneau ou une lessiveuse rempli d'eau et monté sur roues.

La Commune Libre se devait de « porter en ville ». Ainsi, elle se rendit à Calais, le 31 juillet. On la rencontra le 7 août à Bagnolet, le 14 août à Châtillon-sous-Bagneux, et le 4 septembre à Andrézy. De retour à Paris, le 25 septembre, elle organisa sa troisième *Foire aux Croûtes*, avec des exposants toujours plus nombreux.

Aux premiers jours de l'hiver, la *Vache enragée* innove les premiers *Marchés aux croûtons* à la Mairie de la Commune Libre. Les peintres, eux-mêmes, y vendent leurs œuvres à l'intérieur, comme à la belle saison ils les vendaient sur la place aux Foires aux Croûtes.

D'autre part, La Commune Libre prit l'initiative d'un

concours de fumeurs, dit du « Perlot », qui enfumait les sous-sols du cinéma Gaumont. Le littérateur Frédéric Lefèvre s'adjugea la victoire. Lorsque la Commune Libre de Montmartre « descend » à Paris : elle est reçue solennellement à la Maison des Journalistes et à la Maison des Etudiants.

Le 19 mars 1922 voit la quatrième *Foire aux croûtes*.

Le 14 mai 1922 a lieu l'inauguration de la nouvelle pompe à incendie suivie de la cinquième Foire aux Croûtes.

Le 21 mai, le Championnat des Escaliers et de la vie chère soulève l'hilarité générale.

Si le 11 juin, la Commune est reçue à Saumur, le 18 juin, entre sa sixième Foire aux Croûtes et sa réception à la Ferté-sous-Jouarre, elle ne chôme pas non plus.

Fidèle aux traditions, le 30 juillet, la Commune fête son anniversaire. Elle voit la Course de la Plume et du Pinceau gagnée encore par le chansonnier Maurice Mauclay et par le peintre Charles Raymond.

Dans la suite, sur la place Constantin-Pecqueur se tiendra un concours de Pêche à la ligne, et l'on assistera, pour la première fois, à la traversée de la Butte par des sous-marins. La Commune s'est payé un amiral. C'est alors l'exode à la campagne : le 13 août réception à Bagnolet, et le 15 août, à Saint-Quentin, puis, le 27 août, à Saint-Ouen et au Droucy pour l'élection du plus Bel Auvergnat de France. Le mois de septembre se passe non moins joyeusement à Montmorency, Brunoy et Meulan. Retour à Paris le 1er octobre 1922, pour l'inauguration de la septième *Foire aux Croûtes*. Enfin, la Commune siège à Bezons où elle est invitée le 8 octobre.

Désirant visiter le Salon de l'Automobile, elle s'y rend en grande pompe. A la Butte, le 15 octobre, à la grande fête sportive, organisée par la Commune, Pierre Labric n'écoutant que son courage, descend pour la première fois, les escaliers du funiculaire. Une ovation méritée est réservée au brave Conseiller des Sports de la Commune.

Avec le vilain temps et l'approche de l'hiver, la Commune se donne tout entière aux *Marchés aux croûtons* et à sa Mairie.

Avec le 11 mars 1923, s'ouvre la huitième *Foire aux croûtes* suivie par deux autres pour commémorer, le 16 septembre, le quatrième anniversaire de la Commune Libre. A la demande générale, se dispute la course de la Plume et du Pinceau. C'est Gaston-Maxime Coûté, chansonnier, qui remporte la timbale.

En pleine rue, sous l'œil amusé de la Police, se déroulent la grande Corrida de la *Vache enragée* et la traversée de la Butte par les auto-chenilles, les auto-limaces et les auto-limaçons.

Les 29 et 30 novembre onzième Foire aux Croûtes.

L'hiver revenant... il fallait s'y attendre... la Commune multiplie ses marchés aux Croûtons dans l'attente du printemps qui fait son apparition.

La douzième Foire aux Croûtes a lieu et trois autres suivront celle-ci, cette année. Ces 12 Foires aux Croûtes ont rapporté plus de trois cent quarante mille francs aux artistes et sans remplir les poches de marchands ou intermédiaires. C'est du moins Maurice Hallé qui nous l'assure. Il ne nous reste plus qu'à regretter que la cherté, toujours croissante, de la vie, préoccupe sérieusement les animateurs de la Commune Libre.

Sans quoi nous assisterions plus souvent à leurs ébats joyeux. Aussi bien, souhaitons que l'Existence, avec le rétablissement du Franc, redevienne plus clémente aux uns et aux autres. Alors, nous reverrons ces Fêtes qui, sous des dehors amusants, cachent un but pratique de solidarité artistique. Elles s'efforcent, après le tumulte de la parade, de faire comprendre à la foule que, si elle est conviée à rire un jour, elle peut revenir, le lendemain, pour « acheter » les œuvres des artistes exposées, en plein air, sur la place publique — place Constantin-Pecqueur, en l'espèce — ou à l'Exposition permanente de la Mairie de la Commune Libre de Montmartre.

Montmartre fit, aussi, concurrence à Colombes puisqu'il organisa des Jeux Olympiques. Ce tournoi d'humour, disputé le 15 juin 1924, place Constantin-Pecqueur, comprenait, notamment, le championnat des escaliers et de la vie chère, des épreuves d'autos au ralenti et des tentatives de record de vitesse, avec le concours de notre confrère A. Bontemps, des comiques Cariel et Biscot. Les « vieux jetons », les concurrents de plus de 35 ans, disputèrent une course de demi-fond et les poissons, cherchés aux halles, dans un baquet baptisé « piscine municipale », firent les frais du championnat de pêche à la ligne. Entre une course des Albertines « pour l'amélioration de la race féminine » et de photographes, l'après-midi, on vit s'avancer, précédés d'un huissier à chaîne, deux femmes et quatre hommes vêtus de chandails et coiffés de bonnets. Armés de manches à balai ou alpenstocks et reliés les uns aux autres par une corde solide, ces hardis pionniers allaient tenter l'assaut des glaciers de la Butte dans le maquis de l'avenue Junot. Une heure après, salués de frénétiques acclamations, ils réapparaissaient harassés, les vêtements saupoudrés de sucre... Maurice Hallé, le premier, riait.

En conclusion, c'est encore à « La Foire aux Croûtes » que revient le pompon. Quel spectacle essentiellement pittoresque et fraternel elle offre ! Les artistes y exposent eux-mêmes leurs œuvres, bonnes ou mauvaises. Toiles et cartons sont accrochés sans forfanterie à des ficelles liées aux frêles arbustes de la Place. Pastels, peintures sages ou de fauves, impressionnistes, nus très osés, marines, natures mortes mêlent leur résultat ou leurs intentions pour l'Amour des Beaux-Arts (1). Le

---

1. Seuls les artistes sont admis à la Foire aux Croûtes. Des Commissaires ont pour tâche d'éliminer les marchands ou camelots qui réussiraient à s'introduire parmi les exposants.

dimanche 21 septembre 1924, place Constantin-Pecqueur, la Commune Libre de Montmartre fêtait matin,
après-midi, soir et ... nuit, son cinquième anniversaire.

Mais, nous reviendrons à Jules Dépaquit dont nous
avons parlé au début de ce chapitre, et nous ajouterons
que la Commune Libre de Montmartre telle qu'elle est
aujourd'hui, donne de graves soucis à son maire-dictateur.

Si nous évoquons son Histoire, effectivement nous
trouvons dans une revue, datée de février 1924, cette
confession, sous la plume même de Jules Dépaquit :

« Vous me demandez ce que devient la Commune Libre
de Montmartre, à moi, le Maire. A qui pouviez-vous
mieux vous adresser et plus mal ?

Ma fille, car c'est ma fille, puisque je suis sa... pardon,
son maire, a grandi trop vite et m'inquiète beaucoup.
Jusqu'à l'âge de deux ans, lorsqu'elle ne savait que bal-
butier « papa, maman, foire aux croûtes », c'était une
petite gentille qu'on aimait à sortir sur les grands boulevards et même plus loin. Elle a vu Calais, Saumur,
d'autres villes. Car, me disais-je, les voyages forment la
jeunesse. Faisons voyager la môme. Ça déformait bien
aussi mon chapeau gibus, à force de saluts à rendre,
mais je n'en suis pas à un couvre-chef près, quoique j'en
aie moins que Millerand.

Mais voilà que gâtée à l'excès par son entourage, elle
a suivi de mauvais conseils et pris de mauvaises ma-
nières. Elle va maintenant jusqu'à faire des pieds de nez
à son papa et à lui adresser la parole en un langage
irrespectueux : « Ta Bouche, bébé ! » sont les moindres
familiarités qu'elle emploie à son égard.

Elle impose même au pauvre vieux des lois qu'elle
traite de municipales et qui ont été fabriquées par de
jeunes magistrats en rupture de cour.

Pour quitter ce langage figuré, sachez donc, Monsieur,
que la pauvre commune libre est devenue plus hérissée

de lois et de statuts qu'aucune autre commune de France,
que les anciens fonctionnaires, élus par le maire-dictateur, le garde-champêtre et le capitaine des pompiers,
ces incorruptibles soldats, ont été révoqués pour être
remplacés par des titulaires tout à fait adéquats aux
postes qu'ils occupent. Le capitaine des pompiers est un
poète qui justifie pleinement cette fonction par le genre
de poésie qu'il répand comme une manne inattendue sur
ses contemporains, et le garde-champêtre est aussi poète
à ses heures. Il rédige en vers ses procès-verbaux et
même je me suis laissé dire qu'il les mettait en musique.

La *Vache Enragée, journal officiel de la commune libre*,
s'orne de poésies mirlitonesques qui affirment que son
maire est devenu gaga, qu'il est vidé, ce qui n'arrivera
jamais au poète signataire de ces vers, car pour être *vide*
il faut avoir été *rempli*.

Bref, ma pauvre commune a besoin d'un sérieux replâ-
trage pour redevenir ce qu'elle était à son aurore : jeune,
belle, fantaisiste et *libre* ! »

Ajoutons que c'est Willette qui lui offrit les fonctions
de Maire de la Commune Libre de Montmartre. Dépaquit (1) accepta seulement quand celui-ci l'eût persuadé
qu'il s'agissait sous une apparence frivole de rendre service aux artistes français malheureux. De fait, beaucoup
d'infortunes furent soulagées.

1. Jules Dépaquit est mort le vendredi 11 juillet 1924, à Balan, à
3 kilomètres de Sedan.

CHAPITRE XII

LA RÉPUBLIQUE DE MONTMARTRE
(7 mai 1921)

Son œuvre à Paris et en Province. L'Art au service de la
Philanthropie. Ses arbres de Noël, ses Visites dans les
Hôpitaux, ses Fêtes. Le Dispensaire des petits « Poul-
bot ». Les petits « Poulbot » à la campagne.

Après cinq années de guerre, les « citoyens » conscients et organisés de la jeune République de Montmartre nous prouvent, avec la plus saine des gaîtés,
que la bonne camaraderie et la « petite fleur bleue » se
cultivent toujours sur la Butte. Adolphe Willette, Forain,
Neumont, Hansi, Poulbot, s'avèrent les hommes vénérés
de la République de Montmartre, porteurs du flambeau
sacré. Willette (1) est le Président (2) de la République
de Montmartre, œuvre d'entre-aide morale et sociale,
tout comme M. Doumergue est celui de la République
française. Partout il porte la parole, se plaisant à rappeler que Montmartre n'est pas le « Pays des rigolos et
des esbrouffeurs » ou. . « le Mouline Rouge », suivant

1. Aujourd'hui démissionnaire parce qu'il se refuse à être président.

2. Le Comité Directeur était ainsi composé le 7 mai 1921 : *Président* : M. A. Willette. *Vice-présidents* : MM. Forain, Maurice Neumont, Poulbot. *Secrétaire général* : M. Joë Bridge. *Trésorier* :
M. M. Bourquenot. *Commissaires de la République* : MM. Berger, Goyer,
Pelouze, Bernardot.

LA RUE DES SAULES

nos bons amis les Anglais. A ses auditeurs, Willette déclare aussi, volontiers, que la véritable originalité de Montmartre fut, depuis un demi-siècle, de servir d'asile aux poètes, aux artistes, fuyant la mêlée des « gens sérieux » qui, « en bas », se débattent dans la boue des affaires.

Pour le malheur de la Butte et de ses artistes, on a tiré profit de sa verve, tout d'abord incomprise, emmurant vivants les derniers suppliciés du Mont des Martyrs. Mais, conclut Willette, prévoyants pour une fois, nous avons conservé de la semence. Et les graines des fleurs qu'on nous a si cruellement arrachées, nous en serons quittes, pour les faire germer, à nouveau dans nos œuvres, à la chaleur de nos cœurs. Et ces fleurs épanouies, nous les offrirons à la Postérité qui reconnaîtra en elles les plus beaux spécimens de la flore montmartroise : la Foi ! l'Enthousiasme et l'Amour !

Le Drapeau de la République de Montmartre (1), semblable à celui de la France, est *rouge*... couleur incarnat

---

1. Voici un court extrait des statuts de " la République de Montmartre „ fondée le 7 mai 1921 à Paris (Montmartre). Siège social et résidence du Comité fixés provisoirement chez M. Maurice Neumont, 1, place du Calvaire.

STATUTS

ARTICLE PREMIER. — La Société Artistique dénommée : La République de Montmartre, est fondée dans un but amical et confraternel, elle tient à créer et à resserrer les liens de camaraderie et de solidarité entre les artistes, hommes de lettres et amis des arts conformément aux lois en vigueur.

CHAPITRE I. — TITRE ET BUT

Elle a pour but :

ART. 2. — 1° D'encourager les arts et de conserver à Montmartre sa réputation artistique mondiale, de la défendre au point de vue esthétique et pittoresque, d'empêcher son envahissement par les vandales et les métèques et de maintenir les traditions de gaieté et d'esprit français.

La République de Montmartre se personnifie par la Marianne de Montmartre dont l'élection est assurée chaque année par la Société.

La Marianne de Montmartre ne sera nullement responsable des actes de la gestion de la société.

des joues d'un gosse de la Butte ; *blanc...* comme la blouse de Pierrot-Prolétaire et son *bleu horizon* évoque la vareuse de notre cher Poilu. La République de Montmartre donne des bals de nuit au Bal du Moulin de la Galette, au Moulin Rouge et à Tabarin, des fêtes de jour, de bienfaisance, et organise de grandes manifestations artistiques empreintes du meilleur humour « chatnoiresque » et gaulois... Au moyen du rire, ses « citoyens » soulagent bien des misères ! Les dîners célèbrent, au clair de la lune, Pierrots et Colombines et l'Epopée légendaire de Montmartre. Un honneur échoit-il à l'un de ses citoyens qu'aussitôt la République de Montmartre le fête, avec éclat et fantaisie. Pour devenir Citoyen de la République de Montmartre il faut remplir une feuille d'enrôlement, être présenté par deux parrains et payer une cotisation annuelle de vingt francs et un droit d'entrée de vingt francs.

L'hommage qu'elle rendit, en mars 1924, à trois de ses plus réputés « citoyens », les frères Fratellini, faits officiers d'académie par M. Léon Bérard, alors ministre de l'Instruction publique et des Beaux-Arts, demeure dans toutes les mémoires.

Au Moulin de la Galette, ces clowns fameux autant par leur talent que par la tendresse de leurs sentiments, dont la renommée s'étend même au delà de la Butte sacrée, furent fêtés dans un banquet servi tout autour d'une piste de cirque conventionnelle. Chaque convive qui se présentait en habit de ville ou de soirée fut, par les soins de Poulbot, ordonnateur de cette fête, grimé sur-le-champ. Contrôleurs de l'assistance publique, photographes et journalistes, subirent le même sort, au milieu de l'hilarité générale. Le champagne coula à flots, la chère fut excellente et les amateurs exécutèrent de savants numéros. A l'heure des toasts, les Fratellini, souriants et les yeux embués, écoutaient, regardaient... Dignes émules de Boum-Boum, sans doute pensaient-ils

à tous ces enfants et aux petits déshérités des crèches
et des hôpitaux dont ils sont la joie par leur présence
seule. Au surplus, chacune des Fêtes de la République
de Montmartre correspond à un but charitable et, le plus
souvent, remplit le coffre du Dispensaire.

Si le produit des cotisations, des bénéfices des manifestations artistiques de la République, constitue le fond
de caisse de la Société, les sommes ainsi recueillies sont
destinées, par le Comité, à couvrir les frais généraux
de l'œuvre, à venir en aide, sous forme de dons, aux
sociétaires et à leur famille, à permettre d'organiser des
représentations et à perpétuer l'élection de la Marianne
de Montmartre.

Il convient, en regard, de signaler la pensée fidèle et
charmante du Quartier Latin, des locataires-intellectuels
de sa Maison... des Etudiants pour Montmartre. Chaque
fois que, rue de la Bûcherie, les membres de l'A., — descendants directs des « Hydropathes » qui fondèrent « le
Chat Noir » et Montmartre-Artiste, — fêtent la Grisette
de Mürger ou la Colombine de Willette, leur ami vénéré,
ils n'oublient jamais d'inviter la République de Montmartre, car ne convient-il pas que la Jeunesse des Ecoles
du Boul' Mich se garde d'oublier jamais que sa Lisette
et ses Lisons sont les sœurs de Musette et de Mimi-
Pinson ?

Tout en s'amusant, et en divertissant les autres, la
République de Montmartre fait donc œuvre de charité.
Chacun des membres de son comité se double d'un phi-
lanthrope.

Poulbot, par exemple, n'est pas seulement le peintre
et le dessinateur des « gosses », la Fleur de Montmartre, il en est, aussi, le « papa » sentimental. Il
aime ses enfants. Il les comprend, devinant les moindres
pensées de ces petits bonshommes, naïfs et roublards,
« nature » et vicieux... Poulbot s'afflige de les voir
souffrir et se réjouit de leurs amusements. Ce grand.

diable d'artiste, si simple, si bon, possède une âme
compatissante.

Voilà pourquoi la République de Montmartre fonda,
sur son initiative, la *Clinique Saint-Pierre* (1) pour les artistes malheureux, et le *Dispensaire des Petits-Poulbots* (2),
association qui a pour but de sauvegarder et d'améliorer
la santé physique et morale des enfants de Montmartre,
de veiller sur leur bien-être, en donnant des consultations
médicales, en distribuant des secours, aliments, médica-
ments, vêtements, en répandant les moindres notions
d'hygiène sociale et de puériculture et en venant en aide
aux plus infortunés.

Assurer des soins matériels et offrir un appui moral
aux gosses de la Butte Sacrée : voilà, en deux mots,
l'œuvre la plus touchante de la République de Montmartre.

Forain, Willette, Louis Morin, Poulbot, Maurice Neumont, Maurice Millière, Auguste Debray, en composent
le comité d'honneur. Artistes et commerçants du quartier
assurent à l'envi, l'existence du *Dispensaire des Petits-
Poulbots.*

La Clinique des p'tits Poulbot fut solennellement
inaugurée par Adolphe Willette, alors président de la
République de Montmartre, entouré de quelques-uns de
ses fidèles lieutenants : Neumont, Gilbert Gile, Millière,
Géo-Roux, Avelot, Orsi, Debray, directeur du Moulin de
la Galette. Y assistaient également : M. Eugène Rous-
seau, Roi des Halles, le charcutier Mallet, et beaucoup
d'autres. On s'était donné rendez-vous devant la « Pomponnette », d'Arthur, pour la pose de la première pierre
de cet établissement de bienfaisance enfantine.

Pour une fois, nos « artistes » avaient endossé la
bourgeoise redingote.

1. Du Dr Vaucaire.
2. Siège social, à Paris, rue Girardon n° 1. A signaler le dévoue-
ment des docteurs Henne et Kohn.

Une délégation de gosses et gosselines de la Butte
grouillait au milieu d'une foule considérable de curieux.
Grave, Willette introduisit un tube de cuivre qui contenait le parchemin commémorant la date de la cérémonie,
dans le bloc de la maçonnerie. Après avoir levé les
yeux au ciel, Pierrot déposa, d'une truelle experte, du
ciment sur la pierre. Un « citoyen » de la République de
Montmartre, vieux de cinq ans, et des « citoyennes »
du même âge, le saluèrent... cependant que la pluie
tombait. Puis, autour d'un vermouth, on se réfugia, et
l'on but à la charité et à la bonté toujours croissantes de
la Marianne montmartroise, choisie parmi les plus sérieuses petites filles.

Depuis, sur le terrain gracieusement concédé par
M. Arthur Delcroix, s'élève au fond d'une cour, 42, rue
Lepic, un superbe atelier où l'on distribue du lait, du
linge, des vêtements et bien d'autres choses. Des dons
et le produit des fêtes offertes par la République de
Montmartre, en son honneur et à son profit, alimentent
en numéraire le Dispensaire. A Deauville ou à Trouville,
à Corbeil, à Tours (1), à Cannes ou à Dijon, partout, les
généreux artistes montmartrois, costumés ou non, en
tournée, — qu'ils dessinent sur la scène du théâtre, qu'ils
vendent des cartes ou des emblèmes, — récoltent des
sous pour leurs protégés. Poulbot, nous montra cette
lettre dont nous respectons l'orthographe :

Monsieur,

*Je vous écrit au nom de tout mes camarades pour vous
remerciez des sacrifices et de l'argent que vous avé dépen-
sez pour nous. Veuillez agréer, Monsieur, nos salutations
empressées.*   André R...

1. Le dimanche 20 juillet 1924 la " Madelon de Touraine „ recevait
à Tours la " Marianne de Montmartre „. Les anciens combattants de
la section de Tours et les *autorités* de la République de Montmartre
prirent part aux réjouissances. Mlle Jeanne Lefèvre, accorte Madelon,
et Mlle Marthe Ferrare, délicieuse Marianne, personnifiaient l'Epopée
de l'an II et celle de 1914.

Comme nous l'en félicitions, Poulbot eut un geste de
dénégation : « Je ne demande pas d'autre récompense. »

Encore un mot sur Poulbot. Willette ne peut s'empêcher de conter cette petite histoire quand on parle du
bon cœur de son jeune et philanthrope ami. Un jour
qu'il se promenait sur la Butte, le maître aperçoit sur
un tas de sable un bambin qui faisait de l'acrobatie au
risque de se rompre le cou. A ce moment le père
intervient et interpelle en ces termes son fils :

— Viens ici, *Poulbot*, que je te botte le... !

Et ça, conclut Pierrot, c'est la gloire populaire ! On se
demande alors si Poulbot copie les gosses ou si les
gosses copient Poulbot, leur vrai « papa » qui s'étonne
de ce qu'on l'appelle « maître » puisqu'il n'est pas « avocat » !

La République de Montmartre — Forain, Willette,
Poulbot, Morin et Neumont en tête — n'a aucun rapport avec la Commune Libre de Montmartre. Fondée le
11 avril 1920, la Commune Libre de Montmartre voit son
rayon d'action se limiter à la Butte et plus particulièrement à la Place Constantin-Pecqueur où elle égaye, de
ses Concours, avec ses Courses et sa fameuse Foire aux
Croûtes les « indigènes » de là-haut. Au contraire, depuis
le 7 mai 1920, la République de Montmartre, place du
Tertre, s'efforce de réaliser une œuvre durable, devenant une société de prévoyance mutuelle puisque, selon
l'expression de M. Joë Bridge, « elle assure des rentes
à ses cigales » et s'inquiète de l'avenir, comme du présent, de ses « citoyens ». Par ailleurs, elle sert d'agent
de propagande dans nos chères provinces reconquises.
La République de Montmartre ne reçut-elle point la
République de Mulhouse, fondée en Alsace par son ambassadeur Zislin, pour combattre le traditionalisme
boche ? N'a-t-elle pas créé, aussi, à Montparnasse un
« Consulat de France » pour y défendre « là-bas », ses

nationaux ? C'est le triomphe de l'Humour montmartrois sur le marasme des affaires !

La République rend visite aux gosses de la Butte, à l'hôpital, pour ceux qui ne peuvent venir aux arbres de Noël qu'elle dresse. Son œuvre principale c'est le Dispensaire placé sous son contrôle. A cet effet, elle a su réunir .artistes et commerçants du « quartier » pour lui assurer un plein rendement. Son comité choisit, pour les récompenser, des futures mères de famille, qu'il appelle « Marianne I », « Marianne II ».

Sous les ailes du moulin de la Galette, de M. Auguste Debray, à Noël, des milliers d'enfants dansent et crient, cependant qu'ils convoitent, un doigt dans le nez, aux branches du sapin, « leur » joujou superbe. Quelle pittoresque image du jeune Bonheur humain ! De hautes personnalités pleurent d'émotion au spectacle de cette « petite classe » en pleine ivresse de récréation !

Le père Noël, (1) chaque année, descend donc chez les petits Poulbots, et Poulbot, la hotte au dos, plante, en plein milieu du Moulin de la Galette, un gigantesque sapin d'Alsace dont les branches pourraient bien, certain après-midi, se rompre sous le poids écrasant des joujoux !

---

1. Voici comment, par la voie de la Presse, le dimanche 24 décembre 1922, M. Maurice Millière annonçait l'Arbre de Noël des Petits Poulbots :

" Pour les gosses de Montmartre, Poulbot voudrait un bel arbre de Noël, un arbre de Noël pour les filles et les garçons.

" Des poupées, dés locomotives, des constructions et des batteries de cuisine.... des brassières, des tricots, des jupons et des culottes.., du sucre, du lait, des confitures et des oranges ..

" Et les petits Poulbots, les bras chargés de vos cadeaux, vous remercieront le 28 décembre après-midi au Moulin de la Galette „.

Tel est le texte d'une lettre illustrée signée Willette, Maurice Neumont, Poulbot. Et, de tous côtés, les belles choses demandées arrivent à l'atelier de Poulbot, 11, rue de l'Orient, Montmartre

Tout le monde donne. Le meunier Debray a offert la salle du Moulin de la Galette. les Fratellini, les beaux clowns, seront de la fête pour faire rire les gosses.

Les musiciens abandonnent leur cachet, personne ne veut être rétribué, les livreurs des grands magasins refusent tout pourboire, et toutes ces petites et grosses sommes emplissent la caisse de la Clinique de la République de Montmartre.

Maurice Millière .

Poulbot, qu'assistent Mme Poulbot, le comité de la
République de Montmartre et les « Dames du Dispensaire
des Petits Poulbots », convie environ deux mille petits de
Clignancourt, de la Chapelle et des Grandes-Carrières.
Poulbot, tel Gulliver au sein du Pays des Lilliputiens,
réussit ce tour de force : n'oublier personne L'année dernière, quand il fallut, sur le coup de six heures du soir,
quitter le « Moulin de la Galette » les *Petits choux* ne
voulurent rien savoir, alors Poulbot usa d'un strata-
gème...

— On distribue des oranges au contrôle, à la porte
cria-t-il... oui, une orange pour chacun de vous !.. Et les
gosses de se diriger, au pas de course, au contrôle...
L'orange sitôt donnée, paternellement un brave agent
poussait les marmots vers la sortie... Seulement, l'an
prochain, les petits Poulbots ne « marcheront plus »,
ils ne courront plus aussi vite, Poulbot devra trouver
autre chose... surtout que « Nini » et « Lulu » de la Butte
ne craignent déjà plus le père Fouettard !

Grâce à l'Arbre de Noël, du moulin de la Galette, aux
distributions de jouets dans les hôpitaux, à la création
du Dispensaire et à bien d'autres initiatives, la nuit
venue à Montmartre, dans leurs lits blancs, les Petits
Poulbots conservent longtemps l'impression qu'ils viennent de faire un beau voyage au pays de leur Rêve.

En août 1924, 1050 enfants bénéficièrent, pendant qua-
rante-deux jours, du placement familial dans 50 communes
de La Palisse. Les enfants des colonies scolaires du
XVIII° arrondissement, les petits « Poulbots » voya-
geaient par train spécial sous la conduite de M. Jean
Varenne conseiller municipal, fondateur de l'œuvre, leur
« papa » intérimaire. A leur retour à Paris, celui-ci consta-
tait avec joie que ses 1.050 enfants, tous resplendissants
de santé, rapportaient avec eux plus de 5.000 kilos de
« viande fraîche » : le poids total dont ils avaient

profité les uns et les autres pendant leur villégiature !

Or, la République de Montmartre — n'en déplaise à
l'auberge « Chez Marianne » du boulevard de Clichy, —
n'a pas encore sa Maison au flanc de la Butte-Sacrée.
Puisse quelque mécène nous lire ! La République a ses
asperges à Argenteuil, ses cerises à Montmorency et
même son port de guerre : La Varenne Saint-Hilaire !
alors, vite donnez-lui sa maison à elle !

CHAPITRE XIII

LE VRAI MONTMARTRE D'AUJOURD'HUI

**De la Butte à la Place Pigalle.
Quelques cafés, cabarets artistiques et cénacles littéraires.**

Les cafés d'artistes, comme les cabarets artistiques,
évoluent. Les premiers, ne sont plus le rendez-vous
des peintres, des poètes ou des littérateurs.

Et les cabarets deviennent de minuscules théâtres où
l'on produit des revues à petit spectacle. Les artistes de
la Butte allaient au café non pour boire mais pour s'y
rencontrer, pour y échanger des idées. Depuis la
guerre, les apéritifs ont augmenté considérablement
et les gains, dans le monde intellectuel, au contraire de
ceux du manuel, sont demeurés les mêmes quand ils ne
diminuèrent pas. Un artiste du pinceau ou de la plume
se voit rémunéré au prix d'avant-guerre ; alors, com-
prenez-vous, l'artiste hésite à deux fois. Il ne « prend
plus un verre » comme en 1913. C'est à peine si le rapin
parfois, fait un saut dans un café du voisinage. Et puis,
enterrée la légende qui fait de l'artiste un bohème ! On
en compte beaucoup qui, dans leur vie privée, se sont
embourgeoisés. Qu'imaginera donc le Bourgeois pour
blaguer l'artiste moderne doublé d'un homme d'affaires ?
Gageons même qu'il restera coi. S'il s'habille comme
Monsieur tout le monde, s'il travaille beaucoup, s'il se
distrait en famille, que trouvera-t-on à reprocher à

l'Artiste ? Au reste, cette évolution issue de la guerre a secoué heureusement nombre d'artistes paresseux, éloignant de cette belle mais dure carrière encombrée, bien des amateurs, et révélant bien des talents! Prendre la Vie en humoriste n'est plus du domaine montmartrois.

Si, encore aujourd'hui, au *Lapin Agile*, quelques rares artistes se rencontrent à l'heure de l'apéritif, c'est pour se délasser l'esprit et, en raison d'une amitié lointaine pour « Frédé ». Ils présentent un camarade, et ce dernier, la fois suivante, sera accompagné de quelque « curieux » ou d'un étranger du Paris d'en bas !

Place du Tertre, le café-restaurant-hôtel *Bouscarat* reçoit la visite des « derniers » montmartois notoires : Jules Romains, Delaw, Dépaquit. P. Mac Orlan, Maurice Neumont.

Autrefois, on allait chez *la mère Catherine*, marchande de tabac et de vin à la fois. Son jardin donnait sur la rue Saint-Rustique. Le *Père Poncier*, place de l'Eglise. et *Ravenaz*, étaient fréquentés également. Nous nous arrêterons un instant à la Taverne Zut.

Située à mi-côte de la rue Ravignan, *Zut* n'ouvrait que le soir. C'était une étroite boutique tenue par Gilbert Renoir, où le mot « Zut » brillait à la tombée du jour, éclairé par des lampes.

De jeunes anarchistes s'y réunissaient quand, fatigués d'avoir débattu des dogmes et d'avoir controversé leur orthodoxie, le besoin de boire les prenait à la gorge.

On y fumait la pipe et chantait.

Dans cette manière d'arrière-boutique passée au ripolin, éphèbes à la chevelure touffue, peintres en rupture d'ateliers, journalistes sans journaux, poètes sans muses, demoiselles sans charmes, tous « gueulaient », maniant les cuirs, les pataquès ou l'obscénité.

Autour d'un comptoir, reposant en équilibre instable sur des barils éventrés, esthètes et filles engloutissaient d'indéfinissables mixtures, cependant que, « Frédé », le maître de céans, déjà célébré plus haut, entonnait sur la guitare des berceuses de Ronsard et de Delmet, applaudi par des consommateurs turbulents aux ongles noirs, au linge rare.

Le patron se mit bientôt dans la tête de nourrir et d'abreuver à peu de frais les artistes montmartrois, aussi adressa-t-il à chacun d'eux cette invitation :

Zut!

Tu sais ?

Nous t'invitons à venir voir notre cabaret.

Il est situé sur la Butte Montmartre, au 28 de la rue Ravignan.

Tu n'auras qu'à suivre la rue Lepic. Tout en haut, tu verras une barre. c'est là, juste en face.

Tu y trouveras bon accueil.

Il te sera servi une saucisse, une purée, un petit pain et un demi-setier, le tout pour 60 centimes.

On te fera cuire un bifteck, une côtelette. une omelette, à ton gré, si tu nous préviens dix minutes d'avance.

Au petit déjeuner du matin, tu pourras choisir une tasse de chocolat ou un bol d'excellent bouillon.

A l'heure du goûter, si tu veux, tu mangeras sur le pouce la rondelle de saucisson et la tartine.

Enfin, tu n'auras pas à donner de pourboire, tu sais ce vilain pourboire qui semble presque une aumône.

En somme, nous ferons le mieux possible pour te satisfaire.

Tu te figureras être chez toi.

Ah ! j'oubliais de te dire que nous aurons des apéritifs et du pas trop mauvais café.

Zut !

Depuis, *Zut* a fermé sa « boîte ». Les bipèdes flâneurs, inutiles ou ivrognes, n'iront plus s'abrutir dans son atmosphère et rouler contre ses murs à la chaux. Ailleurs, ils suceront l'alcool...

Plus loin, à *L'Ami Emile*, un petit « bouchon » de la place Ravignan, décoré par des cubistes, on rencontrait Gleizes, Metzinger, Apollinaire, Nayral.

Le soir, Paul Fort et ses amis faisaient terrasse.

Au téléphone, un minuscule café de la rue Lepic que tenait Courcial, baptisé « Bidochard », Picasso, Derain et d'autres, accompagnaient le « Prince des Poètes » lorsqu'il habitait Montmartre. Quelque temps Poulbot y vint jouer au billard en descendant de son atelier de la rue de l'Orient. Dans la même rue, le *Café Blanc* ou *du Commerce* était fréquenté par des joueurs d'écarté ou de piquet.

Rue Fontaine, non loin de la poste, à deux pas de l'Académie Julian, mentionnons encore le café-bureau de tabac *Goupil*, qu'illustrèrent Yong-Lug et Marcel Legay, deux chansonniers bien connus, aujourd'hui disparus. Des travailleurs s'y abreuvent et, les « laissées pour compte », épaves de la noce, se consolent dans un café crème.

On se souvient de *La Vache Enragée* sise, aujourd'hui, 4, place Constantin-Pecqueur, — dont Maurice Hallé reprendra le titre pour son journal de la Commune libre de Montmartre — qui groupait : Poulbot, Mirande, Noir, Testevuide, Jean Villemot, Weiluc. Victor, son « patron », *ouvrait* spontanément des ardoises à ses clients gênés.

Il en ouvrit tellement, parait-il, qu'il dût fermer la « maison des artistes » comme on appelait alors « La *Vache Enragée* ». Un petit bar l'a remplacé.

Lointain, enfin, le souvenir de ces charmantes crême-ries où pour pas grand chose mangeaient de gentils modèles et de petites ouvrières ! Quelques-unes descendaient en peignoir prendre leur repas.... C'était la bonne époque, celle d'un Montmartre foncièrement gai, simple, intime! Artistes et amis d'artistes partageaient à la même table un repas frugal. Combien, le vieux Montmartre semble loin du dernier Montmartre! Et pourtant!

En descendant la rue Lepic, où se tient quotidiennement le marché, nous arrivons à la place Pigalle. En face c'est le café du *Rat Mort* qui tient son nom de ce que, lors de son inauguration, on trouva dans la pompe à bière un rat crevé...

Une clientèle féminine spéciale s'y entretenait, dans les deux acceptions du mot. Un peintre estimé, Faverot, avait représenté, sur les larges panneaux décorant les salles du « Rat Mort », l'existence éphémère du Rat. L'une des professionnelles les plus passionnées de l'amour lesbien y était désignée sous le nom d'Albertine Wolf parce qu'elle s'efforçait « pour l'embêter » de ressembler au critique d'art du *Figaro*, Albert Wolf.

Aussi célèbre, le café *La nouvelle Athènes*, devenu le *Pigall's*, s'enrichissait d'un plafond fort réussi d'un peintre de fleurs montmartrois Petit qui, dit-on, enseigna l'aquarelle à l'impératrice Eugénie. L'apéritif de onze heures réunissait l'aquafortiste Henri Somm, le romancier-photographe A. Mélandri, le maître-dessinateur Jean-Louis Forain, les peintres Merwart, Henri Pille, Bénédict Masson et Goupil, l'écrivain Mermeix, le paysagiste Véron, le portraitiste Antonio de la Gandara, le graveur Desboutins, Adolphe Willette et tant d'autres.

L'hôtel de M. Roybet se transformera bien un jour en *Abbaye de Thélème* !

D'une façon générale, la place Pigalle était le centre de la vie montmartroise qui se prolongeait, boulevard de Clichy, jusqu'au *café de l'Ermitage* et, boulevard Rochechouart, jusqu'au bal de l'Elysée-Montmartre.

Seulement, on descendait parfois la rue des Martyrs pour retrouver des camarades à *La grande Pinte* ou à *l'Auberge du Clou*, place Trudaine. Les amateurs de bonne chère connaissaient le père Boivin, avenue de Clichy.

Notons que les artistes fréquentaient peu le Bal de la *Reine Blanche*, aujourd'hui le Moulin-Rouge, et la *Boule-Noire*, actuellement la Cigale. Et, s'ils voulaient faire provision de sérieux, place Blanche, ils entraient *Chez Coquet*, café-restaurant de la clientèle bourgeoise. Cette « région montmartroise » était vue d'un mauvais œil par le Boulevard, par la Rive-droite et par la Rive-gauche qui considéraient avec une injustice flagrante ses poètes, ses peintres comme des farceurs, des ratés, des bohèmes et ses grisettes comme des grues! Ainsi que l'a dit Willette, ça, c'était le Paris... bas! et l'avenir a donné raison au peintre du *Parce domine*.

Tandis que le Montmartre — Pittoresque disparaît, le Montmartre — Joyeux, avec ses cabarets et ses boîtes de nuit provenues des boulevards extérieurs, s'agrandit. Désertant la Butte Sacrée, il descend toujours. Rue des Abbesses, au nº 6, Charles d'Avray préside au *Grenier de Grégoire* cependant que, 11, rue Germain Pilon, M. Dranoël, le frère d'Edmond Teulet, dirige Le *Pierrot Noir*. La rue Berthe, au 5, possède sa *Petite Chaumière* (1), et la rue Pierre-Lescot, au n° 16, son: *Au Père Tranquille*.

Tous les vendredis, depuis mars 1922, Le Carré littéraire et artistique « Les Meuniers » de Montmartre, se réunit 12, rue Caulaincourt sous la présidence amicale de son fondateur, le bon poète-chansonnier Marcel Pénitent. Les Jeunes y sont accueillis fraternellement et leurs œuvres aussitôt répandues, si elles s'imposent au Comité.

---

1. Ce bal jouit à Montmartre d'une réputation équivoque. D'ailleurs, le Préfet de Police y a effectué plusieurs descentes qui amenèrent l'arrestation d'éléments pour la plupart de nationalité étrangère, préjudiciables à la renommée de la France.

Parmi les premiers membres du Carré on cite ces Meuniers : Laurence Deschamps, Janik Léonnec, les poètes
Marius Brubach, Jean Hanot, Jacques Martel, ce dernier,
« meunier » berrichon.

Le Carré, à ses débuts, caressait le « rêve » d'initiatives
hardies, quand des dissentiments, provoqués par plusieurs membres trop arrivistes, rappelèrent les plus sages
de ses fondateurs à la réalité.

Aujourd'hui, les « Meuniers » se contentent, précise Marcel Pénitent, de ne pas laisser oublier les disparus et de faire connaître les véritables méconnus. En
retour, Baudelaire, Verlaine et Rollinat ainsi que Gaston
Coûté, Léon de Bercy, Goudeau, Montoya, le compositeur
Paul Delmet, y sont souvent à l'honneur.

A côté de la poétesse Suzanne Teissier, voisinent ces
poètes : Edmond Blanc, Henri Chassin, Flasch, Jo Ginestou, Pierre Mérop, S. Bonmariage, Bressoles, Ch. A.
Janot, R. Lucas, G. Bordeaux, L. Dornano et Marcel
Pénitent. Ceux qui ne vivent pas eux-mêmes leurs
œuvres, trouvent d'intelligents interprètes en Mlles M. Duriez, A. Gyr, D. Luciani, Carmen Silva, L. Walsée et
en MM. Marcel Bançay, Coladant, P. Surgères et Mario
Varelly.

C'est au Carré des Meuniers que débuta, en 1924, la
plus jeune artiste de Montmartre « et des environs »,
Mlle Elyane Thumerelle, âgée de cinq ans, fille du compositeur Thumerelle. applaudie dans les œuvres de
Jehan Rictus.

Au début, les membres du Carré, de la Commune Libre
de Montmartre, payaient des cotisations, mais, pour
n'avoir rien de commun avec les Cercles de Paris et, surtout, pour n'avoir aucune relation avec le Fisc, le Comité
les a supprimées...

Pour être admis comme *membre* il faut, bien entendu,
présenter certaines références. Ceux qui désirent assister aux séances littéraires et musicales du Vendredi

doivent se faire accompagner d'un membre du Carré.

La devise du Carré ? — Par l'Art pour l'Art. Son cri de malédiction ?

> *Huart et malemort*
>
> *A tout Meunier qui dort.*

Son réglement, le voici : *Selon les us de Caudebec*

> *Chacun doit régaler son bec.*

Un dernier mot, qu'on se le dise : le Carré n'est point un cercle, car un cercle peut être vicieux aux « bourgeois » et aux épiciers. Il convient de lui reconnaître cette... qualité. En avril 1924, les Meuniers enterrèrent leur saison 1923-1924. Ils reprendront leurs soirées en hiver sans doute au même endroit.

Avec la Commune Libre de Montmartre — dont la création remonte au 11 avril 1920 — Montmartre s'est commercialisé sous le flot des étrangers, anglo-américains surtout. La curieuse et villageoise place du Tertre — où s'élève la première mairie de Montmartre, au n° 3 — reçoit notamment tous les après-midi, surtout le samedi et le dimanche, des « arrivages » en auto-cars. L'*Hôtel du Tertre* (maison Bouscarat), au coin de la place de ce nom et du Mont-Cenis, donne à boire et à manger ; moules, frites, gaufres figurent au menu. De même, le *Restaurant Spielman*, le *Singe qui Rit* et autres restaurants-antiquaires, servent des collations et des rafraîchissements aux « éléphants » de distinction. *A la Mère Catherine*, tabac-restaurant, un banjoïste-virtuose, et un baryton d'Opéra, au cours du dîner ou du souper, donnent un véritable concert instrumental et vocal.

Sur le coup de minuit, le Tout-Paris monte là-haut... pour voir Montmartre ! Dépaquit croit même que, le cabotinage aidant, bourgeois, nouveaux-riches et cosmopolites y viennent un peu pour épater les artistes, pour se faire voir d'eux ! Ils insultent ainsi à leur infortune, plutôt que de s'y intéresser. La Place du Tertre est devenue un autre Deauville ! Mal nourri, « écorché », le plus souvent, l'Etranger confond parfois le Montmartre — artiste exploité, avec le Montmartre commerçant-exploiteur.

Ne taisons pas les vérités qu'il faut crier, au contraire ! Ainsi, les samedis et dimanches, la circulation devient quasi impossible, place du Tertre, nouveau fief des « bistrots ».

Place du Calvaire — « interdite aux voitures » (*sic*) — le Restaurant du *Coucou*, fréquenté par des dîneurs du centre, fait face à l'atelier du peintre-dessinateur lithographe, Maurice Neumont, dont l'observatoire unique domine, de sa terrasse supérieure, tout Paris. Hier, entre l'habitation de Neumont et le *Coucou*, laissant à gauche l'escalier du Calvaire. un terre-plein gazonné, s'offrait en pâture à quelques moutons ou à quelques chèvres. La grille, accédant à ce passage, aussitôt poussée, on se trouve dans l'Impasse Traînée — un véritable cul-de-sac exhalant à plein nez la misère — qui rejoint, à son sommet, la rue Norvins.

Au 14 *bis* de cette rue, voici « au Vieux Chalet », l'ancien cabaret d'Adèle — déjà nommé — décédée le 13 décembre 1922 dans sa quatre-vingtième année, et que tient Mme Nini. Les souvenirs posthumes de la « Mère Adèle, que nous avons donnés plus haut, ont révélé le nom des personnalités les plus connues en visite à sa cantine-roulotte et à son minuscule jardin de chef de gare.

Aujourd'hui, Mme Nini dirige donc le « Vieux Chalet », remis à neuf, où elle succéda à la mère Adèle, en 1912. Le poulet et le homard à l'américaine sont l'objet de tous ses soins. Fort belle encore, Mme Nini, qui n'a rien de commun avec l'autre Mme Nini laquelle dirigea « Le Hanneton » durant trente-cinq ans, est une figure bien parisienne... montmartroise. Sa fierté consiste à gagner largement sa vie en confectionnant une cuisine que les gastronomes et le « Club des Cent » apprécient à sa valeur. L'Impasse du Tertre, en face, semble s'être fait un devoir de conserver le fumet des spécialités culinaires du « Vieux Châlet »...

Ainsi que ses sœurs, la rue Norvins, ancienne rue Traînée, souffre aussi. Ses curieux jardins, ses terrasses, ses plantes grimpantes, attestent une époque agonisante. La rue Norvins eut sa maison de santé, au 22 *bis*. Celle du Dr Blanche, où passa Gérard de Nerval. Une Institution de Jeunes Filles succéda à cet asile hydrothérapique : la grâce du corsage féminin après la camisole de force !

Si nous prenons sur sa gauche, la rue Norvins en laissant le réservoir à droite, sa pente tortueuse nous mène à la place Jean-Baptiste-Clément, difficilement accessible aux autos — celle de l'auteur célèbre du « Temps des Cerises ». Par la rue de Le Mire, qui descend à pic, nous arrivons à la place Emile-Goudeau — dont Jacques Ferny, dans ses souvenirs, nous dira la fondation — qui ¡coupe, la rue Ravignan. Cette petite place, et ses quatre bancs, est séparée par le *Grand Hôtel Goudeau*, de création récente, tandis que l'*Hôtel du Poirier*, en face et au coin de la rue Berthe, fut témoin de la Vachalcade et autres fêtes de la Vache Enragée. Arrêtons-nous à l'escalier qui conduit, sur la gauche, à la rue des Trois-Frères (1), et sur la droite, à la rue Garreau, cependant que, tout droit descend toujours la rue Ravignan chère à Max Jacob... Revenant à la place Goudeau — que les « montmartrois » dénomment place Ravignan — pour rejoindre à gauche les ateliers d'artistes, nous empruntons la rue

---

1. Egayée par *Le Café des Enfants de la Butte*. C'est là, qu'en l'honneur d'une plantureuse boulangère voisine, Guillaume Apollinaire composa ce distique :

Boulangère de la rue Garreau,
Vos tétins sont des bigarreaux,

C'était le " bon vieux temps „ d'avant-guerre.

d'Orchampt. Son impasse, après un coude, nous met rue Lepic. En dégringolant cette dernière nous rencontrons le fameux Bal du Moulin de la Galette (dont les jardins disparaissent un peu tous les jours), jadis symbole de l'Insouciance... Pourquoi ce Bal, hier en vogue, s'est-il laissé ravir sa clientèle par le Moulin-Rouge et Tabarin ?

Voici plus bas, à gauche, la rue Tholozé. Puis, c'est le paradis des enfants : la paisible rue de l'Orient... rue Poulbot aussi, animée par les petites « servatoires » du Conservatoire Renée Maubel. En poursuivant notre flânerie, nous emprunterons le « passage interdit » du nᵒ 65 de la rue Lepic. Des marches à gravir nous guettent... la hauteur d'une maison à six étages. L'atelier du peintre Ziem nous apparaît bien abandonné. On y accède par une sorte de cagna.

M. Debray propriétaire du terrain avoisinant le Bal, vend, vend,... tant et si bien que son Moulin bientôt figurera seul — bien dépaysé — à côté des pavillons modernes qui s'édifient entre la rue Lepic et l'avenue Junot. Derrière l'atelier Ziem, on se souvient encore du curieux phalanstère inauguré par M. Rémy et ses « disciples » des deux sexes. Cette fondation jugée trop « déshabillée »..., même à Montmartre, valut à son auteur deux années de prison. Ce farceur original, ou cet apôtre convaincu, affligé d'une fortune considérable, entendait déambuler dans son « domaine », ainsi que dans le jardin attenant, avec ses « élèves », quasi dévêtu... mais, son propriétaire qui, lui, n'entendait rien à l'académie, ne manqua pas de le faire expulser et condamner...

Si l'avenue Junot a troué les flancs du Moulin de la Galette (1) amputé déjà de deux sur trois, de ses vieux Moulins, elle n'a pas supprimé les rendez-vous d'amour... ou passades qu'il connut éternellement !

1. M. Debray a fait prolonger la salle de bal de l'actuel Moulin de la Galette sur le plan d'agrandissement, fort artistique, de MM. Gevray et Périllard.

Derrière, c'est le « maquis » dans toute sa dévastation « bourgeoise » : vallée inégale, accidentée, bornée par l'avenue Junot, les rues Simon Dereure et Juste Métivier. Les immeubles à confort moderne « montent » en série sur des ateliers en carreaux de plâtre. La verdure altère sa fraîcheur sous la poudre calcaire et, le sable de la carrière se convertit en bitume. Ah ! beauté du Progrès !

A côté, s'étend l'impasse Girardon, dernier retranchement d'une grande famille d'artiste, vivant au grand air, dans ses cahutes de planches sous l'étroite surveillance des entrepreneurs. Ziem et Léandre y eurent leur atelier !

Donc, ce qui subsiste du « maquis », c'est un immense terrain vague où piaillent des gamins, où discourent de petits bourgeois retraités et s'envolent des cerfs-volants. Les gosses, que Poulbot a immortalisés, ont pourtant mis en déroute les tondeurs de chiens et cardeuses de matelas qui leur disputaient leur coin !

On assure qu'entre les rues Juste Métivier, Simon Dereure, l'avenue Junot, la rue Girardon et l'impasse Girardon s'édifieront, très bientôt, de confortables ateliers d'artistes qui achèveront de déconcerter les « insulaires » de Montmartre. Lutte entre l'Idéal et le Veau d'or. Douloureux sujet d'esquisse aux heures de la vie chère.

Maintenant, descendons l'avenue Junot. Nous tombons place Constantin-Pecqueur, à la Mairie de la Commune Libre, cabaret déjà visité, de Maurice Hallé, célèbre par ses Foires aux Croûtes. Laissant à gauche la rue Saint-Vincent, montons l'escalier de la rue Girardon au bout duquel nous trouvons au n° 13, le *Château des Brouillards* dont nous parlerons plus loin. Après la rue de l'Abreuvoir, toujours rue Girardon, nous apercevons le *Boulodrome-buvette* avec ses riants bosquets. Plus haut, à droite, dans l'impasse Girardon « fermée au public », voici des ateliers d'artistes avec des petits jardins. Une population laborieuse, éprise du Beau et de la Nature, y vit.

Mais, revenons au 13 de la rue Girardon, au *Château des Brouillards*, à cause de la rue du même nom. Vignes vierges et lilas, lierre et clématites entouraient ces pavillons ombrés de bosquets discrets. Gérard de Nerval y coula des heures douces. Cette oasis de verdure, abritée par les grands arbres du Château des Brouillards, plaisait infiniment à l'auteur du *Voyage en Orient* à cause d'un vignoble lié au souvenir de Saint-Denis, qui, au point de vue des philosophes était, peut-être, le second Bacchus, et du voisinage de l'abreuvoir. Abreuvoir le soir animé du spectacle de chevaux et de chiens que l'on y baigne, et d'une fontaine construite dans le goût antique, où les laveuses causent et chantent comme dans un des premiers chapitres de *Werther*. Le peintre Renoir habitera, lui aussi, le *Château des Brouillards*.

En remontant vers la place du Tertre la rue Norvins, laissant à notre droite l'impasse Girardon et l'avenue Junot, et, sur notre dextre la descente rapide de la rue Girardon, qui rejoint la rue Lepic.nous arrivons, si nous abandonnons à gauche la rue des Saules, à l'étroite rue Saint-Rustique aussi sale que pittoresque.

Il y a quelques années, son restaurant du *Billard en Bois* portait cette amusante enseigne : « Olivier et pieds de Mouton ». Aujourd'hui, parisiens, étrangers et snobs, de mai à octobre, dînent et soupent place du Tertre — devenue le Montmartre des boulevards extérieurs. Paul Delmet, n'est plus !

Face à nous, voici le cabaret « Au Consulat d'Auvergne » rendez-vous des « pays », bien entendu. De l'autre côté, dominant la rue des Saules : « Au Franc-Buveur », avec ses tonnelles et son jardin, hier « Le Billard en Bois », aujourd'hui « L'Ange » (1). Deux con-

1. Devenu depuis octobre 1924 « Le Ranch » avec salles de danses,

trastes, n'insistons pas. La silhouette harmonieusement patinée de la vieille Eglise Saint-Pierre de Montmartre, nous apparaîtra maintenant aussi belle que l'albe Sacré-Cœur, peut être laid. Le premier monument date du v⁰ siècle, plusieurs fois il fut reconstruit à travers divers avatars historiques. Sur son emplacement, dit-on, un Temple de Mars s'éleva... et ce ne fut pas le seul qui couronna la Butte-Sacrée des Religions. Par une curieuse opposition de mœurs et comme en vertu de l'alliance des contrastes, ou constate la multiplication des pompes et des œuvres du culte divin pour Montmartre avec le pullulement de ses Abbayes, de ses chapelles, de ses églises à côté d'une débauche parfois ostentatoire. Les amours des nonnes et abbesses de Montmartre, surpassaient souvent, en effet, les frasques des compagnes de la Belle Gabrielle, en dépit de leur attachement à la Religion et à leur Roy. Les temps licencieux du Vert-Galant et les gazettes de l'époque en témoignent.

Sous l'impulsion de la Commune libre de Montmartre, « Le Lapin Agile », le cabaret de Maurice Hallé, Bouscarat — anciennement Chez « Monsieur le Maire », cabaret artistique, à partir de 9 heures du soir, sous la direction de François Sicre, propriétaire et de Jules Dépaquit, maire de la commune libre de Montmartre — et « Les Meuniers », que nous avons déjà cités, réunissent ainsi que nous le savons les noctambules et leurs amis à la faveur de dîners-concerts, entreprenant les uns et les autres la rénovation de la Chanson Française. « Chez Monsieur le Maire », à la suite de malentendus entre Dépaquit et M. François Sicre, ferma ses portes quinze jours après son ouverture. La Salle du Conseil, celle des archives et des Mariages, qu'illustrent de spirituels dessins de Dépaquit, se souvient des chansonniers : Goupil,

de jeux divers et un bar. C'eât aussi un endroit — tenu par un cowboy noir — où l'on déguste du vermouth. On se croirait, au n⁰ 2 de la rue Saint-Rustique et au 18 de la rue des Saules, en plein Far-West !

Trébila, Michel Herbert et de la revue *Pair et Maire*
qu'ils interprétèrent avec brio. Mme Marcelle Norcy,
succédant à Dépaquit et s'inspirant de ses illustres
devanciers, a réouvert le cabaret sous le nom de « Cabaret du Tertre » (1), le 3 mai 1924. Deux accortes meunières, gentes dames cabaretières, dans leurs œuvres
et leur service, assistent la directrice artistique.

Si nous redescendons la rue Norvins, bordée de boutiques d'antiquités et de *souvenirs* religieux et que nous
prenons, à droite, la rue des Saules cernée par de hauts
remparts nous trouvons encore, à droite, la rue Cortot
« modernisée » par ses villas, et à gauche, la rue de
l'Abreuvoir subit le même sort.

La silhouette du Sacré-Cœur se profile au loin sur
la rue de l'Abreuvoir en mémoire d'un ancien abreuvoir
et, au coin de cette voie, et de la rue des Saules, s'épanouit *la Maison Rose*, five o'clock-tea.

A vrai dire, cette bâtisse déshonore, au point de vue
artistique, ce coin de fraîcheur et de poésie car, si le
souvenir des Martyrs de la Butte comme Rustique, Eleu-
thère et Saint-Denis, peut être perpétué, cela n'est
point une raison pour profaner l'Art, . et Cupidon.

Mais, la foi amoureuse d'une Belle Gabrielle se con-
solerait encore d'être torturée, à son tour, n'était cependant l'invasion abusive des « succursales » d'une « maison mère ». Fils et filles en religion de la Basilique du
Sacré-Cœur exagèrent en vérité et, en attendant, les
coups de pioche religieusement s'acharnent...

Ainsi, depuis 1911 entre la rue Cortot et la rue Saint-
Vincent, a disparu le toit de chaume de *La Belle Gabrielle*, remplacé par *Le Cercle Catholique*, anciennement
au n° 44 de la rue du Mont-Cenis, à côté d'un dépôt de
charbons.

Un autre exemple. La modeste maison du génial Ber-

_____

1. Maintenant, il possède son dancing.

lioz, éventrée à sa base, sise à la fois au n° 13 de la rue Saint-Vincent et au n° 22 de la rue du Mont-Cenis, tombe en ruines.

Vis-à-vis, à deux pas, Mme Marie Vizier espère réouvrir « A ma campagne » — qui s'intitulait en 1911, « A la Belle Gabrielle » — au n° 33 de la rue Saint-Vincent.

Par ailleurs, quotidiennement, plusieurs « fournées » de visiteurs étrangers sont déposées par des auto-cars, rue Saint-Vincent, devant le célèbre « Lapin Agile ».

Certain après-midi une auto ayant emprunté malgré elle, la très rapide rue des Saules, emporta dans sa descente un morceau du *Lapin*. Quand on songe que le samedi 19 avril, à 15 heures « Frédé » et son fidèle « Toutou » auquel il fallut couper la patte, faillirent être tués ! Ah ! notre bon village !

Et pourtant, malgré tout, la rue Saint-Vincent, de même que son cimetière, disparaissant en été sous le feuillage, n'a rien perdu de sa personnalité !

Et ce cimetière, encore ce cimetière !, quelle idéale couche de repos éternel il offre à ses morts ! Cela Frédé, le dernier Robinson de la Butte, ne l'ignore pas ! Et puis... bientôt, le gazon ne poussera plus dans le terrain vague situé au coin de la rue Saint-Vincent et de la rue des Saules... Le bûcheron a passé déjà par là, abattant ses arbres. Terrassiers et maçons, n'attendent plus qu'un mot pour anéantir ce coin historique, cher à Frédé et à Dépaquit (1).

Lieu de prédilection des amoureux de tous âges. Voici la rue Saint-Vincent, qui se prolonge jusqu'à la rue Becquerel, à gauche, traversant la rue du Mont-Cenis, pour se jetter, après les escaliers, dans la rue de la Bonne. Sous nos yeux s'étendent de vastes jardins ; derrière nous, les dépendances du *Cercle Catholique*. Dieu ! que

---

1. Décédé le vendredi 11 juillet 1924.

ces confortables « casernes » de séminaristes sont riche-
ment anti-artistiques ! Et pourquoi ? Et à Montmartre !
Fermons les yeux... A gauche, montons le raidillon de la
rue du Mont-Cenis, anciennement rue Saint-Denis. Minable, très vieille, comme récroquevillée sur elle-même,
nous apparaît au n° 18 la fameuse *Maison de Jenny*, avec
sa non moins fameuse fenêtre à tabatière. Dans quelques
mois, sans doute, tout ceci et tout cela sera nivelé et
bétonné !..

La rue Cortot, si courte, enclose entre les rues des
Saules et du Mont-Cenis dont les eaux ménagères s'épan-
daient hier, parmi de gros pavés inégaux, fut habitée,
au n° 12, par La Roze de Rosimond, comédien de la troupe
de Molière, et auteur de pièces sans valeur littéraire. Un
entrepôt de charbons s'est empressé, bien entendu,
d'étendre ses chantiers sur ses jardinets touffus et ses
gazons rasés. Déjà, dans son ensemble, la rue Cortot est
reconstruite.

Jadis la côtoyait un parc sauvage, dit de *la Belle
Gabrielle* où passants enhardis, amoureux et gueux
s'égaraient. Un businessman survint qui, flairant une
affaire, y installa un bal avec accompagnement d'orchestre, de tentes, de balançoires et de montagnes
russes. *Butta-Parc* ne réussit point et le calme revint
après l'orage... mais pas pour longtemps car le Pic du
Démolisseur était déjà entré sans frapper !

N'est-ce point à Montmartre en 1534, que Ignace de
Loyola fondait la Compagnie de Jésus ? Quarante-trois
abbesses se succédèrent à l'Abbaye dont la dernière, en
1793, la Duchesse de Montmorency, mourut sur l'écha-
faud. L'Eglise Saint-Pierre possédait son cimetière
paroissial du « Calvaire ». L'amiral réputé, Louis Antoine
comte de Bougainville y repose. Ce qui fit écrire à
Georges Delaw : « ... J'ai trouvé très nostalgique que
M. de Bougainville, qui s'y connaissait, soit venu
amarrer la barque de sa vieillesse sur cette plaine

montmartroise, pour fermer ses yeux de vieux marin devant la grand'houle de Paris. » Avant que le Sacré-Cœur devint lieu de pélerinage, un culte spécial était rendu à Saint-Rabboni au long du chemin de croix, entourant l'Eglise et conduisant au Calvaire. Les femmes qui avaient à se plaindre de leur mari, invoquaient alors l'intervention bienfaisante de Saint-Rabboni ; de leur côté, les maris demandaient au Saint-Martyr la conversion de leurs épouses volages. Deux pélerinages réguliers au service d'une double irrégularité.

Maintenant, détournons nos pas de l'affreuse Eglise moderne Saint-Jean de Montmartre, la désolation des artistes et — après la place du Tertre — voici la rue Saint-Eleuthère. Nous la suivons. Elle ceinture la Basilique. En bas, sous nos yeux : c'est Paris ! Rien n'est plus curieux que cette petite rue consacrée aux « bondieuseries ». On se croirait à Lourdes ou à Lorette. La concurrence « joue » terriblement entre camelots-laïques et marchands-assermentés par l'Eglise au sujet des statuettes. G. de Pawlowski se souvient de ce dialogue entendu : — Pourquoi, demandait un jour une vieille dame respectable à une pieuse marchande, pourquoi vendez-vous 3 fr. 50 votre statuette alors qu'un marchand au panier me l'offre pour trente sous ?

— Parce que la mienne est *bénite*, rétorqua sèchement la pieuse marchande. A la suite de quoi, l'infortuné camelot montrant la Basilique dans un geste d'impuissance, lacha cette rude observation : — Et mon c... est-il béni ?

Si nous remontons, ensuite, la rue Saint-Eleuthère, éclissée de palissades, nous parvenons, aussitôt après avoir dépassé la rue du Mont-Cenis, à la rue du Chevalier de la Barre, sur l'emplacement de laquelle de nombreux « officiers » communards furent fusillés.

Politiquement, la statue du Chevalier de la Barre, martyr de la Religion (brûlé vif parce qu'il avait négligé de se découvrir devant une procession), se dresse au pied de la façade principale de la Basilique qui surplombe le square Saint-Pierre. Aussi bien, n'apparaît-il pas qu'un vague sourire passe sur les lèvres de bronze du supplicié, au spectacle du « commerce » religieux qui se pratique sous ses yeux ?

Mais n'insistons pas sur cet achalandage, non plus que sur son pendant, la mendicité : deux misères. Un pas de plus, et nous pénétrons dans le Sacré-Cœur, à l'ombre duquel s'exerce le négoce de la Foi et de la Bonté.

Ici et là, sous l'égide pourtant du *Refuge Saint-Joseph*, des abris pour les indigènes semblent expier, rédempteurs, les hideux baraquements parasites de la Piété monnayée...

Aussi bien, le Clergé doit être pratique. Il lui faut de l'or pour défricher la voie qui mène à Dieu par le truchement du Sacré-Cœur, et sa richesse multiplie couvents et séminaires, rue du Chevalier de la Barre, rue de la Bonne, rue Saint-Vincent. Les prêtres de l'Eglise, à Montmartre, sur la Butte-Sacrée, remplaceront bientôt ceux de l'Art.

Voilà pourquoi, à l'ombre gracile des arbustes agonisants, les pittoresques bicoques d'artistes (1) ne dorment que d'un œil sur la pente de la rue de la Bonne.

Il n'y aura bientôt plus de place pour *l'aurea mediocritas* du vieil Horace. Entre les rues Saint-Vincent, des Saules et Lamarck on fait des prodiges de destruction ! Dommage que le vent de paresse qui, souvent, féconda le génie sur la Colline Sacrée, ne se mette point quelque jour en colère pour balayer tout ce qui le dépare, tout ce flot d'or qui monte pour submerger l'Idée !

1. Parmi celles-ci, la maison de Berlioz mériterait d'être classée comme monument historique. Le maître musicien y séjourna de 1834 à 1837, dès l'âge de 31 ans, au lendemain de son premier mariage. C'est là qu'il composa *Harold en Italie*, *Benvenuto Cellini* et son *Requiem*.

LA RUE DU CALVAIRE

CHAPITRE XIV

LE FAUX MONTMARTRE : MONTMARTRE LA NUIT.

**Celui de la Place Pigalle et de la Place Blanche.
Restaurants et « boîtes » ; noce et paradis artificiels.**

Quelques mots, maintenant, sur le Montmartre de la
Place Pigalle et de la Place Blanche, qui « dépense »
après avoir évoqué le Montmartre du *Chat-Noir* qui,
pense...

Ce Montmartre des bals, cabarets, restaurants, dan-
cings et boîtes de nuit, semble le centre d'attraction,
le pôle irrésistible vers lequel accourent, noctambules,
provinciaux et étrangers.

Le mot d'ordre de Montmartre, Babylone moderne,
est : « débauchons-nous ! » un peu comme le « fais-moi
peur ! » de la scie connue.

Ce faux Montmartre, c'est tout ensemble, Athènes et
Babel. On y parle, à partir de minuit, toutes les langues
sauf le français. Curiosités et attractions fantasques
emplissent d'aise ceux qui se pressent dans ces endroits
où le sel gaulois se commercialise. Le tour de Montmartre
se résume à quelques boîtes de nuit. Le champagne ou
l'exdra-dry, joyeusement, pète au nez des naturels de la
pampa ou de la jungle, démêlant, à moins qu'il ne les
emmêle, toutes les langues et tous les idiomes. La danse,
toutes les danses, y sont pratiquées dans ces restaurants
plus ou moins anglo-américains, remplis de lumière,

de bruit mais vides d'idées. Assoupi tout le jour, très tard dans la soirée ce Montmartre s'éveille avec ses « petites femmes » à l'heure où les bons bourgeois dorment à poings fermés. Ainsi, comparez à minuit, la Poésie qui se dégage de l'obscure et silencieuse place du Tertre du « Montmartre d'en haut », au Mercantilisme éhonté, issu de la flamboyante place Pigalle, éclairée à plein feu.

Combien puériles apparaissent les facéties d'un *Ciel*, ou d'un *Enfer*, ou même du *Bruyant Alexandre*! Elles rappellent, de loin, l'esprit de qualité du *Chat Noir*! Si le *Logiz de la Lune Rousse*, le cabaret du *Chat Noir* en sous-sol, le *Moulin de la Chansons*, la *Chaumière*, les *Deux Anes* et les *Quat'Z'Arts* demeurent de véritables cabarets artistiques — rendez-vous des poètes-chansonniers, humoristes et fantaisistes — le *Ciel*, *l'Enfer et le Néant*, côte à côte, sont des cabarets à attractions pour étrangers, sans plus.

Au Bal du Moulin-Rouge et au Bal Tabarin, on s'essaye à ressusciter les fameux quadrilles d'antan, après les danses excentriques et suggestives, reflets ultimes des inoubliables chorégraphies de naguère. Cette prédilection pour le quadrille, n'empêche pas la direction du Bal Tabarin d'organiser des fêtes avec des cortèges et défilés de nudités totales ou en détail. Concours de beauté et luttes féminines, sont particulièrement à l'honneur. Et, le long des trottoirs, d'interminables files d'automobiles particulières ou de taxis, dont les chauffeurs, somnolant, silencieusement, attendent le petit jour blafard qui chasse leurs « maîtres » ou leurs « clients » de l'antre du plaisir, du simili-plaisir, le plus souvent... Et, vieillards gâteux, éphèbes, fêtards joyeux ou lugubres, blasés, invertis, mêlés à des curieux (ohé! ohé!) s'essaiment plus ou moins congestionnés et chancelants...

Tout le monde vous dira que ce faux Montmartre là est contaminé par le jazz-band, d'importation sud-américaine, et qu'il s'est maladivement substitué au grelot de folie, au tintement fécond et si doux, de nos aînés.

Et voici que, fuyant la rafle, les jupes haut retroussées pour mieux courir, les filles s'éparpillent tandis que, furieusement, mais harmonieusement, le jazz-band ponctue comme des cris à la fois d'épouvante et de joie, toutes les détresses et les ivresses... Voilà la musique qui s'adapte nettement à ce Montmartre usurpé, fallacieux, dégénéré.

Il n'est pas jusqu'au *Bal du Moulin de la Galette* qui n'ait fléchi sous l'exemple. Oui, il semble que ses jolies habituées, dont les couleurs naturelles de jeunesse empruntent singulièrement au fard de la vieille « rombière », dévorent sous les tonnelles factices de la rue Lepic, une galette qui, aujourd'hui, les étouffe...

Il existe donc deux Montmartres : celui des Places Blanche et Pigalle et celui de la Place du Tertre. Marchands de plaisirs multiples, de « coco » (1), et autres stupéfiants, grandes courtisanes et petites femmes, *girls*, vendeuses à la toilette, proxénètes, annihilent au mieux des êtres sans défense pour intéresser d'autant, « fêtards » provinciaux et étrangers.

Ce Montmartre-là offre ceci de pratique : qu'il se met à la disposition des appétits et du vice le jour et la nuit. Ainsi, pâtisseries, charcuteries, restaurants à côté des pharmacies.

Aussi bien, le commerce clandestin des drogues paradisiaques ne « ferme » jamais. Les joies gastronomiques et charnelles demandent à être exaltées.

On surexcite de la sorte le pauvre esprit que l'on a, et certains petits chasseurs de « boîtes » de nuit soudoyés par de misérables névrosés, féminins et masculins, — lorsque des allemands (patriotes jusqu'au bout !) ne s'en

1. A cet effet, mentionnons la courageuse campagne menée, dans *Comœdia* (nov. 1924), par notre confrère Jean-Pierre Liausu, contre la cocaïne, fléau mondial. Il y dénonçait les marchands de poudre grise et de drogue et les trafiquants du « poison divin », au service de l'Allemagne.

mêlent pas ! — guettent les faibles et les anormaux au coin de l'oisiveté et du vague à l'âme.

Si l'on soupe de préférence au restaurant de nuit, à la sortie du théâtre, on « vadrouille » plutôt dans les « boîtes », *truquées* comme il convient, pour cette clientèle souvent anormale d'un soir. La présence obligatoire du danseur nègre semble passée de mode. Les tziganes, les espagnols et leurs castagnettes sont déjà « avant-guerre ». La cherté de la vie a pourtant rendu difficultueux le métier de courtisanes. Certaines possèdent un métier de tout repos le jour, l'autre .., c'est, mettons... leur violon d'Ingres. De jour en jour, on les voit moins nombreuses mais plus pratiques, plus intéressées.

Arpètes ou grisettes, elles ne rêvent pour « s'élever » que de faire du théâtre.

Des histoires, inventées ou véridiques, courent sur leurs lèvres peintes. Il faut les plaindre souvent quand elles ne sont que de pauvres filles séduites ou exploitées.

Montmartre, pour l'Etranger comme pour le Provincial, ou le nouveau-riche parisien, c'est la place Pigalle avec *l'Abbaye de Thélème* et *le Pigall's* (l'ancien *Palmyr's Bar*... hum ! hum !) ouverts toute la nuit, dont les dîners et soupers-dancings s'accompagnent d'attractions internationale„ et multicolores qui se répandent, au son du Jazz, à travers la capitale bourgeoise, au *Pigalle*, au *Rat Mort* (1), au *Royal*, au *Savoy*, au *Caveau Caucasien*, à *l'Impérial, Chez Lajunie* et ailleurs. En avant ! bouteilles de Dry et seaux à champagne ! En avant !

Ces établissements, *Monico, le Grelot* et *Jed Kiley's*, rue Fontaine, sont plus familiers des lycéens que le Musée du Louvre ! Bars américains — tenus parfois par des Français, ne le dites pas ! — orchestres et danseurs, ont leur clientèle et leurs fidèles. N'y touchez pas, ils sont

---

1. *Le Rat qui n'est pas mort* et *Le trou du Rat...* Est-ce tout ?.„ voisinent avec *Le Rat.mort,* le premier des rats en date.

étrangers ! Quelques cabarets et caveaux russes et caucasiens attirent logiquement leurs compatriotes. Boulevard de Clichy, au cabaret *Royal Kuba*, des dames russes du meilleur monde, nous dit-on, exilées du pays des Soviets, assurent le service. Solitaire, rue Notre-Dame-de-Lorette, *le Capitole* attend que le Dr Voronoff le rajeunisse. Bourgeoise également, l'avenue Trudaine est à la page du progrès avec *l'Auberge du Clou, l'Ane Rouge* et *l'Ecrevisse*.

Place Blanche, le *Moulin-Rouge* (1) tourne ses ailes constellées d'étoiles d'or, et jette ses feux écarlates dans la nuit — tandis que s'achève la construction, mille et une fois interrompue et reprise, de sa salle de music-hall — faisant face, répétons-le, au *Grelot*, au *Liberty's-bar* et au *Monico* qui, lui aussi, s'adorne d'un cabaret russe.

Nous retrouvons, dans tous ces lieux de liesse plus ou moins sincères, les identiques exubérances des pareils « clients ». C'est la pâle noce d'après laquelle pourtant il conviendrait que l'Etranger ne nous juge pas. De s'être trop souvent aperçu, dans la glace rayée de tant de cabinets particuliers de Montmartre, hilare et congestionné, il ne s'ensuit pas que l'Etranger ait joui du Visage de la France...

Non point! Et si, encore, au retour de libations excessives, notre Allié ou non, s'est croisé, à l'aube, avec quelque travailleur arraché à son lit, tandis que lui, réclame son « pieu », il n'aura pas moins tort de porter un jugement sur ces français corrompus... que nous sommes.

Mais, n'est-ce pas ? nous bavardons beaucoup. Faisons une pause, devant un bock, à la terrasse de la brasserie *Graff* et réfléchissons. Gardons-nous d'oublier qu'à deux pas de nous, l'écho véritable de l'Esprit montmartrois, sinon de Paris même, retentit au *Théâtre des Deux-Anes*,

1. La nouvelle salle du dit music-hall fut inaugurée en décembre 1924.

de Roger Ferréol, sur les cendres de l'ancien cabaret du *Porc-qui-pique* et de l'*Epatant*, de William Burtey, et du *Théâtre des Marionnettes*. De la sorte, après son sport d'abêtissement, notre noctambule encrassé moralement peut prendre un bain d'intellect, pour se remettre d'aplomb, à *la Lune Rousse, chez Fursy et Mauricet* (ex. *Moulin de la Chanson*). Montmartre charitable !

Constatation amusante sur laquelle nous revenons. Montmartre, « boîte » et cabaret de nuit, descend toujours davantage à Paris. Les Champs-Elysées et la Madeleine possèdent leurs établissements à l'instar de la rue Caumartin, des grands boulevards et du Quartier-Latin. Tous les annuaires publient la liste de ces maisons, dont les divers aspects reflètent positivement ceux de leurs clients habituels ou passagers.

Ce Montmartre-Fétard, le Bourgeois s'acharne à le confondre avec celui de la Colonie d'artistes laborieux qui honore la Butte. Ses petits modèles, il les prend pour des « grues » et il ignore que ces bohêmes à la Mürger travaillent ferme dans le calme rustique de leurs ateliers.

De même, la concurrence jouant, une bienfaisante réaction s'opère dans certains cabarets des boulevards extérieurs qui, fidèles à la pure tradition montmartroise, donnent des revues mordantes et bien écrites, comprenant des pièces d'ombres, s'enrichissant de tableaux en projections colorés, commentés par des trophes lyriques comme aux beaux temps du premier *Chat Noir* et des *Quat'z'arts*. Pareil programme artistique risque d'agir heureusement sur le cerveau de notre noctambule avant qu'il ne s'abîme, corps et âme, dans la « boîte » de nuit bâillant, à son intention, à la sortie du spectacle.

LE MOULIN DE LA GALETTE

CHAPITRE XV

LA BUTTE AUX ARTISTES

Grâce à un incident, la Butte restera, bien qu'en
infime partie, aux Artistes. En novembre 1923, M. Jean
Varenne, le sympathique conseiller municipal du Quartier
des Grandes-Carrières traitait M. Naudin, alors Préfet
de Police, et à propos de l'affaire Midol, de « garde champêtre » ! Alors le garde-champêtre de la Commune libre
de Montmartre en fut profondément blessé, car il ne voulait point être confondu avec le Préfet de Police ! Et il
pria sur-le-champ deux de ses amis : MM. Jules Dépaquit, maire de la Commune, et Poulbot, adjoint aux
Beaux-Arts, de demander rétractation ou réparation,
à M. Varenne. Cette grave affaire risquait de se terminer par une rencontre à la Grande·Roue ou à *La Pomponnette*, l'arme choisie étant le vermouth-cassis, mais
tout s'arrangea... M. Jean Varenne promit, en effet, de
déposer au Conseil municipal, une proposition tendant
à la construction de logements à bon marché avec ateliers,
offrant de larges facilités de paiement, qui permettraient
aux véritables artistes de la Butte de rester chez eux.
M. Pierre Godin, autre distingué édile, dans ses conclu-
sions au Conseil ajouta même que si Montmartre ne
présente aux imaginations superficielles que le tourbil-
lon de ses fêtes, à ceux qui percent les apparences il!

donne l'exemple de la sincérité laborieuse et tenace dans
l'effort de création. Donc, sur un vaste terrain commu-
nal de 5.000 mètres, situé rue Ordener, s'édifiera : « La
Cité des Artistes français ». Les Etrangers seront trai-
tés après que nos 3.000 compatriotes, encore sans atelier, seront pourvus. Montmartre aux artistes ! c'est,
là-haut, le cri de ralliement du jour ! Artistes-peintres,
sculpteurs, graveurs, décorateurs, architèctes et musiciens, compositeurs français, tous se serrent les coudes
pour empêcher les oisifs, snobs ou nouveaux-riches
de s'offrir un appartement à Montmartre avec un atelier
transformé en salon où l'on cause, en fumoir, voire en
dancing. Il subsistera, grâce à la commission d'esthétique du Conseil Municipal, « quelque chose de la Butte »
à la Butte.

Autre initiative, à l'honneur également de l'actif
M. Jean Varenne, le vieux Moulin, le « Radet » — offert
à la Ville de Paris par M. Debray — enclos dans le terrain du Moulin de la Galette, sera sauvé. La salle de Bal
du *Moulin de la Galette* s'agrandira du double et le
« Radet », l'un des derniers vestiges de la Butte —sous
les ailes duquel le vieux meunier Debray fut fusillé,
en 1814, par les Russes — ne se dressera plus place
Jean-Baptiste-Clément, le frais chansonnier de « Au
temps des Cerises, » ainsi que le souhaitait la Commission du Vieux-Paris. Cette conclusion exigeait des
grilles autour du Radet et cela eût coûté plus d'une centaine de mille francs ! Alors, la Société du Vieux-Montmartre, et en particulier M. Jean Varenne, obtint de
M. Auguste Debray, propriétaire du Moulin de la
Galette, qu'il conservât, dans son établissement, le
« Radet ». Celui-ci apparaîtra, rue Girardon, au-dessus
dé la porte d'entrée du Bal, comme le « Blute-Fin » — le
second moulin à vent historique du Bal du Moulin de la
Galette, — joue le rôle d'enseigne, de grand motif même,
rue Lepic. Le déménagement du Radet, démonté pièce

par pièce, coûtera 22.000 francs. Rien n'était plus simple :
mais encore fallait-il y penser. L'arrivée du Radet, à
Montmartre, marque d'une pierre blanche l'Histoire des
Moulins et celle de la Danse, le dimanche. Le Radet, du
Moulin de la Galette, transformé en 1870, en « place
forte » avec des pièces d'artillerie pour donner une assurance nouvelle aux Montmartrois — à l'instar des chevaux de frise, disposés aux portes des fortifications pour
les Parisiens, en 1914 — changera de destination mais
il survivra à son « patron », Auguste Debray. Le dernier
des douze moulins à vent n'est qu'à la retraite, il a droit
à la vie. Sentinelle de la Butte et palladium de la Commune, ce vieil Ermite aura tout vu !

Oui, le propre de l'artiste montmartrois c'est d'avoir
le cœur sur la main. Poulbot, entre tous, est un de ceux
là. Ne craignons donc point de nous répéter à cet
égard. Ambassadeur extraordinaire et ministre plénipo-
tentiaire du père Noël, chaque année, avec ses fidèles,
il donne tous ses soins au sapin symbolique des petits
déshérités de la Butte, pauvres, malades et malchanceux,
ainsi qu'au Dispensaire. Suivons le bon peintre des
« gosses » montmartrois avec ses mille jouets et friandises à travers les salles de l'hôpital Bretonneau, par
exemple. Fièvreux, opérés, oubliés ou isolés ces bam-
bins tendent leurs menottes vers lui, plus ému qu'eux.
Et une fillette qui serre sur sa frêle poitrine, la poupée
reçue, lâche ce mot : « Des fois que je mourrais ici, c'est
ma petite sœur qui l'élèvera ». Montmartre, patrie des
Arts et de la Chanson, se penche sur ses enfants sans
cabotinage. En retour, la génération qui lève, conservera le culte des aînés. Les rues Chappe, les places
Pigalle, J.-B.-Clément, Emile-Goudeau, la cité André
Gill évoqueront toujours, en leur mémoire, la présence
de quelqu'un de grand et d'intelligent, de compatissant
et de bon.

La Butte, avec sa Commune Libre ou sa République

sera-t-elle ou non sauvegardée ? Deviendra-t-elle,
comme Montparnasse (1) une Cité cosmopolite ? La
Pioche du Démolisseur et les langues étrangères l'abo-
lieront-elles ? La Vague de Pierre et d'Internationalisme
la submergeront-elles totalement ? Et Willette, Forain,
Poulbot, Louis Morin, Neumont, Dépaquit, y peuvent-ils
quelque chose ? Pourquoi M. Jean Varenne, conseiller
municipal, **défenseur de la Butte**, M. Michel Missoffe,
vice-président du Conseil municipal, député et avocat de
Paris et M. Deville, protecteur de l'Art, n'empêchent-ils
pas les automobiles d'empester les braves gens de la
Place du Tertre ? Qu'on laisse, au moins, aux Artistes
de là-haut un peu d'air et de lumière! M. Cornuché, lui,
comprit cela à Deauville où défense est faite aux autos
de passer près de la Potinière à certaines heures du
jour !

La Place du Tertre vaut bien, n'est-ce pas ? la Potinière; la Butte-Sacrée, Deauville? et, Willette,... M. Cornuché ? Alors ?

1. Où fut proclamée, le mardi 6 mai 1924 à 16 heures, la République
de Montparnasse, avec Michel Georges-Michel, pour président. En
juin 1924, l'Ile Saint-Louis, s'est déclarée "Ile Libre ", prenant Roger
Dévigne comme chef d'Etat.
*De même, pour l'Etat libre de Picpus et pour la Commune libre de
Belleville, en novembre 1924. En Forez, à l'instar de J- Dépaquit,
M. Cellier, maire-dictateur, préside depuis le 1er novembre 1924 aux
destinées de la nouvelle commune libre de Largentière. A qui le
tour ?*

DEUXIÈME PARTIE

SOUVENIRS DE MONTMARTRE PAR INTERVIEWS.

CHAPITRE PREMIER

INTERVIEWS DE MM. GEORGES AURIOL, FERDINAND BAC, DOMINIQUE BONNAUD ET JEAN DE BONNEFON.

M. Georges Auriol.

M. Georges Auriol est également estimé comme écrivain et artiste. Ecrivain : son humour repose sur l'observation. Il note savoureusement les côtés comiques et ridicules de la vie ; il collectionne les types remarquables, les croque, les assaisonne de son sel propre et les lance sur le stand de son imagination où les aventures les plus extraordinaires leur sont réservées: *Histoire de Rire*, le *Chapeau sur l'Oreille*, *En revenant de Pontoise*. Poète : il a produit maintes chansons d'enfants empreintes de la simplicité populaire chère à Gérard de Nerval : les *Rois Mages*, les *Chevaux de bois*, la *Geste héroïque des petits soldats de bois et de plomb*.

Artiste: M. Georges Auriol s'adonne surtout à la décoration du livre. Sans compter qu'il s'inscrit à côté de Grasset pour les caractères typographiques modernes.

Exquis ses monogrammes, ses couvertures, reliures,
ex-libris, vignettes et papiers de garde, — de même que
ses délicates aquarelles — qui font les délices des amateurs, industriels et bibliophiles.

* * *

Le Chat Noir (1) a connu trois périodes : la période du
boulevard Rochechouart, la période dite « du Guignol »
rue Victor Massé, puis celle du Théâtre. Le petit cabaret
artistique de *La Grande-Pinte* n'offrait d'autre attraction
que son mobilier original et sa clientèle de peintres ; il
donna à Rodolphe Salis l'idée de son *Chat Noir*. Pour le
former, Salis fit appel à la pléïade des *Hydropathes* (2)
récemment disjointe et surtout à son président Emile
Goudeau. Ce dernier était poète.

A peine le *Chat Noir* était-il installé que Salis fonda
le *Journal du Chat Noir* dont l'auteur des *Fleurs de Bitume*
fut le rédacteur en chef. Puis, des soirées intimes s'or-
ganisèrent. Elles étaient joyeuses. On chantait des
vieilles chansons entre les rasades et, de temps à autre,
quelque barde en visite, sur la demande du cabaretier,
disait des vers. Maurice Rollinat, s'y produisit fréquemment. C'est après l'avoir entendu au Chat Noir, qu'Albert
Wolf écrivit sur lui un article retentissant. Un peu plus
tard, s'intitulèrent « vendredis du Chat Noir », des
matinées purement littéraires auxquelles prirent part
notamment : Haraucourt, Fernand Icres, Paul Marot,
Marcel Legay, Jules Jouy, Georges Lorin, Moréas, Albert
Samain, Marsolleau, Cros, Mac Nab, Jean Lorrain, Fragerolle et Félix Decori qui composaient le gros de la
troupe avec quelques poètes de passage. Paul Arène,

----

1. Nous nous excusons ici de revenir sur le *Chat Noir*, sur des personnalités et des faits envisagés précédemment. Mais, outre que *bis
repetita placent*, les appréciations diverses ajoutent à la précision.
2. Voir « Le quartier Latin » (Hier et Aujourd'hui), avec les souvenirs de ses Ecrivains les plus célèbres, du même auteur.

Coppée, Richepin, se montraient de temps à autre. Mistral y fut acclamé et, un numéro spécial du journal qui, pour la circonstance s'intitula *Le Matagot*, lui fut consacré.

Parmi les auditeurs, on remarquait le capitaine X..., Henri Rivière, qui publiait ses premiers dessins, et Alphonse Allais, qui débutait par des contes, dans la Presse.

Allais ne devait pas tarder à apporter sa contribution hilarante. On remarquait aussi Willette, Henri Pille, Uzès et Caran d'Ache. Un été, Aristide Bruant — il chantait alors à l'*Européen* — fit connaissance de Salis. Désormais, chaque soir, il claironnait des refrains alertes. Puis, vint la vente du cabaret : le vieux Chat Noir transformé en Mirliton sous la direction de Bruant et, alors, les chatnoiristes transportèrent leurs lares à l'instar de leur ménagerie, en procession solennelle, rue Victor Massé. Là, les réunions littéraires se tenaient au premier étage. Louis le Cardonnel, Victor Margueritte, Camille de Sainte-Croix, Samain, s'y firent entendre.

Le spirituel aquafortiste H. Somm eut l'idée d'un petit guignol qu'il construisit immédiatement et donna des représentations intimes. Sur sa scène, d'installation rudimentaire, de vagues ombres chinoises apparurent d'abord. Le génie créateur d'Henri Rivière trouva en elles un champ merveilleux, autant pour ses propres œuvres que pour celles de ses camarades. Il fit des miracles.

A coup sûr, c'est le théâtre du *Chat Noir* qui assit la célébrité de Caran d'Ache ; Rivière y donna la « Marche à l'Etoile » avec musique de Fragerolle. Maintes autres pièces suivirent qui furent toujours plus miraculeusement montées grâce à Rivière et à ses librettistes, tantôt Edm. Haraucourt, tantôt Maurice Donnay. Excusez du peu !

Entre temps, on représentait des piécettes de Fernand Fau, Henri Pille, Louis Morin, Moynet, Somm, Dépaquit,

Bombled. Ce fut aussi la belle époque des chansonniers de Montmartre, notamment de Mac Nab, Jules Jouy, Victor Meusy et Hyspa qui amenèrent Bonnaud, Lemercier, Teulet, Trimouillat, Zamacoïs. Paul Delmet fut lancé par le *Chat Noir*.

Il faudrait des pages et des pages pour énumérer ceux qui le fréquentèrent, l'aidèrent à ronronner ou furent rendus célèbres par ses miaulements.

Quant aux vrais « partants » du *Chat Noir*, ceux qui lui doivent réellement leur entrée au royaume de la notoriété, en voici la liste à peu près complète : Rollinat qui s'y fit entendre ; Jules Jouy qui y donnait la primeur de ses chansons ; Bloy qui publia là ses « Propos d'un entrepreneur de Démolitions », et qui y dit ses vers ;

Caran d'Ache, Willette, Steinlen, qui firent des premières années du journal un livre d'images incomparables pour les grandes personnes ; Rivière, qui signa plus de cent décors merveilleux et que ses estampes ensuite, placèrent au premier rang des paysagistes décorateurs ; Allais, qui créa l'humour français.

Devant la disparition imminente de la Butte Sacrée, divers écrivains ont « mis calame » mais, il leur manquait le parchemin acheté à la foire du Lendit, où ils auraient pu retrouver l'histoire mal effacée de Montmartre.

Ils ont écrit hâtivement sur du papier écolier et ne sont guère remontés au delà de Maurice Donnay.

Avec une gaminerie qui lui est propre et qu'il conservera, je l'espère, jusqu'à quatre-vingt-dix ans, ainsi qu'une crânerie dont il faut le louer, Maurice Donnay se vante d'être né au *Chat Noir*, ce qui est vrai. Cependant il convient d'ajouter qu'il a existé un autre *Chat Noir* différent de celui que Donnay illustra de ses pièces délicieuses.

Il s'agit de celui du Boulevard Rochechouart, où l'effigie de Bruant par Toulouse Lautrec se voit chaque jour de plus en plus déformée et où Bruant lui-même, n'ap-

paraît plus que de loin en loin comme un patriarche con-
descendant. Nombre de personnages moins bien doués
certes, que Donnay, y parurent dont la personnalité s'est
affirmée plus importante que la sienne. Sept ou huit
figures s'imposent dans cet Olympe.

D'abord celle de Rodolphe Salis que d'aucuns louent
exagérément, que d'autres haïssent avec excès. C'était
un impulsif et, s'il a écorché parfois avec brusquerie
quelques épidermes, il ne faut pas lui en vouloir. Qu'il
doive sa renommée à la chance ou à son seul génie, à son
flair ou au hasard, il n'en fut pas moins le jardinier de
cet incomparable jardin où nulle fleur ne se fût épanouie
comme elle l'a fait, sans lui, et surtout sans ses coups de
pied qu'il lançait peut-être inconsidérément jusque dans
ses propres plates-bandes.

On a souvent plaisanté la manie de Salis de se parer
de titres seigneuriaux. Précisément, c'est de là que décou-
lait son originalité. Pour qui l'a observé et compris, il
est indéniable que Salis était une graine attardée du
xvie siècle. Elle a germé au xixe siècle et voilà.

Et puis, c'était un reître, il a mis son braquemart dont
il frappait à tort et à travers, au service des Lettres et
des Arts. Il faut l'en féliciter. Meneur de grandes compagnies, s'il a parfois tarabusté ses compagnons, du
moins il a imposé leurs noms à la foule.

Après tant d'autres : Emile Goudeau, Willette, Jules
Jouy, Henri Rivière, Steinlen, venu un peu plus tard de
même que Léon Bloy, parurent au *Chat Noir* Ce fut la
belle époque du *Chat Noir*, voisin de l'*Elysée-Montmartre*
où l'on s'amusait encore, et du *Moulin de la Galette* où,
certaines fillettes, venaient le jeudi après-midi accompagnées de leur mère. De temps à autre le *Chat noir*,
bannière en tête, narguant le guet, se transportait au
Cabaret des Assasins ou *Au Rocher Suisse*, au sommet de
la Butte, à l'occasion du dîner de « La Soupe et le Bœuf »
que présidait Jules Jouy. Chaque soir, un roi venait y

prendre son absinthe : Achille 1er, roi d'Araucanie en attendant des Majestés authentiques comme le Prince de Galles et le Roi Léopold de Belgique.

La formule bien connue : « encore un vieux coin du vieux Paris qui s'en va sous la pioche du démolisseur » s'applique surtout à Montmartre, car, non seulement on démolit des vieilles bicoques pittoresques, mais on s'attaque aux zones libres qui faisaient son charme. Si quelque entente de ce genre était possible entre les Français, il eût été convenu qu'on conserverait intact le maquis. Hélas ! il est prouvé depuis longtemps que le démon du sabotage incite les citoyens des moindres bourgades à saccager leurs monuments, leurs sites et leurs promenades, à abolir leurs costumes pittoresques.

S'ils ne sont pas des artistes, puisqu'incapables de goûter le charme d'une vieille église ou d'un paysage, — l'argent demeurait leur seule convoitise — ils devraient au moins entretenir et soigner leur poule aux œufs d'or Mais c'est justement dans l'instant où tant de gens se montrent curieux et nomades que chaque municipalité s'applique à banaliser le pays dont on la laisse imprudemment maîtresse ?

Pour Montmartre, il fallait donc avant tout sauvegarder le « maquis », en faire ce que les Américains ont fait de leur Yellow-Park.

A défaut de français, un Rockfeller ou un Carnégie eût bien volontiers acheté cette oasis de verdure ou le souvenir montmartrois se serait perpétué comme les bisons dans le dit Yellow-Park. Ce Carnégie ou ce Rockfeller aurait pu, du même coup acquérir la place du Tertre qu'on décorera quelque jour d'un nom obscur de politicien, en attendant qu'elle soit, à coups de pierres de taille, dépossédée à tout jamais de son charme quasi villageois. Ce jour-là, il n'y aura plus de Montmartre et le vœu national sera réalisé. La ville de Paris aura perdu cette dernière fleur qu'elle pouvait mettre à sa

boutonnière. Et la Place du Tertre méritera définitivement le nom d'Autobusville ».

M. Ferdinand Bac

Dessinateur de grâce perverse à la façon d'un Fragonard devenu parisien, M. Ferdinand Bac tord la femme
pour en exprimer tout le charme.

L'illustrateur de *Bel Ami* et des *Petits Aïeux* après
avoir ajouté un joli brin de plume à son crayon, semble
avoir, aujourd'hui, opté pour la Littérature où il marque
aussi sa place.

*   *
*

« Dans un de mes premiers volumes, le *Fantôme de
Paris*, j'ai trop médit du Montmartre d'aujourd'hui pour
n'avoir pas dit beaucoup de bien de l'ancien.

J'en ai conservé un souvenir que je ne décrirai pas
mieux que dans ces notes écrites déjà en 1880 et publiées
vingt-huit ans après :

« Bien avant Le *Chat Noir*, je partais souvent à la
découverte, entre ces gros murs où se penchaient des
lilas et où tombaient des cascades de lierre. Je désirais
alors y demeurer, pour y mener une petite vie d'opéra-
comique avec quelque Jenny. J'eusse voulu celle-ci à la
manière de Devéria avec de grands yeux curieux et extatiques d'image de calendrier et, naturellement, à mon
entière dévotion. C'est vous dire que je retardais déjà de
quarante ans sur les gros malins qui me rappelaient à la
réalité lorsque je m'aventurais au *Cabaret du Bagne* où
le colonel Lisbonne traînait la jambe du « fusillé de la
Commune ». Le citoyen Lisbonne m'intéressait pourtant,
moins pour la mise en scène qui marquait l'aurore de
l'Art réaliste que pour le rôle qu'il avait joué en 1871.
C'était un peu l'histoire vivante et, je le transposais faci-

lement en un de ces terroristes de la Révolution qui
finissaient cabaretiers et conspiraient avec les demi-
soldes, sous quelque quinquet fumant. Mais Lisbonne ne
conspirait point. Il était né pour le zinc et comptait faire
fortune tout simplement.

« J'ai connu aussi le premier Aristide Bruant, né peu
après. Tout cela me semblait le prolongement des curiosités du Directoire, les descendants directs des cabarets
où la « Société » allait s'encanailler dans l'étroite promis-
cuité, avec les costauds et les filles.

« Enfin, j'ai connu les deux *Chat Noir* et les beaux jours
de Salis. C'était pour moi le bouquet de ce feu d'artifice
qui, aujourd'hui, me paraît bien éteint, s'il est mieux
éclairé...

Un après-midi, je passais avec Donnay, devant le
fameux cabaret. Salis était debout sur le seuil, un Salis
déjà bien malade. Avec une sorte de timidité devant
« l'enfant » arrivé à une haute destinée, il l'abordait, le
tutoyait, pourtant avec un respect attendri.

Nous causâmes tous les trois sous l'enseigne célèbre et,
de ces deux hommes, l'un partait bientôt pour la mort,
l'autre pour la gloire. C'était la fin de notre Montmartre.

M Dominique Bonnaud

Fils d'un chef de bureau à la Grande Chancellerie,
Dominique Bonnaud rédigea des chroniques au *Petit
Caporal*, à *l'Evènement* et à *la France*. Aussitôt remarqué
par Rodolphe Salis, qui lui fit chanter ses premières
chansons au *Chat Noir*. Bonnaud fut contraint à s'adonner
entièrement à la Poésie et à la Chanson. Après une fugue
en Amérique, en Bosnie et en Herzégovine — où il
accompagna le Prince Roland Bonaparte dont il était
secrétaire « spirituel » — Dominique Bonnaud revint chez
Salis où il se produisit régulièrement. Au *Carillon* (direc-

tion Millanvoye), aux *Mathurins* (avec Abel Tarride), au *Tabarin* et à *La Boîte à Fursy*, de 1896 à 1904, et ailleurs, la renommée vint à lui. Associé aux destinées de *La Lune Rousse*, avec Numa Blès, il y présidera en 1904, et Georges Baltha, aujourd'hui, partage avec lui la direction du célèbre cabaret de la rue Pigalle.

Fait remarquable : Dominique Bonnaud, dont les chansons rimées divertissent finement les lecteurs du *Rire*, de *l'Ere Nouvelle*, de *la Petite Gironde* et du *Carnet de la Semaine*, n'a jamais voulu réunir ses œuvres : « étant d'actualité, estime-t-il, mes chansons sont vite démodées. » Pour cette raison, il n'a publié qu'un seul recueil : *D'Océan à Océan* — son voyage au Canada et aux Etats-Unis — avec une préface d'Armand Sylvestre.

*   *

Au *Chat Noir*, on blaguait selon ses idées, en toute indépendance. En échange, nous touchions de cinq à dix francs par jour. Zamacoïs lui, pour jouir de sa liberté, n'exigeait rien... Salis, quand il y pensait, l'indemnisait...

Des souvenirs ? — Numa Blès fit ses études au séminaire de Vintimille, d'où il fut invité à sortir. Il s'en console en fondant, à Marseille, *La Lune Rousse*. Vers 1892, il débarque à Paris. Il couche à la belle étoile, sous des roulottes, puis il entre chez Salis.

J'y ai connu Caran d'Ache, un Caran tiré à quatre épingles, habillé à la dernière mode. En gilet de flanelle, il « passait », boulevard Rochechouart, les ombres de *L'Epopée* au milieu de la fumée. Il tenait la grosse caisse et faisait les bruits de coulisse. Alors, il n'avait rien du clubman, cet homme en transpiration !

A minuit, Caran s'habillait. Celui dont le nom signifie « crayon » en russe, retirait son pantalon de treillis et sa blouse grise.

Attendu chez quelque grand duc, il se lavait à grande eau, dans un seau, endossait un habit noir impeccable,

s'ornant d'un plastron blanc et d'une cravate sombre... à
même son gilet de flanelle, Caran n'ayant pas souvent
les moyens de s'acheter une chemise. Il peignait, pour la
même raison, des chaussettes sur ses pieds. Seulement
alors il chaussait des souliers vernis et coiffait un chapeau haut de forme à la dernière mode. Puis, il s'en
allait dans le monde... Plus tard, Caran d'Ache connaîtra
l'opulence...

Vers 1893, j'ai donc débuté au *Chat Noir*, au moment où
Henri Rivière et Fragerolle étaient déjà connus avec leur
Enfant Prodigue. Sarcey, Falguière, Puvis de Chavannes,
Catulle Mendès, invités de Salis, en furent enthousiastes.

A l'issue de la représentation, le jeune journaliste que
j'étais, s'entretient avec le « maître » Mendès. Celui-ci
me déclare à brûle-pourpoint : « Vos chansons me
plaisent. Je les vois avec peine dans cette nécropole,
capitale du *Chat Noir*. Ce cabaret bat d'une aile. Revenez
donc à la Littérature, au Journalisme c'est plus sûr.
Jusqu'à Salis qui n'est plus que l'ombre de lui-même !
Dans un an, mon jeune ami, on ignorera le *Chat Noir* !
Ce ne sera bientôt plus qu'un souvenir ! » Si Mendès
exagérait fortement, Salis lui, s'était caché, pendant notre
conversation, derrière une porte. Moi, je l'avais parfaitement distingué. Quand Mendès se leva de table, Salis
courut le saluer... car il le redoutait. Mendès n'était-il
pas un critique redouté ?

Si j'ai souvenance du *Divan Japonais*, de la rue des Martyrs, de *La Truie-qui-File* (plus tard *Le Capitole*), des *Roches
Noires*, rue Saint-Georges ! Les amusants caveaux où un
chansonnier ou un interprète, ou bien même des spectateurs, en goguette, officiaient !... J'admire en Willette la
plus grande et la plus représentative figure de Montmartre, incarnation de Pierrot, et son « Parce Domine »,
au *Chat Noir*, marque une époque glorieuse. Steinlen,
très renfermé, et Forain, de l'Institut, passé en ce cabaret en amateur, retiennent non moins notre vénération.

Oui, encore un mot sur mon vieux collaborateur et ami Caran d'Ache qui n'était pas précisément fortuné. Ses débuts, à dix-sept ans, aux *Quat'Z'Arts*, dont il devint une manière de directeur artistique en 1892, ne l'enrichirent point.

Une grande soirée artistique n'y fut-elle pas donnée par ses camarades à son profit, la veille de son départ à la caserne ?

J'ai conservé aussi le meilleur souvenir de Fragson, qui chantait avec Guirand de Scévola, à la *Butte*, plus tard les *Quat'Z'Arts*. Il affectait le genre anglais, une bohème élégante.

Néanmoins, c'est Jules Jouy, ancien garçon boucher de Bercy et ancien ouvrier bijoutier, journaliste et chansonnier — une sorte de génie — qui « m'épatait » le plus. Dans tous les genres — surtout au Music-Hall - il fut étincelant. Cet homme SELF MADE MAN créateur de la chanson macabre et réaliste, cherchait avant tout à s'instruire. Aussi, en tournée au *Chat Noir* il disparaissait. On le retrouvait au musée de la ville ou dans quelque bibliothèque. Il devenait, ces quelques minutes, un rat de librairie. Encore et toujours il piochait.

Au musée de Lille, Arsène Alexandre, Jouy et moi, qui faisions en ce temps-là partie de la presse officielle alors que nous nous arrêtions devant des œuvres de Guirlandajo et Filippo Lippi, notre surprise fut grande, et agréable aussi, de voir le président Sadi-Carnot s'entretenir avec Jules Jouy, représentant accrédité de *Le Paris*. Jouy avait trouvé le moyen de renseigner artistiquement parlant, le premier magistrat de la République ! Atteint de paralysie générale, en mai 1895, Jules Jouy, ancien hydropathe, rédacteur au *Cri du Peuple*, au *Figaro*, au *Rire*, dont les chansons établirent la réputation de Paulus, deviendra le pensionnaire du D' Goujon dans la division des fous furieux, et mourra en 1896.

Quel bon garçon aussi que Montoya ! Savez-vous que

sa *Berceuse Bleue*, chantée avec une « haute contre » unique, lui valut les béguins les plus sérieux ! Mais le Dʳ Montoya était la sagesse même, jugez-en ! Une riche anglaise du meilleur monde lui envoya un matin une de ses jarretières à la boucle enrichie de purs diamants, le priant de venir chercher l'autre... Gabriel Montoya lui répondit qu'il acceptait le cadeau et qu'il ferait de cette boucle de jarretière une broche pour sa sœur...

Que de femmes défaillirent, je n'exagère point, à l'audition, prenante au cœur, de ses chansons ! Ainsi l'ex-princesse Alice de Monaco piqua, certain soir, une crise..., Gunsbourg et Isidore de Lara firent aussitôt prévenir Montoya qu'ils savaient docteur, de ne se point déranger *surtout* !..., et que les plus grandes sommités médicales traiteraient la Princesse.

Je regrette particulièrement, avec la fin du grand Montmartre, le Théâtre d'Ombres au Cabaret : ce qu'est Puvis de Chavannes à la fresque. Salis ne regardait pas, au *Chat Noir*, à dépenser de dix mille à vingt-cinq mille francs pour monter un spectacle d'ombres : comme *Héros et Léandre*, de Haraucourt. Rivière et Caran d'Ache frappèrent souvent victorieusement à sa caisse. Ces ombres évocatrices de la Vie, faisaient monter Tout-Paris. Willette avec « L'Age d'Or », et Louis Morin, avec Pierrot Pornographe », illustrèrent ce genre.

C'est le Cinéma qui a tué le Théâtre d'ombres. Les photographies sur l'écran n'offrent aucune comparaison avec ces ombres articulées, d'un art prenant.

Mon sentiment sur la grisette ? — Elle est « typée » dans *Une Passade*, de P. Véber et Willy. Et puis, malgré tout, les ménages d'artistes sont moins « bohèmes » qu'on ne le croit car ils sont plus bourgeois qu'on ne le pense ! Faut il le dire ?

Non, *Le Chat Noir* n'est pas tout à fait mort. Il compte une postérité. Salis a laissé une fille, Sarah, mariée à un fonctionnaire et un fils Jean, dessinateur industriel.

Quant à Mme veuve Salis, elle vit à Chatellerault.
Son second époux est un aimable professeur d'anglais,
point bohème du tout, qui conserve, en ses greniers
quelques joyaux survivants du célèbre cabaret, notamment une *Tentation de Saint-Antoine* et un *Roland à Ron-
cevaux*, de Rivière. »

M. Jean de Bonnefon

M. Jean de Bonnefon, l'un de nos meilleurs journalistes, a su conférer à ses informations pontificales ou de
politique étrangère du *Journal* les dons d'une création
littéraire, grâce à l'élévation du jugement et à la pureté
de la langue.

La vision colorée de l'auteur des *Pensées du vicomte de
Bonald*, des *Soutanes Politiques* et de *Lourdes et ses Tenan-
ciers* lui valut en Allemagne où il signait des pages ironiques, un louable décret impérial d'expulsion en 1887.
On le lit aussi à l'*Intransigeant*.

* * *

« Evidemment je regrette la disparition du Vieux-
Montmartre, moi qui aime tant les vieilles choses, les
monuments historiques et les traditionnels souvenirs.
J'ai fait des recherches pour retrouver l'origine de
quelques-unes de ses demeures. Oui, la fin d'une époque
intéressante et fertile en productions artistiques est toujours regrettable. Il y a un point de vue auquel ne se
placent pas ceux qui pleurent la mort de Montmartre :
c'est le point de vue utilitaire. Je m'explique. Ces terrains sont l'unique propriété de gens touchés par la
fortune et la plupart, — le fait est indéniable — n'ont
pour tout bien que ces terres. Or, ne sommes-nous pas
en démocratie et ces propriétaires peu aisés, de par la
loi, ne peuvent ils disposer de leur terrain ?

Pour acquérir l'aisance, il leur suffit de vendre leur propriété. Aussi la cèdent-ils à de riches acheteurs. C'est leur poule aux œufs d'or.

Nous, nous agirions de la sorte à leur place. Hier, dans la misère, avec des loyers rarement payés et de nombreux enfants à nourrir, aujourd'hui, dans l'opulence — bien que le mot soit exagéré — ils peuvent désormais aider leurs rejetons devenus des hommes. Certes, je ne méconnais pas les justes revendications des artistes et des écrivains qui voient, quotidiennement, avec tristesse, disparaître leur chère colline. Mais c'est hier qu'il eût fallu la défendre ; former des comités et demander plus tôt l'aide pécuniaire des mécènes ; aujourd'hui il est trop tard, et leurs efforts, sont frappés d'impuissance.

Nous aurions dû — je dis nous, car journaliste je suis fautif comme eux — protester avant sa disparition définitive. En effet, que reste-t-il encore sur la Butte, à part ces adorables et pittoresques rues des Saules, Saint-Vincent et du Mont-Cenis ? Mais la République doit respecter et faire respecter la liberté individuelle, Montmartre étant avant tout une cité démocratique.

Désigné par la pioche du démolisseur puis acheté par la bourse du riche, il faut qu'il disparaisse lui aussi comme les autres vieux quartiers de Paris, le fait s'affirme toujours le même et toujours aussi triste. Si je déplore la fin prématurée de ses jardins fleuris, de son charme presque enchanteur, de ses ruelles silencieuses et de ses rustiques maisons, je crois qu'il fallait un peu la prévoir.

Je tolère bien qu'une partie du Mont des Martyrs disparaisse, mais je suis avec les intellectuels qui exigent ardemment que ses vieux moulins demeurent et, à tout prix ; sans quoi rien du vieux Montmartre ne subsisterait. Que l'on contourne plutôt ces moulins, précieuses reliques du temps passé et du xvie siècle, ils ont une histoire trop vivante dans nos cœurs et dans nos esprits !

Je trouve maladroit cependant, le style dans lequel a été construit le Sacré-Cœur. Ce style qui a déparé en quelque sorte, ce coin admirable de la colline montmartroise dominant le bourdonnant Paris. Evidemment, je ne parle pas du vœu national qui s'attache à la construction du Sacré-Cœur, vœu que je respecte hautement. Je déplore seulement le style de cette superbe cathédrale, désagréable quant à sa forme.

Pourquoi, au lieu de s'être inspiré de la Sainte Sophie de Constantinople ne l'a-t-on pas construite tout simplement dans le mode de l'Eglise Saint Julien ?

Montmartre, je parle de celui de la Butte — des places du Tertre et du Calvaire et des rues grimpant à l'assaut des alentours du Sacré-Cœur — Montmartre était une campagne paisible avec ses coins de verdure et ses jardins parfumés !

Dernièrement, je suis allé serrer la main à « papa Frédé » au *Lapin Agile*, mais j'y ai trouvé la tristesse à la place de la gaîté que je venais y chercher. De plus, l'atmosphère n'est plus la même et, les gens qui s'en viennent là-haut, ne désirent plus entendre quelque chanson colorée, spirituelle et montmartroise mais, en un mot, des airs à la mode. Et puis, Montmartre est descendu rue de Clichy.

Quant à la grisette montmartroise, depuis 1850 environ, elle n'a plus donné signe de vie. J'ai connu la petite ouvrière affriolante et bonne fille, venue s'amuser sainement dans les cabarets qui se groupaient autour du Moulin de la Galette. Dans ces parages, se trouvaient au XVI° siècle d'immenses vignobles. Qu'on se figure ces environs, notamment les Lilas et Belleville. ainsi que ces riantes auberges fraîches comme des boutons de roses et gaies comme le *Chat Noir*, à l'époque de Maurice Donnay... ! »

CHAPITRE II

INTERVIEWS DE MM. MAURICE BOUKAY,
ARISTIDE BRUANT, PAUL BRULAT
ET JULES DÉPAQUIT

M. Maurice Boukay

Ignorons un instant l'ancien sénateur de la Haute-Saône et ancien ministre du Commerce, le professeur et l'écrivain, Charles-Maurice Couyba, pour ne parler que du poète-chansonnier Maurice Boukay, le digne élève de Verlaine, « le hardi rénovateur de la chanson française, le plus populaire parce qu'un des plus artistes des poètes-chansonniers » comme l'écrivait Armand Silvestre.

L' « ex-poète silencieux du *Chat Noir* », selon l'expression de Rodolphe Salis, l'apôtre infatigable de la bonne chanson, Maurice Boukay, lutta contre le couplet pornographique au café-concert, prêchant ensuite d'exemple avec ses œuvres simplement poétiques, vivantes, humaines qui célèbrent la Beauté, la Bonté et la Justice.

En Paul Delmet et Marcel Legay, Charles de Sivry, Fragson et Isidore de Lara, notamment, il trouva de fidèles collaborateurs-compositeurs, sans compter le concours artistique de Willette, Steinlen, Louis Morin, Balluriau et Blanchet.

Enfin, le vice-président de l'œuvre de la *Chanson Française*, — créée pour les « fauvettes parisiennes » par

Ernest Chebroux et Lucien Descaves — est l'auteur de
« *Chansons de jeunesse, Chansons d'Amour, Chansons
Rouges* et *Chansons du Peuple*, qui décèlent des préoccupations d'ordre esthétique et social, exprimées dans
une pensée, une langue et sous une forme classique,
avec un je ne sais quoi de la grâce du XVIII⁰ siècle
« modernisée » qui les fait voler sur toutes les lèvres.

*   *
*

M. Ch-M-Couyba se refuse à toute interview comme
à toute réponse écrite. Il a suffisamment parlé sur les
chansonniers de Montmartre pour que ses déclarations
ajoutent quelque chose à celles d'hier. Aussi nous
invite-t-il à puiser dans son œuvre. Nous acceptons son
invitation. Et, sur les indications de Maurice Boukay,
M. Ch-M-Couyba procède à ce choix :

Montmartre : La Bonne Chanson de Montmartre.

« ... L'Académie nous fait la moue. Tant pis ! Nous
sommes de Montmartre ! Restons-y et parlons-en,
puisque l'occasion nous en est fournie par ces nouvelles mélodies de Paul Delmet, brodées sur maints
couplets légers des poètes de la Butte et par ces derniers originaux et si vrais de l'ami Steinlen, le dessinateur montmartrois par excellence, j'entends celui qui
a le mieux servi et rendu l'âme de Montmartre.

... Combien de fois, en remontant la rue Lepic, ne me
suis-je pas arrêté devant cette scène du « romancier »
joueur de guitare, chanteur et vendeur de couplets,
officiant et pontifiant comme un grand prêtre au milieu
du chœur religieusement attendri de ses fidèles !
Regardez ! Ces frimousses de « trottins » et d'appren-
ties, ces nez retroussés et moqueurs, ces tignasses
blondes, tordues d'un seul tour de main derrière la tête,
ces rapins, aux larges feutres et aux vestons de velours,

ces « loustics » en casquette, en « molon » et en béret, ces ouvriers en vareuse qui montent sur les deux versants de la Butte ourle à l'assaut des guinguettes et des bonnes fortunes, n'est-ce pas le Tout-Montmartre bohème, sentimental et narquois, pris sur le vif et magistralement dessiné par l'impeccable Steinlen ?

C'est là, un matin de printemps, — vous en souvient-il, feu mon cher Delmet ? — que nous fûmes présentés l'un à l'autre, à la terrasse de l'auberge du *Clou*, rue des Martyrs, (noms symboliques) par l'aîné des frères Mévisto. En pareil cas, la présentation consiste à s'offrir réciproquement une poignée de mains, une cigarette, un vin d'or (c'est ainsi qu'à Montmartre on appelle un vermouth) et une chanson. J'offris à Paul Delmet les *Stances à Manon* ; il s'offrit à les mettre en musique, et Mévisto s'offrit (que d'offres !) à les interpréter, avec son astuce de Pierrot fin de siècle qui cherchait alors fortune, au clair de la lune, sur les planches du concert de l'Horloge.

En avant la musique et la gloire !

Delmet, Mévisto et moi, le Compositeur, l'Interprète, l'Auteur, avec des lettres majuscules, et des ambitions hautes comme ça, hautes comme la Butte, nous fîmes ce jour-là serment de révolutionner la Chanson et le café-concert, et d'en expulser les faiseurs, les démarqueurs, les exploiteurs !

Ceux de pseudo-Bruants et de sous-Yvettes ! Des villanelles ! De l'amour, de l'esprit, de la poésie, de la musique, non pas quelconque, mais de quelqu'un ! — La romance, alors ! — Oui, mais renouvelée, modernisée, virilisée, affranchie de toutes les banalités geignardes et écœurantes des bastringues ! Le chant de l'alouette ? Pourquoi pas ?

Hélas ! comme dit le joueur de guitare de Steinlen, c'était un rêve. Après dix ans bientôt, voici le réveil. Avons-nous tenu la promesse de nos ambitions rénovatrices ? Soyons francs ! Avons-nous réussi ? A Mont-

martre, oui, peut-être, grâce au Chat Noir et à sa queue :
les cabarets artistiques ».

Vous me demandez maintenant ce que je pense de
la *Grisette* ? — Lisez plutôt :

TON NEZ (1)

Ton nez semble un petit gamin
Retroussé plus qu'il n'est d'usage,
Et narguant, le long du chemin,
Tous les amoureux au passage.

Ah ! de ton nez, de ton nez,
Tous les nez sont étonnés.

Quand il va sous les cieux, le soir,
De la Nuit déchirant les voiles,
La Lune à ton nez dit : Bonsoir !
Et ton nez dit : Zut ! aux étoiles.

Ah ! de ton nez, de ton nez,
Tous les nez sont étonnés.

Il palpite aux moindres frissons,
Et tend ses narines frileuses
Vers l'ivresse des floraisons
Et les parfums des nuits fiévreuses

Ah ! de ton nez, de ton nez,
Tous les nez sont étonnés.

1. *Nouvelles chansons.*

Sur quel moule a-t-il été pris ?
Vient-il d'Espagne ou de Cocagne ?
C'est un article de Paris :
On fit son baptême au Champagne.

Ah ! de ton nez, de ton nez,
Tous les nez sont étonnés.

Boucher dessina son contour ;
L'amour y met ses ailes folles.
En l'honneur de nez d'alentour.
Beau nez, faites vos cabrioles !

Ah ! de ton nez, de ton nez,
Tous les nez sont étonnés. »

M. Aristide Bruant (1)

Descendant en ligne directe de Villon, Bruant ne chante
pas pour cela, la rosée des fleurs. A l'instar d'André Gill,
avec sa *Muse à Bibi*. et de Jean Richepin, avec sa *Chanson des gueux*, le chansonnier populaire-réaliste célèbre
les « fleurs du pavé » de la fin du xixe siècle. Il explore
les bas-fonds de Paris pour y trouver son inspiration :
les misères des hommes et les déchéances des femmes.
Bruant enfonce ses doigts dans leurs plaies morales, et
à sa vision de psychologue, — un microscome où s'inscrivent les émotions comme les appétits, — son extraordinaire tempérament d'artiste se substitue. Et Bruant
chante : *Dans la rue* (1889) dont l'épitaphe exprime la
liberté même de l'œuvre :

T'es, dans la rue, va, t'es chez toi.

1. Aristide Bruant a fait sa rentrée à l'Empire, dans sa 73ᵉ année,
en novembre 1924. Il chanta *A Batignolles. A la Bastoche, A Biribi* et
à *Belleville-Ménilmontant.*

Puis, *Dans la rue*, deuxième volume (1895), *Chansons nouvelles* (1895) et *Sur la route* (1898), où le Vice et le Crime voisinent à l'ombre douce de la Pitié. Enfin, *l'Argot au XXᵉ siècle* (1901), — dictionnaire français pour les poètes et écrivains, — consacre ses monologues et ses chansons d'une spontanéité observée, amère et tendre, qui étalent crûment et gaîment, les tares et les vertus du peuple.

Depuis 1892, Aristide Bruant appartient à la Société des Gens de Lettres où François Coppée lui servit de premier parrain cependant que Paulus, Félicia Mallet, Yvette Guilbert et Mévisto, mettaient leur renommée au service de la sienne. En collaboration avec Arthur Bernède et Ernest Depré, Bruant signe des feuilletons et des pièces réalistes à succès populaires.

* * *

Après plusieurs tentatives infructueuses pour joindre Aristide Bruant : l'une à son cabaret du boulevard Rochechouart, l'autre à son domicile, nous lui avons écrit pour un rendez-vous. Il nous répondit enfin du *Moulin de Liffert* par Courtenay (Loiret) : « Je le regrette, mais je ne puis vous fournir les notes que vous me demandez j'ai déjà trop à faire pour mon compte personnel »

Quelques mois après, sans nous lasser, le sachant à Paris, nous lui demandions à nouveau un entretien. Mais, toujours du Moulin de Liffert par Courtenay — où il naquit le 6 mai 1851 et où il passe, aujourd'hui, presque toute l'année — Bruant nous écrivait : « Tous mes regrets. Impossible. Loin et Malade. »

Huit jours s'écoulent quand, un matin, nous recevons cette plaquette : *Aristide Bruant* (1893) par Oscar Méténier, avec dessins de Steinlen ainsi qu'une brochure d'Etienne Bellet, intitulée *Les chansonniers socialistes*, publiée en septembre 1901.

Nous nous contenterons donc de puiser dans les documents envoyés par le chantre de *A Montparnasse*, suppléant ainsi aux « interviews ».

« Issu d'une famille de bourgeois aisés, Bruant a chanté le peuple et, ce dernier lui fit sa réputation. Le « type Bruant » au café-concert restera légendaire d'autant que des artistes se sont fait une spécialité de son imitation.

Bruant a su, à la fois, devenir l'idole des misérables et se faire estimer par les « gens de la Haute » et les « fins de siècle » selon son expression.

Sa muse c'est la vie. Ses personnages pris dans les cloaques sont des filles, des souteneurs et des assassins. Leur moralité est nulle. Soudain il les fait parler et les écoute. C'est alors un étalage de vermine en « beauté ». Brusquement il les menace d'un châtiment terrible. Sous l'angoisse, ils éclatent, se lamentent. Et Bruant se montre généreux.

Sa manière réaliste jusqu'au cynisme, intéresse et émeut. Il apporte un grand souffle de pitié à ces parias, souvent des irresponsables pour lesquels la Société, eu égard à leurs antécédents ancestraux, doit témoigner d'une certaine mansuétude. En retour, il est vrai que les jours malheureux du chansonnier populaire lui apprirent à pénétrer ceux des déshérités qu'il sait comprendre, qu'il incarna même, pour mieux les creuser ou les défendre. Mais revenons à la carrière de Bruant. Comme il faut vivre, il entre à la Compagnie de Chemin de fer du Nord qu'il quitte bientôt. Seul, sans maître, toujours au milieu de la foule, il apprend la musique, s'essaye dans quelques compositions. Un beau jour, notre personnage analyse ses impressions : il devient son chantre. Vers 1880 il débute au concert de l'Epoque. On l'applaudit à tout rompre. Au bout de quelques mois les vieux « cabots » ligués contre son jeune talent tumultueux mettent bas les armes. Mais, la vie des coulisses le dégoûte. Il lâche les planches.

Entre temps, il écrit des chansons notamment la

Chaussée Clignancourt pour Paulus et à sa demande. Puis, il débute à l'ancien *Chat Noir* du boulevard Rochechouart, de Rodolphe Salis avec *A la Villette* et *La Marche des dos*. Son extraordinaire succès l'amène à se composer un répertoire spécial de chansons et de monologues.

Le *Chat Noir* émigrant, vers 1885, rue Victor Massé, seul il fonde le cabaret du *Mirliton* (et son journal (1)), 84 boulevard Rochechouart, où l'on accourt de toute part pour l'y entendre. Bruant devient le « patron » du *Mirliton*. Les portes du lieu sont fermées tout le jour A partir de dix heures du soir, il prodigue, à ses nombreux consommateurs, la plus verveuse grossièreté au milieu du tohu-bohu général.

Le Tout-Paris, les plus hauts personnages étrangers se disputent l'*engueulade* aux « Vendredis de Bruant, » entre les quatre murs du Cabaret que tapissent des toiles et des fusains réalistes de Steinlen et de Lautrec.

Une file d'équipages verse et déverse des élégances avides d'un singulier frisson que leur sert, comme une giffle quasi-savoureuse, cet homme diabolique vêtu d'un ample pantalon de velours noir à côtes bouffant sur des bottes, d'une veste de chasse à boutons où flamboie, dans l'embrasure d'un gilet sombre, et à revers, une chemise rouge fermée au col par une cravate lavallière. Ce chantre gouailleur de la Rue, aux cheveux longs et drus, rejetés en arrière sous un large feutre, arbore au surplus

1. Le journal *le Mirliton*, organe de la " Boîte „ de Bruant, paraît, à ses débuts, très irrégulièrement, une dizaine de fois par an. De mensuel il dev t bi-mensuel, puis hebdomadaire avec un format double. A la première page, le plus souvent, on lit une chanson ou un monologue de Bruant, illustré par Steinlen, son dessinateur préféré. Des nouvelles humoristiques de Courteline et des croquis littéraires de Camille de Sainte-Croix constituent le plus bel ornement de ces numéros.

Vers 1893, M. Fabrice Lémon, secrétaire général des Ambassadeurs et de l'Alcazar devient rédacteur en chef du *Mirliton* désormais le *Moniteur Officiel* des concerts de Paris, de la Province et de l'Etranger. Cette feuille d'informations compte des correspondants dans toutes les grandes villes. Ils rendent de signalés services aux artistes. Enfin la chanson réaliste et montmartroise s'offre à plaider la cause du café-concert. Puis, c'est tout.

un cache-nez écarlate. Aristide Bruant tel qu'il a été
dessiné par l'amer et puissant Toulouse-Lautrec ! Voyez-
le, maintenant, dans son cabaret ! Il se promène de
long en large, à travers les tables, apostrophant, à leur
entrée, les femmes accompagnées ou non, qui, sous le
fouet de l'invective, rougissent, rient ou se rengorgent.

En chemise rouge, le « patron » du *Cabaret de Bruant*
chante son répertoire, alternant avec son fidèle Alexandre (1), jusqu'à deux heures du matin. Il « tutoye » grassement les « clients » qui sortent, prescrit un ban tradi-
tionnel pour les militaires que, seuls, il ne plaisante pas.
Le public prévenu des us de la « boîte », conserve sa
pleine sérénité. Si l'esprit de l'auteur du *Casseur de
Gueules* a par trop malmené quelqu'un, il trinque avec lui
et lui offre une « tournée » de bière, et de la mauvaise.

Aujourd'hui, le *Cabaret Bruant* a bien changé ! Le
Bruyant Alexandre l'a quitté, se fâchant avec Bruant qui
en demeure toujours directeur-propriétaire.

M. Paul Brulat

Après de difficiles débuts, comme rédacteur à la *Presse*,
au *Journal*, au *Matin* et à l'*Événement*, M. Paul Brulat a
conquis, par son généreux talent, le grand public comme
l'élite, avec son magistral roman : *La Gangue*.

La caractéristique de l'œuvre de M. Paul Brulat est son
incessant renouvellement. En effet, chacun des livres
du psychologue averti de la *Vie de Rirette* ne traite-il pas
de conflits d'âme et de problèmes sociaux d'une brû-
lante actualité ?

M. Paul Brulat, par sa scrupuleuse étude des caractères

1. La Préfecture de Police, après la campagne menée par Maurice-
Hamel dans *Comœdia*, en juin 1924, autorisa " le Bruyant Alexandre „,
aveugle et malheureux, l'élève légendaire de Bruant et le successeur
intérimaire du *patron* au Cabaret de Bruant, à vendre ses chansons à
la terrasse des cafés et dans la rue, pour vivre.

LA RUE DE LA BONNE

et des théories, notamment dans l'*Ame errante*, s'affirme
le plus compréhensif des défenseurs de l'Humanité souf-
frante et le fidèle historien des mœurs de son temps.
De sa parole persuasive, indépendante et féconde, il sou-
tient partout les Jeunes et leurs Cénacles.

* * *

« Mes souvenirs sur le Vieux Montmartre d'il y a
trente-cinq ans ? Mais, c'est toute ma jeunesse qu'il me
faudrait vous raconter !

Certes, j'ai bien connu la colline inspirée, la butte-sacrée
du bon vieux temps, l'époque glorieuse du *Chat Noir*,
Rollinat, Mac Nab, Emile Goudeau, Jules Jouy, Alphonse
Allais, tant d'autres disparus !

C'était alors la patrie hospitalière des artistes peintres,
sculpteurs, poètes et chansonniers qui, pour la plupart,
n'avaient pas encore conquis la grande notoriété. C'était
aussi la libre et franche bohème, laborieuse et respectable, qui se sentait là chez elle, affranchie des servitudes
et des préjugés mondains, éprise des coins si curieux,
si pittoresques du haut Montmartre, où l'on se serait cru
à cent lieues de Paris si le regard n'en avait dominé
l'immense et plendide panorama.

J'ai assisté à la lente évolution de la Butte, évolution
fâcheuse, à mon avis, qui a complètement transformé, en
quelques années, l'âme des choses, créant une atmosphère
viciée et corrompue.

Les causes de cette métamorphoses apparaissent com-
plexes et multiples. Cependant la plus évidente d'entre
elles semble celle-ci : les « boîtes de nuit ». Elles abondent
maintenant à Montmartre où elles ont attiré les filles et
cette espèce abjecte d'individus qui en vivent et contre
lesquels la police, aussi bien que la loi, se déclare impuis-
sante. Ils sont trop, et jamais ils ne furent si nombreux,
si bien organisés et si solitaires. Ils ont envahi le Quar-

tier, ils en sont les maîtres, les tyrans, les triomphateurs
insolents et cyniques.

... J'ai approché cependant la grisette montmartroise.
Elle est loin, la grisette d'antan, la déchue sentimentale
que toute une littérature se plut à réhabiliter et à poéti-
ser ! La terrible lutte pour la vie qui enfièvre la société
contemporaine, a fait de la courtisane moderne un être
de combat.

Il n'y a pas que la courtisane qui ait évolué. L'artiste
même de Montmartre n'est plus, aujourd'hui, semblable
à celui d'hier. Son art cherche simplement à le nourrir, à
« gagner des sous », à retenir -- en flattant ses goûts, ses
travers, ses antipathies et son esprit conservateur --
le bourgeois philistin, le snob ennuyé qui s'égare dans
les cabarets artistiques. .

Bien entendu, on pourrait citer d'honorables exceptions.
Mais d'aucuns déclarent qu'ils sont écœurés de Montmartre tant le vice et la corruption s'y étalent aujour
d'hui. On ne s'amuse plus sainement à la Butte, car la véritable gaîté a disparu. remplacée par le bruit, la fièvre,
l'exultation nerveuse et artificielle, le vacarme incongru :
quelque chose de pénible et de machinal qui sonne faux.

Oui, on se morfond dans ces « boîtes de nuit » où les
filles de joie présentent des mines inquiètes tandis qu'un
vague orchestre de tziganes exhale, sur le tard, des san-
glots de détresse.

Je regrette l'ancien Montmartre : celui des vrais
artistes. D'ailleurs, depuis longtemps je n'habite plus ce
Quartier, je me suis transporté aux antipodes »

Jules Dépaquit (1)

Du haut de la Butte qu'il domine, le caricaturiste Jules
Dépaquit manie le crayon d'amusante façon. C'est au

1. Mort le vendredi 11 juillet 1924, chez sa mère, à Balan, à 3 kilomètres de Sedan où il était allé se reposer après une grave opéra-

Chat-Noir qu'il débuta par une pièce d'ombres. Ses dessins-charges, aux légendes volontairement naïves et désabusées, sont fort appréciés au *Journal*, à *Paris-Soir*, aux *Ecoutes*, au *Merle Blanc* et au *Rire*.

Dans le « lâcher » de Jules Dépaquit, voisinent tout le reflet de son « je m'enfichisme » et toute la profondeur de sa philosophie narquoise.

Par ailleurs, au cours de ce volume, nous retrouverons la physionomie originale, spirituelle et sympathique du fameux maire de la commune libre de Montmartre, mort trop tôt. C'était un des derniers « bohèmes » de la Butte d'avant-guerre et de l'intime place du Tertre. On ne verra plus « le Dictateur » en haut de forme, le torse ceint de son écharpe rouge et verte, assis en équilibre instable sur un pliant, dans l'étroite cour du numéro 30 de la rue Saint-Vincent, où il demeurait, et discutant de choses sérieuses ou bouffonnes au milieu d'amis... Adieu le « père Jules » du *Lapin Agile* et de *Chez Bouscarat* !

* * *

« Je suis né à Sedan en 1869 et j'ai été bercé sur les genoux des Bavarois qui avaient, hélas, élu domicile chez mes parents. Nous logions un commandant et quelques soldats .

Le commandant m'aimait beaucoup car, lorsqu'il me faisait sauter sur ses genoux, je criais : « Cochons Prussiens ! Cochons Prussiens ! » et il riait dans sa grande barbe

... Ces détails ne concernent pas Montmartre, mais ils aideront à éclairer la suite...

tion. Le mardi 10 juin 1924, à Lariboisière, on l'avait opéré d'une adénite cervicale. Jules Dépaquit avait cinquante-cinq ans.
On prête l'intention à sa veuve de faire de la chambre de son mari un " Musée Dépaquit „.

Mes études, au petit vieux collège de Sedan, ne furent pas particulièrement brillantes. En effet, après m'être échappé trois fois de ce monument, — car je ne voulais pas faire d'allemand et être interne, — j'obtins d'y rentrer en qualité d'externe et fus autorisé à suivre le cours d'anglais.

Deux fois recalé à mon bachot, mon père, « voulant me mettre un métier entre les mains », me fit apprendre la peinture en bâtiment, puis l'horlogerie, puis l'architecture, puis l'assurance.

Hélas! encore hélas! vaines tentatives! Un beau jour, avec le fruit de mes étrennes et de mon travail de peintre en bâtiment-horloger-assureur, je sautais dans un train qui filait sur Paris avec mon ami Delaw.

... L'influence de Montmartre déjà!

Sans accident de route, le même soir, je débarquais au *Chat-Noir* où, Henri Rivière, sans me connaître, me commanda une pièce d'ombres sur des paroles de Jules Jouy: « Le Rêve de Zola ».

Entre temps, j'étais machiniste au théâtre, et je disais des vers sombres et terribles devant le public sélect qui fréquentait là.

Je mangeais à la table du patron Salis et, chaque soir, ponctuellement, le garçon venait me retirer ma soucoupe, ce qui voulait dire que mon absinthe était payée par l'Administration.

Rodolphe Salis m'emmenait quelquefois dans son château de Naintré, en Poitou, mais là, son caractère s'aigrissait, le mien sûrissait et nous revenions généralement fâchés.

Un jour que j'avais oublié d'emporter un pardessus de Paris, — et peut-être n'en avais-je pas? — Salis me força d'endosser une capote de sergent de chasseurs à pied, et de me coiffer d'un béret d'artilleur. Nous nous promenâmes ainsi toute la journée dans Châtellerault, sans qu'il nous arrivât rien de fâcheux. Salis était tabou.

Voici comment je connus les horreurs de la Tour Pointue, *alias* Dépôt. C'était au moment des attentats de l'anarchiste Ravachol. On venait de faire sauter le restaurant Véry, boulevard de Magenta. Je ne sais quelle idée bizarre me prit d'aller m'accuser de ce crime. Le fait est que je me constituai prisonnier et que Cornette, l'aimable commissaire de police de la rue de la Rochefoucauld, en ce temps-là, « m'emballa » au Dépôt, où je restai trois jours, jusqu'à ce que ma famille vînt me rechercher. J'y passai ces trois jours, au milieu de fous et de médecins-aliénistes : une société bien ennuyeuse !

Je retournai un an, à Sedan, me reposer de ces émotions.

Puis, le *Rire* s'étant fondé sous la direction d'Arsène Alexandre, je fus engagé, dès le premier numéro, à fournir ma collaboration, et j'ai continué le dessinateur-humoriste au *Sourire*, au *Journal*, au *Matin* et au *Supplément*... J'ai fait même représenter avec Irma Perrot, au Théâtre Fémina, une pièce intitulée « Azelugh le Peau Rouge ou les Dessous de la Forêt Vierge !! »

Je ne travaille pas tous les jours, 30, rue Saint-Vincent où je demeure. Il y a même des mois où je ne fais rien, mais rien du tout.

Des gens du *Chat-Noir*, je suis bien le seul à mener une existence de bohème ! Serais-je un « monsieur » d'un autre siècle ? — C'est possible. Du moins on le pense.

N'ayant pas d'enfants à nourrir, de danseuses à entretenir ni de contributions à payer, mes frais sont modestes.

J'habite à la Butte, à côté du Lapin Agile auquel je tourne le dos, une maison sans ascenseur, mais cela ne me gêne guère. En effet, mes appartements sont au rez-de-chaussée !

Mon propriétaire est un homme charmant, connu de tout Paris, Frédéric Gérard, plus volontiers désigné

sous le nom de « Frédé », l'aimable patron du Cabaret
du Lapin Agile, précisément, un chanteur incomparable
et un céramiste distingué.

Je crois que c'est tout ce que je puis rapporter ici sur
les autres. Cependant, je fus poète.

J'ai écrit un recueil de vers intitulé « les Moments
Perdus »,qui a failli paraître en Belgique. Il m'a été payé
et n'a pas vu le jour... J'ai aussi édité un petit volume
illustré : le « Secret du Cacatoès ».

Mais, c'est surtout la fin de Montmartre qui me désole ! »

Dépaquit se pique d'être l'auteur, recordman du
monde, du plus long alexandrin :

> *Tiens! Tiens! Tiens! Tiens! Tiens ! Tiens!*
> *Tiens! Tiens! Tiens! Tiens! Tiens! Tiens!*

... Que l'on trouve dans une de ses plus savoureuses
fantaisies. Cet alexandrin sort de la bouche d'un monar-
que qui surprend, comme par hasard, sa femme en conversation galante avec son page.

Artiste capricieux, à l'âme très sensible, Jules Dépaquit redoute les départs comme les séparations. Ainsi,
lorsqu'il villégiature dans sa famille à Sedan, soudain il
disparaît... Où est Jules ? interroge alors sa maman inquiète. Celle-ci attend un ou deux jours puis, un beau
matin, le facteur apporte cette lettre :

« Maman je pêche à la ligne. Excusez-moi si je suis
parti sans vous dire « au revoir », mais les adieux... c'est,
trop triste, alors j'ai préféré m'en aller sans rien dire ».
Et ces lignes, tracées d'une main émue, se mouillent de
quelques larmes... et c'est tout Dépaquit.

Jules Dépaquit est l'un des derniers « habitants »
— et des plus illustres — de la Butte ; il a juré de ne
jamais la quitter et... Elle, aussi.

CHAPITRE III

INTERVIEWS DE M. LUCIEN DESCAVES, de l'Académie des Goncourt, de MM. GEORGES D'ESPARBÈS ET FERNAND DIVOIRE.

M. Lucien Descaves

de l'Académie des Goncourt

M. Lucien Descaves n'est pas seulement un écrivain pénétrant et naturaliste, c'est aussi un polémiste indépendant et courageux (« Sous-Offs », « Les Emmurés », « Biribi »). Sa plume combat généreusement, notamment à *L'Intransigeant* et au *Journal*, dont il est le directeur littéraire. L'auteur, enfin, de « La Clairière » avec Maurice Donnay, des « Oiseaux de Passage » et de « L'As de Cœur ». estime que le journaliste hâtera la reconstitution effective de la Société par l'expression des idées, des sentiments et des actes ayant une puissance de cohésion sociale, consacrée par le Peuple.

***

« Je connais surtout la Rive Gauche car j'y habite depuis longtemps. Parisien, j'ai toujours préféré ce côté de la Seine. Mon clocher, c'est Montrouge. Comme Coppée, je dirai que c'est le côté de mon cœur.

Cependant, je suis monté à Montmartre très souvent. En vérité, j'ai peu fréquenté le *Chat-Noir* : j'étais en-

core soldat à cette époque. Je connus pourtant Salis,
Méténier, Goudeau et quelques autres.

Je me rappelle, avec une joie particulière, les répétitions du Théâtre Libre d'Antoine, alors rue Blanche, où
j'eus, d'ailleurs, plusieurs pièces représentées. Puis, boulevard de Strasbourg, sur la scène des Menus Plaisirs, Antoine, grand admirateur d'Emile Zola, appliqua au Théâtre
les théories et les doctrines de l'Ecole Naturaliste. A ce
moment, Jules Claretie venait d'être nommé administrateur général de la Comédie-Française.

Donc, au Théâtre Libre se formaient les jeunes auteurs
dramatiques. Antoine n'avait-il pas déclaré une guerre
implacable à la pièce fabriquée à la manière de Scribe,
qui, « trop bien faite », inondait alors la scène ? Antoine et ses auteurs voulaient remplacer les drames
bourgeois et historiques, le vaudeville et la comédie,
par le Théâtre — pourrait-on dire — « du mouvement
par la vie ». A cet effet, on joua des œuvres de
Curel, de Brieux, d'Ancey, d'Hennique, de Courteline,
de Jean Jullien — et d'autres — boulevard de Strasbourg.

Voilà de... Montmartre le meilleur souvenir d'un
homme de la Rive-gauche.

J'ai dû me rendre, fréquemment il y a plusieurs
années, à Montmartre, à l'occasion d'une pièce que
j'avais écrite en collaboration avec Nozière. Chaque fois
j'ai constaté que la Butte disparaissait. C'est déplorable.
Mais que faire ? je l'ignore. Montmartre a trop vécu et
ses souvenirs aussi. Néanmoins, je trouve bien regrettable que la place du Tertre succombe... Elle est si
étrange — avec son aspect de ville de province, morne et
silencieuse — et elle semble si ancienne avec ses vieilles maisons ! Elle constitue le document le plus authen-
tique du Vieux-Montmartre... Condamnée à mourir, peut-
être établira-t-on quelque jour, à sa place, des « gratte-
ciels » !...

Il me souvient d'un certain déjeûner du *Coucou* — cette vénérable auberge où Willette, Courteline, Mendès et Nardeau venaient souvent — à la fin duquel on fit circuler de table en table une pétition. Je croyais qu'il s'agissait de demander aux pouvoirs publics la conservation de la place du Tertre, je me trompais. Il s'agissait tout simplement de donner le nom de mon ami Willette à une rue de Montmartre et je signai avec joie car j'estime hautement le grand artiste.

Je crois cependant que la conservation de la Place du Tertre s'impose, le Vieux-Montmartre honorant un peu Paris. Il attire beaucoup d'étrangers et la France est fière de sa Butte-Sacrée ainsi que des talents éminents qu'elle a engendrés, si spontanément.

J'aime Montmartre comme j'aime tous les coins de Paris, si chers à l'esprit par leurs souvenirs d'antan et leur cristallisation intellectuelle.

Mais, n'est-ce pas, tous les quartiers changent d'aspect comme les cheveux blanchissent... Et, tout ce qui de mon temps retenait jusqu'alors l'admiration, tout ce qui inspirait du respect ou demeurait le témoin d'une autre civilisation, disparaît : rues étroites, places désertes, vieilles maisons... Oui, le Vieux-Paris ne peut échapper au flux du « Moderne ». D'autre part, si nombre d'écrivains préfèrent la Rive-Droite et Montmartre à la Rive-Gauche, moi j'ai toujours eu une prédilection pour la Rive-Gauche tant elle est paisible et maternelle à ceux qui travaillent. Elle m'apparaît enfin, aussi « provinciale » que le Vieux-Montmartre et parée, comme lui, de souvenirs impérissables. »

M. d'Esparbès (Georges)

Chantre de l'épopée napoléonienne, dont le style coloré et le tempérament descriptif s'exaltent dans un idéal

enthousiaste de la gloire militaire, M. Georges d'Esparbès grandit éloquemment *Les Grognards de la Vieille
Garde*. Ses camarades de régiment surnommèrent : « le
petit caporal » l'auteur puissant et noble de *la Légende
de l'Aigle*, de *la Guerre en Dentelles*, des *Demi-Soldes* qui,
fièrement, porta deux galons de laine dans l'armée ter-
ritoriale.

Le *Vent du Boulet*, La *Grogne*, le *Tumulte*, autant
d'autres évocations grandioses et superbes, peuvent
encore assurer la notoriété de la dernière sentinelle de
la Vieille Garde, préposée à la conservation du Palais de
Fontainebleau.

* * *

« Sans être mort, Rodolphe Salis ne vivait plus guère !...
les lauriers de Laplace, à *la Grand'Pinte*, l'empêchaient
de dormir. Il avait quelque chose comme le cauchemar
du cabaret, un peu de bagoût et beaucoup d'aplomb. Il
eut surtout la chance de compter, pour principal collaborateur, Emile Goudeau, des anciens *Hydropathes*. Au
Chat Noir, je disais des vers avec Rollinat, Haraucourt,
Legay. Le seigneur Salis ne se préoccupait que de sauver
son porte-monnaie. Le rouge limonadier se « servait »
de l'élite. Matérialiste, Rodolphe mourra de trop bonne
chère... Dieu ! qu'il aimait la choucroute et l'argent ! C'est
vrai, j'ai fréquenté le *Chat Noir* du boulevard Rochechouart et celui de la rue Laval. J'entends encore Salis
dire : « Récite nous donc ta petite machine » ou bien :
« Chante-nous donc ton truc ». Et, en échange, le poète
pouvait boire de la bière. Peu à peu, les bourgeois au
gousset garni venaient écouter ces artistes qui mettaient
diversement la Vie en chansons.

Une figure extraordinaire me revient aussi : celle
d'Alphonse Allais. Allais s'amusa, un jour, à se faire

passer pour Francisque Sarcey aux yeux d'un candide insulaire. Voici l'histoire :

Un Anglais venu au Chat-Noir, dit qu'il voudrait bien connaître M. Sarcey. On lui répond : « — Il est ici. — Oh! — Il y vient tous les soirs se reposer, au milieu de gens d'esprit, des banalités qu'il est obligé d'écrire pour la satisfaction de sa clientèle bourgeoise. Voulez-vous le connaître ? — Certainement ».

On présente l'Anglais à Alphonse Allais qui, prévenu, le reçoit avec gravité, parle un instant avec lui, et lui donne rendez-vous pour le lendemain, s'excusant de ne pouvoir causer sérieusement dans un pareil lieu.

Alors il lui glisse l'adresse de la rue de Douai où demeurait le critique, et il ajoute :

— Vous trouverez dans le bureau qui précède le mien, un gros homme fort laid et peu poli avec des lunettes. C'est mon secrétaire : il a ordre de dire qu'il est M. Sarcey, pour me débarrasser des importuns ; mais dites-lui que vous savez à quoi vous en tenir, et passez outre. Ne craignez pas de le bousculer s'il résiste.

Le lendemain, l'Anglais se présenta chez M. Sarcey et lui dit qu'il venait voir M. Sarcey. — C'est moi, monsieur. — Oui, je sais, c'est une farce. Laissez-moi passer. — Quelle est cette plaisanterie ? — Oh! n'insistez pas ; j'ai ordre de passer quand même. M. Sarcey ne vous ressemble en rien, il est très bien de sa personne, il est jeune et il est poli.

M. Sarcey eut beaucoup de mal à se défaire de son visiteur qu'il prenait pour un dément. Plus tard, il sut qu'il devait ce bon tour à Alphonse Allais qui l'avait baptisé « notre oncle ».

— J'ai des neveux qui ont bien de l'esprit, disait le critique en faisant tressauter son abdomen débonnaire.

Dans ce Temple de la Fumisterie de bon ton et de l'Esprit gaulois, la plupart de nos « vedettes » d'aujourd'hui débutèrent. Tout le monde politique, l'aristocratie étrangère, des têtes couronnées, des grands-ducs de Russie, M. Casimir Périer, M. Constans, le président Floquet y venaient. Celui-ci confiait, un soir, à Clovis Hugues: « Si j'en avais le droit, j'ordonnerais l'affichage ! » Le général Boulanger adorait le théâtre d'ombres du *Chat Noir*. Seulement, la concurrence joua un beau matin. Plus tard, tour à tour, se fonderont *le Chien Noir, l'Ane Rouge, le Cabaret du Carillon* — dirigé par B. Millanvoye — le cabaret du *Sans-Souci, les Quat'-Z'Arts* avec les chansonniers Marcel Legay, Numa Blès, Yon-Lug, Gaston Sécot. Ce que vous ignorez certainement — et vous n'êtes pas le seul ! — ce sont les débuts de Salis racontés par lui-même à un rédacteur du *Temps* en janvier 1896. Je livre ce document rare à la postérité :

J'ai commencé — c'est Salis qui parle — par être peintre, et j'ai même fait en cette qualité le voyage des Indes où j'ai décoré l'hôtel d'un haut fonctionnaire de Calcutta. Je revins à Paris. La peinture ne marchait guère. Pourtant un amateur me commanda des panneaux représentant les principales scènes des contes d'Edgar Poë, et notamment le *Chat Noir*, — vous vous rappelez ? l'histoire de cet alcoolique qui tue sa femme, mure le cadavre dans sa cave et est dénoncé, au cours d'une perquisition de police, par les miaulements d'un chat qu'il a muré vivant, par mégarde, avec le corps. J'étais bien éloigné de prévoir, à cette époque, qu'un chat noir jouerait dans ma vie un rôle aussi important que dans les contes d'Edgar Poë.

J'habitais alors 84 boulevard Rochechouart, et j'avais loué, pour me servir d'atelier, la boutique qui avait été précédemment occupée par un bureau de télégraphe. Dans cette boutique se réunissaient mes amis qui étaient nombreux parmi les jeunes poètes et les artistes. On disait des vers, on chantait, et... on avait soif. J'eus l'idée, en 1881, de transformer mon atelier en une sorte de cabaret, tout en continuant à n'y recevoir que mes amis.

L'installation était bien modeste, mais brillante est la liste des chatnoiristes de la première heure (car après avoir hésité entre divers animaux héraldiques, je m'étais décidé, en souvenir d'Edgar Poë, à baptiser mon cabaret du nom de « Chat Noir »). On y voyait tous les soirs Rollinat, Haraucourt, Villiers de l'Isle-Adam, Goudeau, Jean Lorrain, Charles Cros, Méténier, d'Esparbès, Jean Rameau, Jules Jouy, Mac Nab, Caran d'Ache, qui était caporal, Moréas, qui faisait alors des vers modernistes, Henri Lavedan, qui rimait aussi, Alphonse Allais, qui était apprenti pharmacien, Auriol, Henri Rivière, Grasset, Steinlen, qui faisait des dessins pour étoffes, Fragerolle, Zo d'Axa, qui était légitimiste, Deschaumes, Sapeck, etc.

C'était le premier cabaret artistique fondé à Paris. Avant nous, un marchand de tableaux et de bric-à-brac avait bien installé, dans sa boutique, un cabaret, la Grande-Pinte, mais on n'y chantait pas. Lorsque j'eus un piano, la police me déclara qu'il me fallait une autorisation du préfet et me dressa force contraventions. J'obtins gain de cause auprès de M. Camescasse, grâce à Goudeau qui avait connu M. Puibaraud au ministère des Finances.

On s'amusait ferme dans notre cabaret et l'on y faisait toutes sortes de fumisteries. C'est ainsi que Sapeck imagina, un jour, de m'enterrer. Volets clos, la salle fut tendue de noir et éclairée par des cierges ; un violoncelle, sur un tréteau recouvert de serge noire figurait le catafalque près duquel était agenouillé le peintre Signac, déguisé en religieuse. Une tête de mort était posée sur une chaise. Le goupillon à nettoyer les verres plongeait dans une jatte remplie d'eau et, aux arrivants ahuris, Deschaumes, costumé en maître des cérémonies, disait froidement « aspergez ! »

Le cabaret fut bientôt connu, et il fallut l'entr'ouvrir au public. Jouy, Mac Nab et beaucoup d'autres y ont commencé leur réputation. C'est là, qu'a réellement débuté Bruant. Il était dans un obscur café-concert de

Clichy lorsqu'un soir Jouy nous l'amena. Il cultivait alors le genre patriotique ; je me souviens que le premier jour il nous régala d'une chanson intitulée : *Serrez vos rangs* ! Ayant entendu chez nous la chanson de Ponchon : *Elle n'était pas jolie du tout...*, il en emprunta l'air et la coupe pour une chanson : *A la Villette*, qui fut son premier succès. Il avait trouvé sa voie, et dès lors il fut des nôtres tous les soirs. A cette époque, Mistral et Paul Arène venaient souvent et nous chantaient de merveilleuses chansons provençales.

Huit jours après le cabaret, je fondai le journal le *Chat Noir*, dont la devise était : « Qu'est-ce que Montmartre ? Rien! Que doit-il être ? Tout ! » Les principaux collaborateurs furent, pour les dessins : Henri Pille, Willette qui, lorsque je fis sa connaissance, donnait des chromolithographies pour servir de cartes-réclames à un chemisier, Fernand Fau, Boès, Dépaquit, qui, étant brouillé avec sa famille, se constitua prisonnier et déclara qu'il était l'auteur de l'attentat du restaurant Véry, afin de forcer son père à venir le réclamer; pour le texte : Alphonse Allais, Auriol, Gandillot, Gineste, etc., etc.

Le journal portait ce sous-titre : « Organe des intérêts de Montmartre ». Bien que nous ne nous soyons pas occupés d'édilité, c'était en un sens parfaitement vrai. Non seulement nous avons créé le cabaret artistique, où s'est développée une chanson d'un nouveau genre, satirique, ironique, fantaisiste tout en restant littéraire, mais nous avons transformé la physionomie de Montmartre. Ce malheureux quartier était alors presque exclusivement fréquenté par des souteneurs et des filles, la clientèle habituelle de ses seuls établissements de plaisir, l'Elysée, la Boule-Noire, la Reine-Blanche. Je puis dire que c'est grâce à nous que Montmartre est devenu un centre artistique.

Un soir, quelques-uns de ces souteneurs voulurent entrer au « Chat Noir ». Je leur barrai la porte, et je

reçus deux coups de couteau au côté gauche. Mon garçon, qui me prêta main forte, fut frappé au visage, ren-
tra chez lui en voiture et mourut dans la nuit. Croiriez-
vous que l'on m'accusa d'avoir tué ce malheureux ? Je
fus poursuivi pour homicide par imprudence et acquitté ;
le meurtrier fut arrêté peu de temps après.

Mais cette affaire m'avait dégoûté du boulevard
Rochechouart. Je cédai mon bail à Bruant et je louai en
1885, l'hôtel où nous sommes, et où Stévens avait son
atelier ».

Charles de Sivry conduisait aux *Vendredis de Gala* du
« Chat Noir », un ensemble de quatre ou cinq instrumen-
tistes de bonne volonté. Il composait des chansons populaires d'une haute inspiration. Invité par Salis à son château de Naintré, de Sivry s'acquitta de l'hospitalité
reçue en jouant à l'orgue de l'Eglise paroissiale. Allais,
et quelques invités du châtelain-cabaretier, écoutaient
religieusement. Soudain, leur attention se transposa en
hilarité, lorsque l'orgue entonna l'air de la chanson bre-
tonne :

> *Qu'allais-tu faire à la fontaine*
> *Corbleu, Marion !*
> *Qu'allais-tu faire à la fontaine ?*

Quand, à leur tour, les voix célestes attaquèrent :

> *Auprès de ma blonde*
> *Qu'il fait bon, fait bon, fait bon,*
> *Auprès de ma blonde*
> *Qu'il fait bon dormir.*

Puis, les grands tuyaux mugirent la scie du jour ! —
alors dédiée à Jules Grévy !

> *Nous avons eu sur le trône de France*
> *Des généraux, des rois, des empereurs,*

Tous ces gens-là barbotaient nos finances
Il n'en faut plus, Français, y a pas d'erreur !

Cependant qu'en fugue, les petits tuyaux psalmodiaient :

Le père Grévy n'avait qu'un billard,
Rien qu'un billard, un seul billard !

Et la foule des fidèles n'y voyait que du feu cependant que Salis et les Montmartois pleuraient de rire...

Marie Krysinska a raconté quelque part que Salis, ivre d'irrespect, disait aux uns et aux autres : — « Vous devez crever de soif, messeigneurs, vous n'avez plus rien dans vos verres. Hein ? Vous dites *quatorze* bocks ? » et les Seigneurs ne soufflant mot, il ajoutait : — « Vous les aurez ! Edison ! (c'était un des garçons revêtus de l'habit à palmes vertes des académiciens) *quinze* bocks pour ces gentilshommes, dont un bien tiré qu'ils ont la courtoisie de m'offrir ». Un client appelait-il le garçon pour régler son compte que Salis braillait :

— « Allons, Edison, vous ne voyez donc pas que le baron redemande à boire pour lui et ses amis, il n'est pas homme à attendre votre bon plaisir ». Et le baron ne pouvant faire autrement, restait et buvait...

Enrichi et épuisé, Salis assistera, de son vivant, aux derniers spasmes de son cabaret. La gloire « parvenue » succèdera à l'autre, plus grande, plus indépendante, plus « montmartroise » !... Des « petits » malins, des imitateurs, à la place des chefs de file, des créateurs, apparaîtront... L'esprit de lutte égoïste, le *struggle for live*.

Cordialité et solidarité disparaîtront, peu à peu, de la Flamme immortelle, issue du Chat-Noir, étape caractéristique de la Littérature et des Beaux-Arts français! Georges d'Esparbès n'a plus qu'un désir : finir ses jours —

lorsqu'il aura pris sa retraite — comme gardien de l'Empereur à Sainte-Hélène !

Quelle joie ce sera alors pour lui de ne plus appartenir à « l'époque des mufles », qu'il traverse en rêvant.

— « Quel plaisir, mon vieux, disait un jour notre éminent interlocuteur, à un de ses amis à qui il exposait son projet, quel plaisir de ne plus entendre parler d'éditeurs, de contes à faire, de livres à écrire! Quelle joie pour moi d'oublier jusqu'à ce mot : Littérature ! »

Notre confrère Asté d'Esparbès, en parlant de son père, le définit ainsi : « Georges d'Esparbès est mort à Waterloo... mais Dieu, pour le punir, sans doute, d'avoir trop aimé l'Empereur, lui a fait la « sale blague » de le ressusciter au xxᵉ siècle et, pour lui, je vous prie de croire que *c'est vraiment* une sale blague !... »

M. Fernand Divoire

Art et Liberté, Art et Action, le *Conservatoire R. Maubel* et l'*Odéon*, notamment donnèrent des chœurs tragiques et des proses symphoniques de M. Fernand Divoire, poète délicat, dont l'*Etude de la Stratégie Littéraire*, manuel satirique des gens de lettres, affirme, au surplus, le sens critique, tandis qu'auparavant: *Célébraux, Faut-il devenir mage ?, Metchnikoff philosophe*, nous le révélaient psychologue et philosophe averti.

M. Fernand Divoire, fondateur du « Courrier littéraire » à l'*Intransigeant*, appartient à ce journal en qualité de rédacteur en chef.

* * *

Fernant Divoire regrette le Montmartre d'Hier, devenu aujourd'hui l'internationale capitale du plaisir. Au reste, laissons-lui préciser sa pensée, celle-ci : « Montmartre aux îlotes ».

« Nous restions au Quartier Latin, jusqu'à deux heures du matin devant un sirop de citron à quarante centimes, renouvelé par successives additions d'eau de Seltz. C'était deux francs cinquante le chocolat. Nous avions vingt ans, l'âge des mélancolies profondes. Puis, quand nous avions « fermé » la *Lorraine* ou un autre café, quand nous avions fait une station chez Livragne, le pâtissier ouvert toute la nuit, nous montions, à pied, vers Montmartre. C'était ainsi les nuits où la solitude continuait à nous poursuivre. Là-haut, dans les « boîtes » aux vives lumières, pendant que les couples dansaient la matchiche, qui faisait fureur, nous prenions sagement notre chocolat à deux francs cinquante.

Montmartre n'est plus un refuge pour les étudiants trop seuls. Les « boîtes » n'offrent plus qu'une boisson : le champagne. Le même seau de métal orne toutes les tables. On vous demande seulement :

– Sec, doux, demi-sec ?

Montmartre, aux yeux de l'Etranger, est la ville internationale où l'on s'amuse, que les Parisiens regardent du dehors, satisfaits des feux électriques rouges et blancs qui éclairent la place Pigalle et des airs de danse échappés aux vasistas entr'ouverts. Nulle part les étrangers ne s'amusent mieux. Ils nous le disent. Ça ne nous flatte pas. Nous savons que mille propagandes ennemies nous observent et vont répandant partout l'éternel refrain de l'éternelle mauvaise foi : « La France ? Ah! oui, Montmartre... »

J'ai voulu retourner à Montmartre, et voir si nous avions beaucoup à en rougir, si notre réputation était vraiment en jeu. Vous avouerai-je la vérité ? Je me sens presque rassuré.

Oui, Montmartre s'amuse, à sa manière. Oui, les

étrangers y accourent... Mais *ils n'ont le spectacle que d'eux-mêmes.* »

Fernand Divoire estime qu'à l'heure où la clientèle de nuit remplace la clientèle du dîner, sonne celle des étrangers.

« A *El* G..., poursuit Divoire, surtout des Américains ; au Z...., des Anglais et des Américains ; à l'*I..*, surtout des Argentins et des Espagnols ; au *Château C...*, des Russes, des Américains et, la nuit où j'y étais, Sessue Hayakawa, qui, à une heure vingt du matin, y fit son premier sourire.

Quelques-uns de ces étrangers avaient amené leurs épouses en robes d'argent. Ils portaient dignes (il n'était que deux heures du matin). Mais mon compagnon me dit :

— Faut les voir saouls !...

Alors je me mis à penser à ces ilotes que Sparte montrait à ses enfants pour les dégoûter de l'ivrognerie. Qu'importe cet Américain qui, malade, à l'aurore, s'écrie : « La France, mauvais, trop de champagne ! » Celui qui s'instruit, c'est encore le Français qui apprend à distinguer l'ivresse assommée et grave de l'Anglais, l'ivresse méchante de l'Américain, l'ivresse « variable » du Sud-Américain, l'ivresse belliqueuse d'un Cosaque.

De-ci de-là, évidemment, on voit un Français, comme cet enrichi qui, près de moi, caresse sa moustache avantageuse et fait briller sur un faux-col mou aux rayures de couleur une grosse broche de diamants. Des Français ? Oui. Toujours les mêmes. Mais l'impassible danseur, qui met un mouchoir à plat sur la main qu'il offre aux clientes, est un Argentin ; il gagne chaque nuit ses trois cents francs de bon argent transatlantique. La danseuse qui se déguise en gitane est une Espagnole. L'orchestre... rares sont les directeurs qui, comme celui du *Cap...*, ne veulent employer que des Français. »

Il n'empêche que le rédacteur en chef de *l'Intransi-*

geant insiste pour qu'on laisse « tourner Montmartre » et pour que le champagne coule à flot dont chaque bouteille rapporte à l'Etat. « Laissons vivre Montmartre sous l'œil distrait des Parisiens, sous l'œil attentif de la police qui, depuis quelques années, a fait diminuer la « coco » de trois quarts, » ajoute-t-il.

De ce Montmartre de nuit, Fernand Divoire brosse l'évocateur portrait suivant :

« Il est trois heures du matin. Place Pigalle, rue Pigalle, rue Fontaine, rue Notre-Dame-de-Lorette (car Montmartre *descend* chaque année un peu plus), les serpentins se déroulent et s'accrochent aux lustres. Ici, à *l'I...*, on bombarde de petites boules multicolores le gros chanteur, on applaudit la poupine danseuse arabe. Là, au *C...*, on danse le tango aux sons de l'harmonium qui remplace l'accordéon. Là, à *El G...*, on se serre dans un petit entresol. Ailleurs, au *Château C...*, dont les hauts murs sont chargés de tapis, sous l'éclairage rouge et jaune, les tables gagnent sur l'espace réservé à la danse. Au sous-sol du caveau oriental monte le bruit du tympanon...

Il est quatre heures... Nous sommes à Montmartre... Les garçons continuent à changer les assiettes dès qu'elles se chargent de cendre. L'atmosphère est lourde et oppresse plus que le champagne. La musique est incessante. On vend, cher, des fleurs ou des poupées à des gens de plus en plus disposés à la générosité. On leur offre gravement des bérets de marin en papier, ou de petits bonnets comme on en trouve dans les foires pour le plaisir des petites filles, ou des gibus de papier noir, ou des coiffures de peaux rouges... Amusement d'enfants.

O *dear old* Yankee que voilà, assis à côté d'un être qui ne te sourit pas, levant ta coupe et coiffé de ce cercle de plumes dont les Mohicans étaient fiers, tu veux voir Montmartre ? Regarde-toi dans cette glace embuée de fumée...

CHAPITRE IV

INTERVIEWS DE MM. MAURICE DONNAY
de l'Académie française
et HENRI DUVERNOIS

M. Maurice Donnay
de l'Académie française

Sorti de l'École Centrale avec le diplôme d'ingénieur, M. Maurice Donnay révèle tout à coup sa fantaisie au *Chat Noir*, où il se fit entendre pour la première fois en janvier 1889, avec *Phryné* – une suite de suggestives scènes grecques – et *Ailleurs* – une mordante revue symbolique de fin d'année, – avec décors d'Henri Rivière et musique de Charles de Sivry.

L'auteur de *Lysistrata*, de *L'Autre Danger* et du *Ménage de Molière* dont la profondeur d'observation se cache sous un humour désinvolte, excelle dans tous les genres littéraires. M. Maurice Donnay s'est consacré surtout au théâtre où il fait triompher cette formule : « tous les genres sont bons quand un souci d'art s'y révèle et, d'art seul. »

* * *

« J'ai parlé maintes fois de Montmartre. Mais, c'est dans la *Revue Hebdomadaire* que j'ai donné le meilleur de

« mes souvenirs » aussi leur lecture, pour votre ouvrage, s'impose-t-elle... Chacun a son idéal, le mien à vingt ans, était d'avoir un sonnet publié dans le *Journal du Chat Noir* et un monologue récité par Coquelin cadet.

Mais, tout d'abord, précisons les origines du Cabaret du Chat Noir.

Au Quartier Latin (1), se tenait le *Club des Hydropathes*, dont la figure la plus sympathique était Emile Goudeau. Périgourdin, il avait le tein brun, la barbe et les cheveux noirs : il louchait, il avait l'air féroce et, c'était un brave homme. Il avait beaucoup de talent. Ayant inventé le modernisme, il cultivait le parisianisme. *Le Club des Hydropathes* fut ensuite remplacé par les *Hirsutes* ainsi nommés parce qu'ils se réunissaient dans le sous-sol d'un café, situé place Saint-Michel, dont le président était encore Emile Goudeau. J'arrive à l'année 1881 vers laquelle un peintre, Rodolphe Salis, ouvre à Montmartre, au numéro 8 du boulevard Rochechouart, une boutique qui devient un simple cabaret puis bientôt, un cabaret fameux.

Cet établissement d'abord, se composait d'une grande salle beaucoup plus longue que large et, au fond d'un réduit assez sombre où personne ne voulait s'asseoir, si ce n'est un jeune homme, qui comme moi, se préparait à l'Ecole Centrale, mais lui, sous le nom de Charles Torquet, et avec un bizarre outillage : à côté de son cahier de géométrie analytique, il avait une bouteille de vin blanc et une flûte ; quand il était fatigué des équations, il buvait un verre de vin blanc et jouait un air de flûte. Il était venu là pour être seul ; mais, Rodolphe Salis ayant eu l'idée géniale d'appeler la petite salle noire et sombre : l'*Institut*, ce fut à qui s'y asseoirait... Image de la vie !

---

1. Pour plus amples détails consulter « Le Quartier Latin » (Hier et Aujourd'hui) avec les souvenirs de ses écrivains les plus connus, du même auteur.

Charles Torquet, dépossédé de son petit domaine, renonça à l'Ecole Centrale et, sous le nom de Raphaël Schoomard, se jeta dans la littérature fantaisiste.

Grâce à un vitrail de couleur, l' « Institut » semblait moyenâgeux. Des pots d'étain, des bancs et des chaises de bois massif se trouvaient dans une immense salle plus longue que large, décorée par l'admirable *Parce Domine* d'Adolphe Willette. Sur un tableau noir placé près de la porte d'entrée du Chat Noir, on lisait en lettres jaunes : « Passant, arrête-toi ; cet édifice, par la volonté du Destin, sous le protectorat de Jules Grévy, Freycinet et Allain Targé étant archontes, Floquet tétrarque et Gragnon chef des archers, fut consacré aux Muses et à la Joie, sous les auspices du *Chat Noir*. Passant, sois moderne. »

Au Chat Noir, se réunissaient à cette époque, les anciens Hydropathes, les Hirsutes et les Incohérents de Jules Lévy, en un mot, beaucoup d'artistes gais, astucieux, audacieux, confiants et pauvres. Et alors, nous chantions des chansons, disions des poésies, et bientôt la renommée venait frapper à la porte du *Chat Noir ;* désormais ce cabaret était connu.

La renommée de ces étonnantes soirées se répandit dans Paris : la grosse finance, la politique nantie, la noce dorée vinrent rendre visite à l'insouciante bohème et le vendredi surtout, qui devint le jour chic, on vit au *Chat Noir,* défiler les femmes de l'aristocratie et de haute bourgeoisie.

Là, le premier poète auquel je fus présenté c'est Albert Tinchant ; je lui offris un bock, peut-être deux, peut-être trois et, après quelques entrevues de ce genre, j'eus enfin mon sonnet imprimé dans le journal, un sonnet grec, antique, païen. Mon pauvre sonnet était imprimé en quatrième page, immédiatement avant une réclame pour des bretelles. En outre, l'orthographe de mon nom n'était pas même respectée...

J'affectionnais beaucoup les vers de Musset, Hugo, Lamartine, Théodore de Banville, Coppée, Baudelaire, Leconte de Lisle ; mais, avec les poésies de Jean Richepin, d'Edmond Haraucourt, de Maurice Rollinat et bientôt d'Albert Samain, j'apprenais des frissons nouveaux. Je lisais leurs strophes et les relisais : je les savais par cœur.

L'Ecole Centrale puis, un long stage dans l'industrie, me tenaient éloigné du *Chat Noir*. Et, les années passaient, les années de la jeunesse qui devaient être claires, joyeuses et belles.

Il arriva que plus tard je connus le poète Edmond Haraucourt qui venait de publier son beau volume de vers : L'*Ame nue*. Je lui soumis mes essais poétiques, il ne fut pas complimenteur, mais, il ne me découragea point. Il m'enseigna qu'il faut être sévère envers soi-même, éviter la précipitation dans le travail et la banalité dans l'idée et dans l'expression Il me citait un maître, José Maria de Hérédia, qui travaillait précieusement, lentement. Enfin ! les conseils d'Edmond Haraucourt furent très utiles.

Je me rappelle un soir d'été, nous venions de dîner avec des amis, j'ai récité à Haraucourt cinq cents vers sur le Pont de Solférino. Il m'écoutait, résigné, il disait de temps en temps : « Il y a une personne qui m'attend sur mon paillasson, j'ai la clé, elle ne peut pas rentrer. » Mais, j'étais sans pitié. Il ne me quitta que lorsque je n'eus plus de vers à lui réciter : voilà un joli trait de camaraderie, de confraternité poétique.

Cependant, la clientèle artistique et mondaine montait toujours au *Chat Noir* qui, bientôt trop petit, venait s'installer en 1885 en grande pompe rue Victor-Massé.

Tous les journaux du temps ont décrit le nouvel hôtel, le perron des Suisses, la salle François-Villon, la salle des Gardes, le grand escalier d'honneur où deux personnes ne pouvaient pas monter de front, la salle de conseil, l'oratoire, la salle des fêtes, la loge de M. le Président de la République (c'était alors M. Jules Grévy).

Je passais parfois devant l'établissement, je voyais le suisse majestueux avec ses mollets magnifiques et sa hallebarbe ; je voyais un garçon habillé en académicien et il m'en imposait, non pas à cause de son déguisement — ah ! grands dieux non — mais parce que c'était un garçon du *Chat Noir* !

Par la grande baie ouverte, je voyais les consommateurs. J'entendais des chansons, des rires, des cris. Mais, j'étais comme l'Amaury de Sainte-Beuve, dans *Volupté*. Je n'osais pas entrer dans ce lieu de plaisir.

Ses vendredis littéraires furent de plus en plus courus avec l'apparition des pièces d'ombres chinoises ; notamment avec l'*Apogée* de Caran d'Ache dont le succès fut considérable : ces vendredis devinrent « quotidiens ».

Après ma retraite du *Chat Noir*, c'est-à-dire après deux ans, je fus présenté par de jeunes ingénieurs, hardis alpinistes qui avaient exploré Montmartre, à Salis et à Allais, qui devinrent deux sincères amis pour moi. Allais était passé rédacteur en chef du journal, par suite de la démission d'Emile Goudeau. C'était un grand garçon blond, bien bâti, distingué, avec quelque chose de britannique, de flegmatique, l'air d'un contremaître anglais, des mains longues. Fils d'un pharmacien d'Honfleur, il était venu à Paris pour faire ses études de pharmacie.

Mais, il avait été surtout hydropathe, hirsute, incohérent ; depuis quatre ou cinq ans, il avait trouvé sa vraie manière, dans les contes qu'il écrivait pour le *Chat Noir*, et comme c'était un scientifique, il s'était révélé un admirable clown de la logique, un merveilleux mécanicien de la fantaisie. Sa fantaisie, on en a cité mille traits... Un jour, au régiment, il entre à la salle des rapports, où il y avait le colonel, deux ou trois commandants, le capitaine adjudant-major ; il porte la main à son képi, et dit, très aimable : « Bonjour, Messieurs et dames ! » Saluer ainsi des militaires dont le moins gradé

pouvait l'envoyer en prison, à la grosse boîte, à Biribi
mon ami, c'est non seulement de la fantaisie, mais encore
du courage civique.

Un soir qu'on donnait la répétition générale de la
Marche à l'Etoile, de Fragerolle, en ce cabaret, j'étais
assis, triste et solitaire, ignorant qu'il y avait ce soir
une répétition générale.

J'étais donc là, dans la salle François-Villon, et je
rêvais sous le lustre en fer forgé « lustre de l'époque
byzantine » — disait le *Chat-Noir-Guide* — « provenant
de la mission Ledrain et offert à Rodolphe Salis par
l'empereur du Brésil, en échange d'une collection du
Chat Noir reliée en castor, selon la méthode des moines
de Puteaux », lorsque soudain je vis entrer un Rodolphe
Salis affairé et qui m'interpella vivement : « Qu'est-ce
que tu fais là ? Tu ne sais donc pas qu'il y a là-haut
Francisque Sarcey, le *Figaro*, les grosses légumes de la
critique et nos camarades Jules Jouy, Meusy, Xanrof,
Jean Rameau, Georges Lorin... Viens dire des vers ! »
Et il m'entraîna de la salle François-Villon dans la
salle des Gardes, me poussa devant lui dans l'escalier
d'honneur, dans la salle des fêtes : être poussé cordialement vers la gloire par un camarade, ces choses-là
n'arrivent que lorsqu'on est très jeune. Alors, je dis
deux ou trois poèmes et, le lendemain, mon nom était
dans les journaux. Emile Blavet fit dans le *Figaro* « une
soirée parisienne » dont je lui suis encore reconnaissant ; Jules Lemaître, dans son feuilleton des *Débats*,
me compara à un mandarin annamite : c'était la célébrité. J'avais, comme on dit, le pied à l'étrier, événement
considérable, car dans la vie, il y a beaucoup plus de
pieds, hélas ! que d'étriers.

Et de cette soirée-là, j'ai gardé une grande tendresse
à Rodolphe Salis ; un type curieux, d'ailleurs, ce gentilhomme cabaretier. Il était arrivé de Châtellerault à
Paris, après le siège, pour faire de la peinture ; il fonda

avec le sculpteur Wagner, « l'Ecole vibrante », dont le but était de faire fraterniser l'Art avec la Littérature ; il fonda l'Ecole iriso-subversive de Chicago, pour lutter, contre l'envahissement, de l'Amérique par les Allemands. Enfin, il renonça à la peinture, sous prétexte que le peintre Hawkins, lui avait « chipé » sa manière. Alors, il fonda le *Chat Noir* et quand, rue Victor-Massé, les spectacles devinrent une exploitation fructueuse, on lui reprocha de gagner de l'argent. Pourquoi ? Tous les soirs, pendant cinq ou six ans, la petite salle de spectacle fut pleine. Pour faire la parade, le boniment Salis avait des dons véritables et de la verve, de l'invention, de l'à-propos.

Son discours était une mosaïque d'archaïsmes et de néologismes, d'argot et de citations littéraires, il avait des trouvailles d'expression, des chocs d'idées, des heurts de mots, des images bouffonnes, du panache et de la grandiloquence. En parlant des gardiens de la paix, il disait : les « mousquetaires de M. Carnot ». S'il entrait témérairement dans une phrase, nous disions : « Il n'en sortira pas... » Il en sortait cependant ou plutôt il la traversait, comme ces cavaliers du premier Empire qui traversaient un bataillon ennemi, avaient trois chevaux tués sous eux, et ressortaient, nonobstant à cheval !

Ce qui faisait de Rodolphe Salis un cabaretier pittoresque, c'est qu'il avait le plus grand mépris pour ses clients et, tout en les appelant : « Vos Seigneuries et Vos Altesses Electorales », il leur envoyait des brocarts qu'ils encaissaient sans protester.

C'est surtout le vendredi qui était le jour chic et où le spectateur, pour voir la *Marche à l'Etoile* ou bien *Sainte Geneviève*, payait sa rude chaise de bois, un louis ; c'est le vendredi que Salis se montrait le plus féroce : il avait alors la parade agressive ; ce jour-là, il flétrissait la haute banque, le parlementarisme et le monde, le demi-monde ; tout le monde.

Ces soirs-là, il entrait, l'air tout ému dans la petite salle
où nous nous tenions, en attendant notre tour de dire
des vers ou une chanson et.il nous disait : « Nous avons
une chambrée magnifique, ce soir, nous avons cette fri-
pouille de Chose, l'ancien préfet, et cette délicieuse
Mme X..., qui a empoisonné ce pauvre Z... »

Ainsi, il nous enlevait toutes nos illusions sur la belle
société. On eût dit qu'il avait appris tout jeune à faire
l'irrévérence, tant il la faisait avec aisance. Quand il se
trouvait en face d'un personnage important, il était pénétré d'irrespect.

Le patron du *Chat Noir*, faisait d'amusantes méprises
volontaires.

Un jour, sur le palier qui précédait la salle de théâtre,
un monsieur assez gros et blond, arrive tout essoufflé
d'avoir monté l'escalier d'honneur.

— C'est commencé ? interroge-t-il, en ôtant son
paletot.

— Son Altesse le Prince de Galles, sans doute, demande
Salis avec le sourire le plus insolent.

Et, comme le gros monsieur ne goûtait pas la plaisanterie, Salis poursuivit :

— Que Votre Seigneurie daigne m'excuser. J'ai été
trompé par une ressemblance incroyable. C'est étonnant,
Monseigneur, ce que Vous ressemblez à notre gracieux
Albert.

Et, se tournant vers moi :

— Tu ne trouves pas que monsieur, c'est le Prince de
Galles tout craché. Il lâcha même un mot plus rabelai-
sien.

Un autre soir, Rodolphe Salis, prit ou feignit de prendre
un amiral pour un cuisinier. Cela faillit très mal tourner.

J'étais officiellement un « Poète du *Chat Noir* »; on me
l'a reproché longtemps, oui reproché, il n'y a pas d'autre
mot. Poète du *Chat Noir* ! c'est une étiquette qui m'est
longtemps restée, car les étiquettes restent sur les per-

sonnes comme sur les malles qui ont beaucoup voyagé et
qui conservent les adresses des hôtels où l'on est descendu : Hôtels d'Ecosse ou d'Engadine, d'Espagne ou d'Italie.

Mais n'allez pas croire que je regrette mon séjour au
Chat Noir, ni surtout que j'en rougisse. J'en ai conservé,
au contraire, les meilleurs et les plus jeunes souvenirs,
joyeux ou attendris. J'y ai connu des amitiés sincères,
des camaraderies charmantes.

Tous les mercredis nous déjeunions devant la grande
baie de la Salle des Gardes, ouverte sur la rue Victor-
Massé. A une heure, la voiture du Mont-de-Piété passait
et nous nous levions en criant : « Ma montre, ma montre ! »
Parmi nous, se trouvait Jules Jouy qui avait fait dans la
chanson une révolution analogue à celle que les natura-
listes et les impressionnistes avaient faite dans le roman
et dans la peinture. Jules Jouy, un ancien garçon boucher, garçon fort intelligent, admirait, adorait Emile
Zola. Il était borgne, il avait un front démesuré. Il avait
connu des jours noirs, ce qui l'avait rendu égoïste. Il me
disait un jour : « ce n'est encore rien que de ne pas
manger mais, ce qui est dur l'hiver, c'est de ne pas avoir
un endroit où coucher. Alors, ça, mon vieux, c'est hor-
rible ! » Ces paroles qui révélaient tant de misère me
rendaient Jules Jouy sympathique. Quand je l'ai connu,
il gagnait de l'argent ; ses chansons étaient chantées
partout ; alors, il était à l'affût de toutes les petites
inventions de la petite industrie parisienne.

Il imaginait des objets chimériquement pratiques un
couteau à ouvrir les boîtes de sardines, la pince preneuse
universelle, la canne de poche.

Un jour, il nous montra un petit cylindre en fer blanc
et, il expliquait : « C'est pour éteindre le cigare... Tu
comprends, tu vas dîner chez des gens chics..., Alors, au
lieu d'éteindre ton cigare contre le mur de la maison où
tu entres, tu le places dans cette petite boîte cylindrique,
tu mets le couvercle... Alors, ton cigare s'éteint, faute

d'air, naturellement..., il faut de l'air pour la combustion de l'oxygène tout le monde sait ça. Et tu retrouves ton cigare en sortant. » Si nous lui faisions observer que chez ces gens chics, il devait y avoir d'excellents cigares, il se mettait en colère, il nous traitait d'ennemis du progrès. Et tout cela nous divertissait fort. Nous aurions sans doute moins ri, si nous avions su que le pauvre Jules Jouy devait mourir fou !

Un soir, Verlaine s'asseoit à notre table. J'étais à côté de lui et c'était la première fois que je le voyais. Il mangea très peu. Il m'expliquait que l'abus des apéritifs peut fermer l'appétit et non l'ouvrir. En revanche, il parla beaucoup. Il dit des choses comme celles-ci : « Ah ! nom, tout de même, de Dieu, quand ce garçon-là a débuté, il m'était sympathique bougrement. » Par ce garçon-là, il entendait l'Empereur d'Allemagne, Guillaume II ».

D'Arthur Raimbaud, il disait : il est parti pour des Egyptes ; il appelait les symbolistes les « Cymbalistes » à cause du bruit, disait-il avec un bon sourire, qu'ils faisaient. Quelques années plus tard, Verlaine s'était tu...

Au *Chat Noir*, les soirs de répétition générale, Jules Lemaître venait dîner avec nous et c'était une grande joie, car nous l'aimions tous beaucoup. Comme il était simple et charmant ! Il voulait être notre camarade, avant d'être notre juge indulgent.

Maintenant, quand je passe parfois devant la maison où fut l'illustre cabaret, ce n'est pas un *Chat Noir* brillant et bruyant que je me rappelle, mais un *Chat Noir* tranquille, familial, oui, familial, et ce n'est pas un paradoxe, où j'ai connu des heures charmantes, douces et chaudes.

Oui, par de sombres jours d'hiver, quand ma chambre était triste et la rue noire de froid et de boue, je suis venu plus d'une fois me réfugier là, avant la nuit, dans le crépuscule si affligeant à Paris. Dans la grande salle, déserte à cette heure, sur la plus haute feuille d'un grand palmier, un chat noir dormait, un vrai chat noir, divinité mystérieuse et respectée de ce lieu ; un bon feu de coke grésillait dans la cheminée monumentale, et la magnifique verrière d'Adolphe Willette qui représentait le culte du Veau d'Or, prenait une gravité religieuse.

Et, quand on parle de l'esprit du *Chat Noir*, on entend ordinairement la blague et la fumisterie. Eh bien ! ce n'est pas cela du tout, ou plutôt, c'est un peu cela, mais c'est aussi beaucoup d'autres choses.

La vérité, c'est que chacun y apportait son esprit et que la résultante de tous ces apports, le fleuve que grossissaient tous ces affluents ce ne fut pas seulement l'esprit parisien à Montmartre, mais l'esprit français à Paris, entre 1880 et 1900. Cet esprit, dit du *Chat Noir*, il venait de tous les coins de la France ; il venait de toutes nos provinces et de toutes les écoles et de tous les milieux : du Périgord avec Emile Goudeau ; de la Normandie et de l'Ecole de Pharmacie, avec Alphonse Allais ; de la Provence et de l'Ecole des Mines avec Alfred Capus ; il venait même de la Hellade et se naturalisait avec Jean Moréas ; il venait encore du Palais avec Félix Décori ; du pavé de Paris avec Jules Jouy et des chemins de fer du Sud avec Maurice Vaucaire ; Edmond Haraucourt était rédacteur au ministère du Commerce ; Albert Samain était employé à la Préfecture de la Seine.

Si l'on feuillette la collection du *Chat Noir* qui s'étend sur vingt années, on constate combien il fut éclectique, ce *Chat Noir*, tour à tour et à la fois blagueur, ironique, tendre, naturaliste, idéaliste, cynique, lyrique, fumiste, religieux, mystique, chrétien, païen, anarchiste, chauvin, républicain, réactionnaire, tous les genres, sauf j'espère le genre ennuyeux.

Ses marraines, à ce *Chat Noir*, ce furent l'Indépendance, et la Fantaisie, la fantaisie qui est à l'esprit qui court les rues, ce qu'est à l'automobile l'aéroplane qui court le ciel.

Enfin, il n'est pas très aisé de définir ce que fut l'esprit du *Chat Noir*, il est plus simple de dire ce qu'il ne fut pas ; il ne fut pas prétentieux, ni servile, ni sectaire, et c'est bien l'esprit que je souhaite à tous les hommes, à travers la vie et dans toutes les situations.

On oublie quelquefois à propos du *Chat Noir* le nom d'Henri Rivière. Il a porté l'art et le métier des ombres dramatiques et du décor à un degré qui n'a pas été dépassé depuis. Il a inventé des procédés qui n'ont pas été retrouvés. Henri Rivière se révéla un artiste presque universel, peintre d'abord, mais aussi physicien, chimiste et le plus ingénieux machiniste. Il avait trouvé la perspective, la coloration à distance. Dans un mètre carré de toile lumineuse, il faisait tenir les plus grands paysages avec des aurores sur des montagnes roses, des couchers de soleil dans des ciels de topaze et de cuivre, de bleus clairs de lune sur une mer doucement agitée ; il y faisait tenir la nature tout entière.

Dans ce mètre carré de toile, je le répète, Henri Rivière a renouvelé l'art du décor et proposé des formules nouvelles ; avec du zinc découpé, des verres colorés, des gazes superposées pour les reflets de l'eau, du sable pour la pluie et de la mousseline à pois pour la neige. Il a obtenu des effets qui n'ont jamais été réalisés sur les théâtres véritables.

... J'ai connu aussi quelques grisettes montmartroises mais, je n'oserai pas me souvenir d'avoir rencontré la « Grisette Montmartroise », qui est une personne nombreuse et diverse.

La Butte-Montmartre est un des derniers coins pittoresques de Paris et pour lesquels, en ce qui concerne les habitants de certains quartiers populaires, Paris peut être encore une « patrie ». « Mon vieux Paris », disait Edouard Drumont, et moi je m'écrierai : « Mon Paris Neuf ! »

La démolition de la Butte, la disparition de petites maisons et des petits jardins, achèveront de faire de Paris, une ville rectangulaire et odieuse. »

M. Henri Duvernois

M. Henri Duvernois est un délicieux humoriste avec le *Chien qui parle* et *Fifinoiseau*; un psychologue sentimental avec *Popotte* et *Crapotte* ; un romancier ému, profondément original, avec la *Maison des Confidences* et le *Faubourg Montmartre*.

M. Henri Duvernois s'avère un autre Guy de Maupassant ; un poète en prose. L'auteur de *Il était un petit home* et de *Après l'amour*, entre autres succès, connaît au théâtre nombre de centièmes.

« J'aime Montmartre — je ne dis pas j'ai aimé — car, je le considère comme existant encore et toujours, bien qu'il disparaisse quotidiennement. Il rappelle un autre âge. On y fraternise entre voisins et l'on y voit d'adorables courtisanes, héroïquement pauvres.

« Le vieux Montmartre c'est la Butte Montmartre, la mystique place du Tertre, la rue Saint-Vincent et la rue des Saules ; mais, le vieux Montmartre, ce n'est pas celui de 3 heures du matin, avec ses rastaquouères vautrés, ses invertis des deux sexes, ses snobs et sa riche clientèle ; ce n'est pas non plus le spectacle douloureux des hétaïres, malheureuses qui, trop laides pour être invitées à souper, ignorant leurs pauvres frimousses, se contentent de regarder souper les autres ; non, le vieux Montmartre, ce n'est pas la place Clichy, avec ses cabarets montmartrois.

« Il apparaît encore exquis ce vieux coin de Paris, le matin et surtout l'après-midi.

« Le soir, il perd son cachet artistique, à cause de sa population spéciale: en effet, il y a de nos jours si peu d'artistes qui ont conservé son culte!

« Qu'il est attendrissant 'cet intime village de Montmartre!

« Visiter Montmartre la nuit, c'est vouloir le connaître
à l'envers, c'est le voir avec un masque, n'y rencontrer
que des noceurs ou des visiteurs de choix. Je vous dis cela,
parce que certaines personnes prétendent le connaître,
alors qu'elles ne l'ont pas vu le matin, heure à laquelle il
semble comme assoupi dans les ténèbres du souvenir.
Oui, j'aime Montmartre, il évoque un autre âge, tout en
étant « moderne ». Le vrai Montmartre, c'est la Butte.

« La Grisette ? Je crois que l'on peut tout juste distinguer la grisette montmartroise, à mon avis le gentil modèle au cœur tendre, à l'âme sensible et désintéressée de
la fidèle habituée du promenoir des music-halls de Montmartre.

« Je trouve très triste la disparition de la colline sacrée.
En effet, c'est avec elle la fin d'une belle époque artis-
tisque et littéraire. C'est encore la fin de chers souvenirs et de l'esprit chatnoiresque... Il a produit tant de
talents généreux et de chefs-d'œuvre ! Et c'est là la récompense qu'on lui réserve pour son glorieux passé ! A
part quelques « égarés », ayant encore le culte de leur
pays natal ; à part quelques curieux fourvoyés le jour en
ces parages, et à part quelques noceurs sablant joyeusement le champagne dans quelque cabaret de nuit, quels
gens y voit-on aujourd'hui là-haut? Eh bien, on rencontre sur la Butte, des démolisseurs !

« Oui, le vieux Montmartre se meurt (1). Quelques
fidèles seulement l'assistent dans ses derniers moments.
Et, c'est déjà superbe ! Mais, qu'importe ! je le répète bien
sincèrement, la disparition de la Butte-Sacrée, m'at-
triste profondément ! »

1. Avec l'ancienne demeure de Berlioz, menacée de mort, va disparaître un pâté de vieilles bicoques, rue du Mont-Cenis. C'est ainsi
l'agonie de la fameuse maison dite de Mimi-Pinson, longtemps l'asile
de jeunes locataires montmartroises insouciantes et délicieusement
évoquées par Mürger.

La Rue de l'Abreuvoir

CHAPITRE V

INTERVIEWS DE MM. JACQUES FERNY et J.-L. FORAIN
de l'Institut

M. Jacques Ferny

Jacques Ferny — de son véritable nom Georges Chervelle — commence ses études au séminaire d'Yvetot, les termine au lycée de Rouen où il obtient le Prix d'Honneur, fait son service et entre chez un avoué où il compose plus de chansons que d'actes. En novembre 1891 notre ex-clerc fait son entrée au *Chat Noir*, alignant des couplets qu'il adaptait à sa voix. Il écrit lui-même sa musique au rythme cocasse, et manie l'ironie la plus implacable avec une incroyable dextérité. Sa chanson, apparemment sur un air lugubre, soulève la gaîté la plus incoercible! Avec son masque flegmatique sans quitter son masque calme de pince-sans-rire, Ferny fouette vigoureusement les Puissants et les Idoles du Jour. On lui doit aussi des opéra-bouffes, des pièces d'ombres, des fantaisies basochiennes, des revues de cabaret et naturellement des chansons. C'est le dernier en date du fameux trio des chansonniers Mac-Nab, Jules Jouy et... Jacques Ferny, trio qui affirma la fortune du *Chat-Noir*.

Enfin, la *Visite présidentielle*, le *Missel explosible*, la *Profession de foi d'un Député sortant* et le *Sous-Préfet*, demeurent des chefs-d'œuvre classiques de satire politique.

* * *

« Le soir de la première d'*Ailleurs* je me présente, tout seul, à Salis. Celui-ci, pris de boisson, ne jouissait pas de son habituelle clairvoyance. Il m'assure hautainement de la parfaite inanité de ma tentative. Et je me retire, me promettant de ne plus rencontrer le... « gentilhomme »-cabaretier.

« Mais, pendant une absence de Salis, l'artiste-imitateur Florent me présente à Horace Valbel, le spirituel speaker-intérimaire des soirées chatnoiresques.

« Malgré moi, je suis poussé jusqu'au piano de Charles de Sivry et dois m'exécuter, d'assez mauvaise humeur. Léon de Bercy a, d'ailleurs, raconté mes débuts au *Chat Noir* dans *La Bonne Chanson* que dirigeait Thédore Botrel.

Je chante *l'Ecrasé, le Missel explosible* et *la Visite présidentielle*. Je ne suis plus ni morose, ni bourru car, j'ose le dire... ça va, ça va même très bien ! Valbel, emballé, m'engage aussitôt. A son retour, Salis félicitera Valbel, prônera partout « son » nouveau pensionnaire et, oubliant sa « gaffe », m'appellera la *révélation de l'année*. Ma reconnaissance néanmoins va aussitôt à Francisque Sarcey, Lucien Muhlfeld, Jules Lemaître, Jules Claretie, Henry Fouquier, et à d'autres, qui louèrent, en mon tour de chant, la cocasserie des rimes et des rejets et l'ironie bon enfant. »

Jacques Ferny, qui aime beaucoup Maurice Donnay, nous parle avec passion de *Ailleurs*, sa fameuse revue poétique en ombres du *Chat Noir*. Notre interlocuteur se souvient des paroles, un peu brèves, du publiciste David Pelet, bruiste de coulisse, au sujet de cette création retentissante.

— « Mon vieux Ferny, si quelqu'un vient te dire que cette pièce là n'est pas la plus belle chose qu'on puisse voir à Paris, tu peux lui f... ton pied dans le c... »

Sous l'influence de Donnay, poète amusant, mais

poète, — poursuit Jacques Ferny — les facéties, les
cortèges, les manifestations tapageuses étaient un peu
passées au second plan. Le théâtre devenait plus « théâtre » et les pièces d'ombres moins bouffonnes. Le succès d'*Ailleurs*, répétons-le, fut prodigieux. Henri Rivière,
pour les tableaux aux fonds colorés, et Ch. de Sivry,
pour la partie musicale, y contribuèrent un peu,
aussi.

Donnay disait alors avec un art charmant qui n'avait
rien de celui des acteurs.

L'assistance était très brillante mais point mondaine.

On distinguait au premier rang : Réjane, qu'accompa-
gnait Porel, très enthousiaste ; Sarcey, pour qui on avait
retenu deux places, une seule étant trop étroite ; Jules
Lemaître, Henri Bauer, H. Fouquier, H. de la Pomme-
raye, J. Claretie, Waldeck-Rousseau, Charles Floquet,
Zola, Huysmans, Paul Bourget, Raoul Toché, Bonnat,
qu'on raillait ; Gérôme qu'on encensait ; Maurice Barrès,
alors tout jeune ; Armand Silvestre, Catulle Mendès,
Vincent d'Indy, Coquelin cadet. Donnay sortait de
l'Ecole Centrale, avant ce triomphe — qui le lança.
Au *Chat Noir* il faisait applaudir des à-peu-près et de
purs vers.

Toujours gai, sans prétention, Donnay y était sincèrement aimé. Ses fables express : *A ta gorge*, l'*Orientale*,
14 juillet, *Ballade du Printemps* datent de cette belle
époque.

Mais, laissons la parole à Jacques Ferny :

« J'ai même entendu, à cette grande première, Eiffel
— celui de la Tour — le féliciter en ces termes : « Eh
bien, vous en avez une mémoire ! »

Avec quelle savoureuse ironie Donnay lui répondit :
« très flatté, monsieur, je ne me serais même jamais
attendu à un aussi joli compliment. »

Certain jour, nous connûmes une petite émotion.

Catulle Mendès avait envoyé ses témoins à l'auteur de *Phryné* pour une allusion faite à sa vie privée dans les « Dialogues de Lucienne », de *La Vie Parisienne*. Les quelques lignes visées n'étaient pas méchantes, mais Lucienne y révélait déjà l'âge de l'intéressé : 52 ans. L'excellent poète qui se donnait du mal pour en dissimuler une vingtaine, n'était pas content du résultat. Cela se conçoit car en 1892, on estimait qu'à 52 ans on n'était plus jeune, du moins à la Ville. Fort heureusement on a reconnu depuis que c'était une erreur.

Le matin du jour fixé pour la rencontre. Donnay passa au cabaret avec ses témoins avant de partir pour les « environs de Paris » Salis, lui, était très ému, et Mme Salis offrit au combattant je ne sais quelle liqueur « qui portât chance ».

Effectivement, Donnay revint le soir piqué sans gravité à la hanche et il dit *Ailleurs* aussi spirituellement que d'habitude. Mais, Salis avait passé par toutes les transes, et il prit, dès lors, la précaution de demander à Grand, le regretté comédien de la Comédie-Française, d'apprendre la pièce pour remplacer au besoin l'auteur...

Grand dit *Ailleurs* une centaine de fois, ce qui permit à Donnay de quitter Paris pour travailler plus tranquillement à *Lysistrata*, composée à Yport.

Depuis, nous ne le revîmes que rarement au *Chat Noir* qui, lui-même, disparut deux ans après.

Laissez-moi vous parler, maintenant, de mon vieil ami et camarade du *Chat Noir*, Pierre Trimouillat qui a beaucoup d'esprit et autant de bonté que Xavier Privas, notre très cher Prince de la Chanson.

Seulement, vous ne savez rien du vrai Trimouillat, du Trimouillat rigolo et calembouresque ! Ah ! si vous connaissiez tous les horribles à peu près que Trimouillat a commis !

N'est-il pas l'auteur de celui-ci sur mon nom (Ferny)

dont j'ai le plus souffert depuis mon enfance : « Tout Ferny par des chansons ! »

Il a même fait pis ! Un jour, qu'au *Chat Noir*, le célèbre comédien Cooper, des Variétés, se présentait à la porte de l'établissement, pendant mon tour de chansons, Trimouillat l'aborde en s'écriant : « Non, non, monsieur, n'entrez pas ! *Pour vous*, c'est dangereux ! — Pourquoi, pour moi ? » interroge Cooper d'une voix innocente... Alors, Trimouillat, s'approchant sur la pointe des pieds, d'un air mystérieux, lui confia tout bas : « Ferny mord Cooper ! »

J'ai gardé aussi le souvenir d'une réponse particulièrement « bien envoyée ». C'était à un Gala de la Chanson, dans une salle de musique. Trimouillat et Eugène Lemercier avaient été oubliés au programme, bien qu'on eût, cependant, sollicité leur concours. Par surcroît, l'énumération des chansonniers et des interprètes se terminait par la mention peu courtoise : « et cœtera. »

A la fin de la première partie, Trimouillat et Lemercier s'avancent vers la scène en se tenant par le bras. « Qui êtes-vous, messieurs ? » demande l'organisateur chargé des annonces. Et, Trimouillat de répondre : « Nous sommes les Frères Etcœtera. »

Jacques Ferny resta trois ans au *Chat Noir* puis, il partit en tournée, avec Salis, en février 1892 et c'est à Rouen que la Compagnie du *Chat Noir* débuta, comme intermède artistique, dans une fête de bienfaisance. Le Préfet Hendlé et les autorités rouennaises au grand complet la reçut. Ici se place une histoire de mouton fort burlesque. Eugène Brieux, alors rédacteur en chef du *Nouvelliste de Rouen*, déjà l'auteur de *Blanchette*, et point encore académicien, raconta le premier cette blague chatnoiresque. Dans la matinée, à peine arrivés à Rouen, Salis et ses chansonniers flânaient au hasard quand, le romancier Pierre Delcourt, le chansonnier Isabey et

Georges Auriol aperçoivent un superbe mouton blanc retenu par une corde à la devanture d'un boucher. Pris de pitié, nos gaillards coupent l'attache. Et notre pauvre mouton, sauvé de la jugulation qui l'attendait, part avec ses sauveurs. Mais, le boucher a tout vu. Il crie « au voleur » ! Mouton et joyeux délinquants sont rejoints par la foule. A leur tour nos fumistes crient : « à nous, Salis ! » Ce dernier intervient. Il menace le commissaire et ses agents de la Foudre Céleste et des rigueurs de la République ! Puis, emporté par la colère, Salis ordonne à l'un des voleurs de mouton de se rendre à la seconde chez le Préfet et de le prévenir *illico* que si ses chansonniers ne sont pas remis en liberté dans une demi-heure son illustre Compagnie ne jouera pas le soir même.

On attend, puis bientôt écartant les policiers frappés de stupeur, Salis leur dit : « Gardes, laissez passer le Parlementaire. »

C'était, le chef de cabinet du Préfet qui accourait apportant l'ordre de relâcher immédiatement quiconque se réclamerait du *Chat Noir* dans les postes de police de Rouen.

Chose amusante, ces trois « artistes » ne faisaient aucunement partie du spectacle. Leur absence n'eut donc point compromis la représentation. Salis les avait seulement emmenés pour faire nombre et pour impressionner la Normandie par un cortège de « gloires » littéraires. Isabey, architecte aussi, était le petit-fils du célèbre peintre d'histoire et l'arrière petit-fils du plus célèbre encore miniaturiste des « Incroyables ».

La représentation fut particulièrement brillante. Salis à la fin du spectacle, accostant insolemment les agents leur disait : « Je serais en droit, cette nuit, de vous rosser comme des manants. Sachez-moi gré de m'en abstenir. »

Salis, sur l'estrade; sortant de son gilet une immense ,

une interminable broche constellée de médailles, qu'il n'avait pas le droit de porter, s'excusait auprès du Préfet de mettre si tardivement sa brochette de décorations. Parfois, il arborait à sa boutonnière le ruban de la Légion d'Honneur apprenant à son auditoire que le Gouvernement, rendant enfin hommage à ses vertus, le lui avait décerné et que c'était bien le moins.

Pour s'offrir la tête du public d'élite, qui assistait à cette représentation de gala, Salis avait chargé Pierre Delcourt de conférencier sur ce sujet : « Le Vice à Paris ». Celui-ci, parla si longtemps que ses auditeurs s'impatientèrent. Respectueusement, le Préfet s'approche alors de Salis lui faisant part de ses craintes. Salis, sortant une énorme couronne mortuaire qu'il tenait en réserve, la porte lui-même à Pierre Delcourt, lequel de mèche avec Salis la repousse du bras en ces termes : « Non ! Le Vice n'est pas encore mort et enterré à Paris. Bien au contraire ! » Et il continua sa causerie.

Jacques Ferny, évoque le souvenir ineffaçable des tournées du *Chat Noir* dont Dusart, du théâtre Sarah-Bernhardt, était l'administrateur.

Cette première tournée remporta un accueil enthousiaste. La suivante, qui partit de Paris, le 1ᵉʳ août 1892, visita Lyon, Marseille, Toulouse, Avignon et le Midi. Salis, emmenait avec lui ses machinistes et bruisseurs.

Quand les aèdes du *Chat Noir* s'en allaient en campagne, ils composaient, par avance, des couplets s'adaptant aux endroits qu'ils visitaient, apportant ainsi aux indigènes de la Région une preuve éclatante de leur « inégalable » talent d'improvisateurs. A Vichy, Salis remercia, en ces termes, son public :

Mesdames et Messieurs, nous vous disons merci,
Chacun de nous pourra dire en partant d'ici,
Comme Jules César : Veni, vidi, Vichy.

Au Mont-Dore, Ferny prit ainsi congé des spectateurs :

Mesdames et Messieurs, en vous criant merci ;
Nous sommes tous heureux de constater qu'ici
Autant, au moins autant — plus même que partout —
Le Mont-Dore est toujours debout.

Et à Dax, ce fut celui-ci :

Mesdames et Messieurs, le Chat Noir se retire,
Heureux d'avoir charmé le bon public de Dax,
Et d'avoir vu, dans les convulsions du rire,
S'agiter vos joyeux thorax.

Jacques Ferny imagina ce distique pour annoncer l'entr'acte :

Mesdames et Messieurs, comme je suis à Dax,
Je viens vous demander dix minutes d'entr'ax.

Ces bons chansonniers satiristes tuaient le ridicule, quand ils le rencontraient, et brodaient d'originales plaisanteries sur l'Actualité.

A Lyon, dans le vaste sous-sol de la salle indienne, Salis bonimenta avec succès. Spontanément, il avait l'art de retourner le public, de l'abasourdir, malgré que son génie de l'improvisation et son manque de mémoire l'empêchassent de « replacer ses effets » aussi heureusement.

Sa grandiloquence, exagérément pompeuse et volontairement macaronique, épatait les provinciaux. Un soir, pendant une représentation, un officier laisse tomber son sabre. Salis lui jette : « Ça, mon bel officier, c'est pour nous rendre l'Alsace-Lorraine. » Notre satiriste-ironiste, sentant un froid glacial, rectifie aussitôt, à la satisfac-

tion générale : — Nous raillons tout ici, cher Public, sauf
la Patrie et le Drapeau ! C'était le succès.

A Marseille, M. Emile Fabre, alors journaliste, — et qui
deviendra administrateur général de la Maison de Molière, — et le *reporter* Bertin, le Sarcey de la Ville, nous
accueillirent fraternellement Jules Jouy, Delmet, Goudeski, Ch. de Sivry et moi. Public chic et enthousiaste.
Au *casino Doux*, nous demeurâmes six jours. Salis, sans
en rien dire à personne, rédigeait la nuit d'alléchantes
affiches..Il invita, un soir, les poètes provençaux les
plus notoires à ses goguettes. Mais, la municipalité nous
fit savoir que ces gens, — que personne ne comprenait
puisqu'ils s'exprimaient dans leur langue native, —
étaient des fumistes ! Quand il y avait trop de chahut
dans la salle, Salis avisant d'immenses poids en carton
de 200 et 300 kilogs laissés par des clowns sur la scène,
en prenait un et, s'adressant à l'assistance, lui disait : —
Moi, je suis capable de vous dresser ! » Et personne ne
pipait.

Si Salis brandissait ces poids pour donner une idée de
sa force au milieu du boucan, dans une autre ville où il
y avait eu des histoires de pots-de-vin, il faisait tous ses
boniments avec un arrosoir à la main et les terminait en
expliquant : « Cet arrosoir ? c'est pour éviter de vous
en dire davantage. Vous m'avez compris ? » Et, toujours,
aucun assistant ne bronchait.

Salis se renseignait auprès du premier pompier de
service venu ou d'un garçon boucher quelconque, de la
ville où il passait, pour savoir quelles étaient les personnalités en vue les moins sympathiques et les plus
critiquées. Ainsi obtenait-il de joyeux effets dans ses
improvisations abracadabrantes. Et il blaguait les nota-
bilités de la Ville en fin connaisseur et à la surprise générale.

A Châteauroux, vers 1893, notre illustre imprésario,
trouva en un brave commerçant de la ville un admi--

rateur qui, pour nous suivre dans nos tournées, aban-
donna un négoce pourtant prospère. Longtemps il tint
la grosse caisse et fit les bruits de *L'Epopée* avec conviction. Vingt ans après, je l'ai rencontré dans un cabaret,
à Montmartre. Il me présenta sa femme : Mme Alice Beauvais, de l'Opéra. Curieux, n'est-ce pas ?

J'entends encore Jules Jouy traitant Salis de « ca-
naille » et d' « assassin » ! Son « patron » lui répondait
de plus belle. Un soir, j'arrive, les priant de se taire car
leurs éclats de voix jetaient l'effroi parmi les spectateurs
intrigués. C'était le tour de Jules Jouy à paraître sur le
tréteau. Alors, Salis l'annonça comme le plus grand
poète-chansonnier du monde et comme son meilleur
ami. Salis était un mystificateur pour lui-même. Il se
montait le cou à lui Salis. Jouy, dont j'avais changé les
chaussures de place à l'hôtel, et que la plaisanterie
exaspérait volontiers, me prenant à la gorge, vociféra
un matin... : « Que dirais-tu si j'envoyais à ta mère un
télégramme lui annonçant ta mort ! »

Oui, Salis avait l'âme d'un mystificateur à froid. Ainsi,
à Nîmes, Paul Mariéton, président des Félibres, bégayait... lorsque Salis reçoit une demande d'interview
formulée par une femme-journaliste, sollicitant de lui
quelques précisions sur le *Chat Noir*. Salis, affectant une
tenue exagérément réservée, tout en lui bégayant que
le *Chat Noir* maison-mère, avait pour succursale, place
du Théâtre-Français, la maison de Molière, ponctuait
chacune de ses phrases d'un rot intempestif... Imperturbable, notre journaliste écoutait, noircissant feuillets
sur feuillets... Salis, expliquait... « je rote Madame, ça
me délasse ». Intérieurement, il s'amusait du trouble
dont il emplissait sa « consœur ». A Arles, le *Chat Noir*
fut réclamé par une foule en délire sur l'air des lam-
pions...

En 1895, une scission se produit. Nous fondons l'*Association des chansonniers du Chat Noir en tournée*. Salis

nous mettait, dès la belle saison, et sans raison motivée, en congé. Il déliait d'ailleurs difficilement les cordons de sa bourse pour ses chansonniers. Furieux, Salis nous intente un procès pour avoir utilisé sur des affiches de tournée, le titre *du Chat Noir*.

Notre avocat à nous, Mᵉ Cléry, qui fut justement célèbre par son esprit, faisait au tribunal un tableau pathétique et naturellement poussé au noir de la « mouise » verdâtre dans laquelle Salis (que nos chansons, assurait-il, avaient enrichi), nous laissait barboter.

A l'entendre, tous les chansonniers du *Chat Noir* passaient leurs journées à mourir de faim. Tout à coup, son œil narquois tombe sur le poète-chansonnier Pierre Trimouillat debout au premier rang de l'auditoire...

— Trimouillat (est d'une maigreur squelettique), dit notre défenseur, est gros, gras et joufflu comparativement à ce qu'il était alors... »

Effectivement, menu, menu, menu, presque fantomatique, serré dans une petite redingote timide qui semblait honteuse d'avoir si peu de chose à vêtir, il donnait vraiment l'impression d'avoir vécu depuis plusieurs années avec un quart de brie et deux sous de bigorneaux. Mᵉ Cléry avoua plus tard qu'il fut lui-même stupéfait du spécimen de démonstration que la Providence avait placé si opportunément à portée de sa main. Mais il n'eut pas d'hésitation, il saisit Trimouillat d'un bras vigoureux, le lança, littéralement au milieu du prétoire, puis le désignant du geste large inventé à Athènes par Hipéride, dans un procès encore plus fameux: « Tenez, messieurs, rugit-il, en voilà un ! Voyez comment ils sont nourris ! »

Un éclat de rire général accueillit cette preuve décisive, et les juges, ayant ri, furent désarmés. Salis n'obtint pas un centime.

En 1895, je fonde, entre temps, *Le Chien Noir* au Nouveau Cirque, de la rue Saint-Honoré. Hyspa, Meusy, Delmet, Jouy, le pianiste Marcel Lefebvre se joignent à moi.

Je fais ensuite partie de la troupe de *la Roulotte*, dirigée par le compositeur Georges Charton.

Je passe au *Tréteau de Tabarin*, aux *Noctambules*, aux *quat'Z'Arts*, au *Triboulet*, et « tourne » copieusement, en Province et en Algérie, favorisé par le succès et par la chance. C'est vraiment la notoriété et je le dis. Pourtant, j'ai horreur des flagorneurs. Tenez ! m'appeler « cher maître » me met en fureur parce que c'est synonyme de « vieux... pompon » poussiéreux et défraîchi, intellectuellement ! »

C'est à Jacques Ferny, sur la demande de Léon de Bercy, que nous devons à Montmartre la place Emile-Goudeau en commémoration du poète de *Dix ans de Bohème*, fondateur des *Hydropathes* et du *Chat Noir*. L'article nécrologique à lui consacré, rédigé par Jacques Ferny et paru dans le *Journal des Quat'Z'Arts*, fut transmis par Pierre Norange au conseiller municipal Dherbécourt, auprès duquel il « secrétérisait ». Cet éloge posthume connut les honneurs d'une lecture à la tribune du Conseil Municipal de Paris (1) et d'une insertion au *Bulletin Municipal officiel* du mardi 7 avril 1908.

M. J.-L. Forain
de l'Institut

Sceptique et amer, J.-L. Forain peintre, dessinateur-humoriste, en deux traits campe et fouaille les fantoches de la vie. C'est ainsi que le Juvénal français du crayon illustre *Le Monde Parisien*, *La Revue Illustrée*, *Le Journal Amusant*, *Le Courrier Français* et *La Vie Parisienne*. Plus tard, au *Figaro*, au *Journal* et à *L'Echo de Paris*, entre autres, il apportera sa verve vengeresse et ses nobles fureurs patriotiques.

1. Sur la proposition de MM. P. Godin et J. Varenne, le Conseil municipal a approuvé le principe d'un prêt à la société « Montmartre aux artistes », en vue de l'édification d'habitations à bon marché sur le terrain de la rue Ordener.

Ses charges qui résument autant de mondes, réunies en nombreux recueils, (*La Comédie Parisienne*, 1892; *Les Temps difficiles*, 1893; *Nous, Vous, Eux*, 1893; *Doux Pays*, 1897) dénotent une profonde observation et un extraordinaire sens critique au service de l'Actualité parisienne.

Ses légendes, pleines de bon sens et osées, ses virulentes allusions politiques établirent sa réputation.

Directeur en 1898 de feuilles satiriques, qui vécurent ce que vivent les roses, — « Le Filtre » et « le Psst! », avec Caran D'Ache, — Forain après avoir cloué au pilori la Société, au jour le jour, se repose en brossant des toiles qui honorent l'art français.

Président de la *Société des Dessinateurs Humoristes* dès 1920 et de la République de Montmartre, J.-L. Forain fait partie, depuis 1923, de l'Académie des Beaux-Arts.

En janvier 1925, on le porta à la présidence de la Société nationale des Beaux-Arts.

* * *

« De 1875 à 1876, j'ai habité Montmartre, au coin de la rue de Tourlaque et de la rue Lepic. Les fenêtres de mon atelier donnaient sur la campagne... Aujourd'hui, des maisons sont montées. Sans faire partie du *Chat Noir*, en visiteur, je me suis rendu au célèbre cabaret de Salis où, pour trois francs, j'ai passé parfois des heures agréables... J'ai toujours beaucoup aimé Montmartre et la Butte... Ainsi je regrette, à l'instant où je vous parle, que mon habitation de la rue Spontini ne voisine pas avec le dernier Moulin de Debray... Malgré cependant que le *Tout Montmartre* actuel ne soit pas « Montmartre »! Celui des boîtes et restaurants de nuit ne symbolise pas le « Nombril du monde ». On y fait la noce, c'est tout... et ce n'est rien.

A mon époque, notre « Montmartre » bourgeois de

peintres et de rentiers correspondait au quartier de l'Observatoire. On y travaillait en silence, en bohème, sans cabotinage, au gré de la Chimère et de la Fantaisie.

En 1884, au *Courrier Français*, j'ai connu toutes ses illustrations vivantes. Mes souvenirs sur la Grisette ? Je n'ai guère connu que de « vieux » modèles de l'épopée héroïque, du milieu de l'Empire.

Une anecdote ? Goûtez plutôt un alexandrin. Poupart d'Awyl baptisait l'hôtel, dont j'ai oublié le nom, situé tout au bas de la rue Lepic, « Château de la Médisance ». Bénassit renchérit : « Les arbres du Jardin se débinent entre eux. » C'est surtout à *la Nouvelle Athènes*, qu'au sortir de l'atelier, Manet, Stevens, Desboutins et moi nous nous retrouvions. Notez que j'ai assisté à la construction de la Basilique du Sacré-Cœur... que j'ai vu trembler la Colline Sacrée sous les explosions... Montmartre alors n'avait pas l'air de songer qu'il dansait sur un volcan ! Il se laissait aller à la joie, sans limite, à la vie facile... Aujourd'hui cela n'empêche pas la noble République de Montmartre, (1) — dont je préside le groupement fantaisiste, — de s'amuser en amusant les autres, et d'ailleurs dans un but purement philanthropique puisque ses déplacements en province enrichissent d'autant sa caisse de secours, soulageant à la fois artistes malheureux et petits déshérités.

Montmartre « descend », tous les jours... tous les soirs plutôt. On le retrouve dans les cabarets d'art du boulevard Rochechouart et des environs.

Ce que je pense de l'Art montmartrois ? — Willette et Steinlen, le personnifient essentiellement. Quand j'évoque ces deux grands artistes, je vois aussitôt apparaître mon très cher ami Caran d'Ache. Quelle trinité ! »

1. Par ailleurs, chez Mme Robert, place des Abbesses, l'*Aquadémie* — réunion d'artistes, écrivains, poètes et musiciens montmartrois — « tirait », en janvier 1925, un Roi des Lettres : J. H. Rosny aîné. Le « Patron » se trouve dans une maison voisine portant cette enseigne : *Robert, chauffage, ventilation, fumisterie.*

CHAPITRE VI

INTERVIEWS DE MM. FURSY,
EDMOND HARAUCOURT, FERNAND HAUSER
et de Mme JEANNE CLOVIS-HUGUES

M. Fursy (Henri Dreyfus, dit)

Tout le monde connaît l'œil bridé de malice et clignotant de philosophie narquoise de Fursy, le Saint-Simon de l'Actualité montmartroise. Il fustige ceux qui gouvernent et ceux qui sont quelque chose... ou rien du tout, avec une ironie amère et verveuse, redoutable. Les « têtes de Turc » ne s'en portent heureusement pas moins très bien, et ses chansons rosses établirent rapidement sa réputation. Notons qu'avant de faire ses premières armes de chansonnier à la Salle des Capucines et à La Bodinière, le père-fouettard de la Chanson rosse, un Parisien de Paris, que l'on vouait au commerce, entra dans la Presse durant la période boulangiste. Il débuta, comme rédacteur parlementaire, à *La Liberté*, collaborant ensuite à *La France*, au *National*, à *l'Eclair* et à *La Lanterne*. Ex-chroniqueur du *Rappel* et ancien chef des échos à *La Bataille*, Fursy mit en quelque sorte le Journalisme, issu de l'Actualité, en chansons. Gavroche montmartrois il créa la Chanson par Jour au lieu de la Chanson par Mois, du second *Chat Noir*, et cela, pour certains professionnels, c'était une innovation, un coup dur même. Mutualiste dans l'âme, l'auteur des *Chansons Rosses*, des *Chansons de la Boîte*, des *Essais Rosses d'Histoire contem-*

poraine et des *Chroniques de l'Œil de Vache*, est le président-fondateur de l'Association Amicale des Chansonniers de Cabarets, depuis 1920.

.•.

« Mes débuts de chansonnier ? — A *La Bodinière*, rue Saint-Lazare. Ce fut Tarride qui me mit le pied à l'étrier. Il me demandait d'y faire une causerie sur la Chanson avec auditions de Mily Meyer et Tarride, en chair et en os. En présence de son succès, d'autres suivirent, plus importantes. A ce moment, en 1888, je compose mes premières chansons, *Les Pianistes*, notamment.

Vers 1892, je travaille sérieusement la Chanson en vue du *Carillon*, de Georges Tiercy, où je m'apprête à effectuer officiellement mes débuts de chansonnier après ceux de conférencier. Cela me permet d'évoquer, à votre intention, une des plus curieuses figures de Montmartre : celle de Tiercy.

C'était en 1892 ou 93, le *Chat Noir* voyait, déjà, pâlir son étoile. Salis, fatigué, ne « donnait » plus autant, ses chansonniers et ses peintres ne vivaient plus, avec lui, en plein accord, des départs s'effectuaient, on en prévoyait d'autres. On sentait qu'une concurrence pouvait se dresser, qui aurait des chances de succès.

Et Georges Tiercy annonça aux foules qu'il ouvrirait *Le Carillon*, dans un petit hôtel situé rue de la Tour-d'Auvergne, au coin de la cité Milton.

Originaire du Nord, Tiercy était un être blond, assez grand, sec comme une trique, avec une tête bizarrement sculptée, mince du bas, large du haut, et de grands yeux bleus fixes, un peu fous. Il était glabre, et se tondait les cheveux de si près qu'il semblait les avoir rasés. Toujours vêtu d'une longue redingote noire, il s'asseyait au piano et, d'une voix aiguë, d'une ampleur extraordinaire,

chantant des chansons dont il était, en même temps, le
parolier et le compositeur; celles-ci eurent tout de suite
une vogue joyeuse et passèrent immédiatement dans les
répertoires des cafés-concerts (on ne connaissait pas
encore, à cette heureuse époque, le music-hall!) bien
vite utilisées, pour leurs timbres agréables, dans les
revues de fin d'année. *Ah ! mes enfants ! Ah ! Bada-
boum! Nicolas et Toinon* faisaient rire aux éclats, surtout
que Tiercy *savait* les chanter. Fort habile imitateur de
types, il campait, par des moyens vocaux très simples,
les personnages de vieille concierge ou de paysan, qu'il
faisait parler dans ses couplets, et semait une joie intense dans l'auditoire.

On courait au *Carillon.* On pouvait, d'ailleurs, se payer
ce luxe : les fauteuils coûtaient, largement, 2 fr. 50, et
n'étaient frappés d'aucune taxe d'Etat ! Les temps ont
un peu changé !...

Et Tiercy, un soir, chanta son *Opéra Maboul,* ou, plus
exactement, ce qui devait en être le premier acte : *La
Mort du Roi,* en ut mineur ! Ce fut un triomphe.

Jouant, à lui seul, tous les personnages, prenant successivement la voix de la reine, celles du jeune officier
et du général en chef, chantant les chœurs, imitant le
violoncelle, le cor et les trompettes, véritable homme-
orchestre, il étonna et conquit son auditoire. Il venait de
réaliser une des plus joyeuses, en même temps qu'une
des plus cruelles critiques de l'opéra, tel qu'on le joue
en province, et, quelquefois, même... à Paris, et, pendant
des années, on ne manqua pas de venir l'entendre.

Surtout que, dans l'intervalle, il avait parachevé son
œuvre et l'avait agrémentée d'un second acte : *Le Mariage de la Reine* en *ut* majeur. Mais, comme on le conçoit,
cela le fatiguait énormément de chanter, en une seule
fois, les deux actes ; il ne le faisait que les soirs où l'enthousiasme du public ne lui laissait pas de répit. Est-il
besoin de dire que cela lui arrivait souvent, trop souvent

même, car, d'une santé peu robuste, il s'épuisa vite, et dut abandonner le théâtre de ses triomphes. -

Il mourut peu de temps après.

Mais son œuvre lui a survécu, et ses chansons sont restées populaires.

Quant à son *Opéra Maboul*, il n'est pas un Parisien d'il y a vingt ans qui ne s'en souvienne.

Oui, on a bien fait, au dernier grand Gala des Chansonniers des Variétés, de fêter Georges Tiercy ! Bref, au *Carillon*, de la rue de la Tour-d'Auvergne, célèbre déjà par sa fameuse goguette, j'ai chanté jusqu'à la fin de 1894.

Le 12 octobre 1895, Georges Charton et Ropiquet me font signe. Je les rejoins au *Tréteau de Tabarin* (à l'emplacement, aujourd'hui, de la *Lune Rousse*). Botrel, Charton et moi, figurons sur l'affiche. Cet établissement fait merveilleusement ses affaires et je deviens l'associé de Ropiquet lequel, en 1899, me « laisse tomber » Et, le 22 décembre 1899, dans l'ancien *Chat Noir*, 12, rue Victor-Massé, j'ouvre *La Boîte à Fursy*. Entre temps, mon amitié pour Paul Gavault m'incite à lui demander ce qu'il pensait de ce titre : *La Boîte à Fursy*. Il le trouva d'une mauvaise inspiration, m'en proposant d'autres.

Vous me connaissez ! Je n'en fis rien et j'eus raison car, six mois plus tard *le Tréteau de Tabarin* étant en faillite, j'ouvrais *La Boîte à Fursy*, en 1902. Dans ce local je resterai onze ans. Puis, j'en vends le bail à Léonie qui fonde le *Théâtre Doré*.

A ce moment, une idée fixe, point dangereuse, me hante : celle de créer un Temple de la Chanson, de refaire sous une forme nouvelle et plus complète ce que réalisa Renard à l'Eldorado. Aussi bien, en 1913, je prends alors la Scala pour la tranformer en Comédie-Française de la Chanson.

Mais, par un concours de circonstances malheureuses je me trouve à court de chansons, d'interprètes et de commanditaires, — ceux-ci ne tenant pas leurs promesses...

Et je me vois obligé, à mon grand regret, de revenir à la revue à grand spectacle.

En retour, mes pensionnaires, conscients de mes efforts, m'offrent une copie du *Credo* de Frémiet. En les remerciant, comme il convient, je leur dis : — « J'ai apporté de l'or, je remporte du bronze, c'est toujours ça! » Après quoi, on me voit — j'allais ajouter « on m'applaudit » — dans mon tour de chant à *La Pie qui chante* et aux *Noctambules*. Puis, la guerre de 1914 éclate.

Au front, dans les hôpitaux, partout, je prête mon concours aux « poilus ». Bonnaud et Baltha, en 1916, prenant le bail du *Théâtre Doré* y transportent leur *Lune Rousse* du boulevard de Clichy. Désormais, le joyeux cabaret de la rue Pigalle ne changera plus de « patrons ».

Et moi ? — Un jour, je m'interroge: « Fursy, si tu descendais sur les Boulevards ? » Fursy, me répondant affirmativement, de 1918 à 1922, je préside aux destinées d'une seconde *Boîte à Fursy*, aujourd'hui disparue. Comme, entre temps, on me fait une offre qui a sa valeur, je remonte, dans mon « quartier », à Montmartre, au *Moulin de la Chanson* 43, boulevard de Clichy. Après avoir été le directeur artistique d'Héros, je succède à mon « patron » et je rencontre en Mauricet le meilleur des associés. J'avais acheté le bail d'Eugène Héros, à la Scala, il me vendit le sien au *Moulin de la Chanson*... C'est de bonne guerre réciproque.

Maintenant, votre curiosité est satisfaite. Vous en savez autant que moi. La suite ?... Demain ? ça, c'est Là-haut!... qu'on la connaîtra... si jamais on la connaît! »

Comme nous demandons à Fursy en quoi consiste sa présidence à l'*Association amicale des Chansonniers de Cabarets*, le fondateur de la bibliothèque rosse nous répond :

— Depuis quatre ans que je l'ai fondée, ses membres et moi, nous nous efforçons de permettre aux jeunes chansonniers, de talent et d'avenir, de ne pas connaître les

heures de misère vécues par nombre de leurs aînés.
Assurer les vieux jours de nos camarades : voilà notre
pensée commune. Comment cette idée m'est-elle venue ?
Voici. Un matin, le directeur de Lariboisière me demande
au téléphone :

— J'ai, en mon hôpital — m'apprend-il — le corps
d'Enthoven. Que faut-il en faire ? Cela m'émut profondément. Aussitôt, j'ouvris à Montmartre, une souscription
dans les cabarets. Chacun fit son devoir de bon camarade.
Enthoven fut enterré à Saint-Ouen où nous acquîmes un
terrain à perpétuité.

Comme il fallait un gérant responsable, je dis aux
camarades-chansonniers, eh bien ! fondons *L'Association
amicale des Chansonniers de Cabarets* dont vous savez
déjà, par d'autres que moi-même, son président, l'œuvre
agissante et bienfaisante. »

M. Edmond Haraucourt

Le poète de *La Légende des Sexes, poèmes histériques,*
de *L'Ame nue* et de *Seul,* compte parmi les plus inspirés
de tous les temps. La Muse de M. Edmond Haraucourt,
altière et émue, toujours maîtresse de la forme, trouve
des accents d'une saveur mélancolique et d'une volonté
âpre, caractéristiques.

A la scène, les beaux vers de *La Passion* n'ont pas
été moins fêtés par les lettrés que la prose vibrante de
Amis, des Oberlé et *Jean-Bart.*

Nos Villes martyres françaises (avec M. André Michel)
ajoutent à l'œuvre distingué de l'ancien Président de la
Société des Gens de Lettres, l'érudit Conservateur du
Musée de Cluny et créateur du roman préhistorique dont
Daâh présente un décisif exemple.

* * *

« Si j'ai connu surtout le *Chat Noir,* du moins, j'ai peu
fréquenté les autres cabarets de Montmartre. A ce

moment parut *Le Journal du Chat Noir* dont Goudeau
était le chef de la partie littéraire, et Willette le directeur artistique. Un jour par semaine, nous nous réunissions en ce cabaret pour la composition du numéro
auquel chacun de nous collaborait. A notre bande vinrent
se joindre Lorrain, Rollinat et d'autres chers disparus ;
nous disions aussi des vers et parlions art et littérature.
J'ai rencontré encore au *Chat Noir*, Barbey d'Aurevilly,
Sarcey et Donnay. Mais la représentation des pièces
d'ombres et des revues de Donnay et autres auteurs,
date de plus tard, non du *Chat Noir* du 84 du Boulevard
Rochechouart, mais de celui de la rue Laval, partant du
second *Chat Noir*.

« L'humour montmartrois enfanta alors ses plus remarquables productions. C'est à cette époque qu'il atteignit
tout l'épanouissement de sa gloire sous l'active impulsion de Rodolphe Salis.

« Quant aux grisettes montmartroises ou autres, évidemment tout le monde en a connu ! mais je ne saurais
rien vous en dire. La fin de la Butte est aussi triste
que la fin d'un autre quartier de Paris. Il ne faut pas
oublier que tout ce qui a été, est mortel et doit mourir.
C'est une loi éternelle. Lorsqu'une chose n'a plus sa raison d'être, elle disparaît toute seule.

Et Montmartre, hélas ! c'est cela et nous ne pouvons
qu'accepter sa démolition... Les vieilles masures seront
alors remplacées par des maisons modernes.

En conclusion, vis-à-vis de la Destinée, voyez-vous, nos
efforts sont impuissants... »

M. Fernand Hauser

Derrière le distingué rédacteur parlementaire du
Journal, M. Fernand Hauser ne parvient pas à dissimuler sa lyre. Dès l'âge de 17 ans, il a, dans plusieurs

volumes, traité du problème angoissant de la *Réincarnation* et, la Poésie mystérieuse du *Château des Rêves*, du *Mystère des mois*, offre autant de séduction que *l'Affaire Syveton, et la France sauvée*, éveillent d'intérêt, en prose.

* * *

« Mes souvenirs sur Montmartre ne remontent pas au delà de l'an 1892 : cette année-là, tout nouveau venu à Paris, riche d'espoir mais dépourvu de tout argent, je passais mes journées à réparer, dans les usines de banlieue, pour un salaire dérisoire les piles électriques que polarisait un froid particulièrement terrible ; ce n'était pas gai ! Le soir, j'essayais de pénétrer dans les milieux littéraires de la Butte, et c'est ainsi qu'à l'*Ane Rouge*, que tenait le frère de Rodolphe Salis, je fis la connaissance de Marie Kryzinska, un poète délicieux, qui a laissé des œuvres tout à fait remarquables. Marie Kryzinska m'introduisit chez Rodolphe Salis lui-même ; et, sur sa seule présentation, je fus admis, les soirs de « goguette », que présidait Pierre Trimouillat, à dire des vers ; je connus là des poètes exquis, avant d'y présenter, à mon tour, des écrivains amis, notamment Emmanuel Signoret, qui, pour me remercier de l'avoir conduit au *Chat Noir*, me dédia un poème dont il dut perdre, plus tard, le texte intégral, car dans ses œuvres, il figure mutilé, je veux parler de : *la Statue*.

Bientôt, le *Chat Noir* ferma ses portes et la Butte naquit, où Marcellin Desboutins nous émerveillait par ses mots d'esprit, jetés à la bonne franquette dans la conversation qu'il animait, en racontant ses souvenirs. Parfois, un jeune homme inconnu de tout Paris, sauf de nous, se mettait au piano, et nous chantait une chanson ; ce jeune homme se nommait tout simplement Fragson. Il devait mourir tragiquement.

Un soir que je ne savais comment dîner, — les restaurants de Montmartre ne faisant pas crédit aux écrivains, — Signoret m'entraîna au Quartier Latin, m'assurant que là, les aubergistes étaient plus compatissants aux poètes que sur la Butte. Signoret avait dit vrai : aux alentours de la montagne Sainte-Geneviève je trouvai le vivre à crédit qui me pèrmit de reprendre des forces, et de retrouver du courage ; et pendant des années, je ne retournai plus à Montmartre.

Quand j'y revins, en promeneur, ou en *reporter*, je trouvai le pays bien transformé, alors que, jadis, les poètes y disaient des vers, entre eux, pour leur plaisir, et sans espoir de lucre, maintenant des chansonniers y chantaient, pour de l'argent, devant des spectateurs quelconques...

Le mal s'est aggravé : Montmartre aujourd'hui n'est plus qu'une foire livrée aux bâteleurs et aux danseurs, une foire pour exotiques en mal de sensations inéprouvées ».

Mme Clovis-Hugues

Il importait d'évoquer la figure de Clovis-Hugues au milieu des artistes de Montmartre qu'il affectionnait et dont il prit, inlassablement, la défense dans la presse et à la tribune. Aussi avons-nous demandé à Mme Jeanne Clovis-Hugues, statuaire et femme de lettres de talent, la veuve du poète inspiré et de l'homme politique écouté, — tour à tour séminariste, répétiteur et journaliste à Marseille — de nous rappeler les débuts, au Quartier Latin et à la Butte, de l'auteur de *Jeanne d'Arc*.

* * *

« ... Clovis-Hugues, après ses premières études eu l'étroit séminaire de Sainte-Garde, car il se croyait

une vocation religieuse, vint au Quartier Latin dans
l'idée de se consacrer à la pure littérature. Il fit d'abord
de pénibles débuts dans le journalisme, au *Peuple* notamment, où davantage garçon de bureau que rédacteur, il se « versifia » dans cette autobiographie :

... Je collais quelque peu les bandes; je portais
Des paquets; j'allumais la lampe et je n'étais,
Avec tout mon latin, qu'un Ruy-Blas littéraire.

Plus tard, il disait ses vers dans les cénacles littéraires
sans jamais se rendre au *club des Hydropathes.* Or, le hasard
des rencontres le mit un jour en présence du Directeur
du *Tintamarre*, Léon Bienvenu, où il collabora aussitôt. Puis, il lia connaissance avec Maurice Rollinat,
Raoul Laffagète, Jules Jouy, Pelport, secrétaire de
Victor Hugo.

A cette époque, nous demeurions — poursuit la femme
du po te — au numéro 330 de la rue Saint-Jacques.
L'amnistie de la Commune nous rendit des amitiés rares
dont celles de Rochefort, Alphonse Humbert, Henri Bauld,
Olivier Pain. Un jour, Victor Hugo invita mon mari à
faire de la politique. Nous désertons alors le Pays Latin
pour Passy, car Clovis désirait se rapprocher d'Hugo
qu'il admirait profondément, domicilié avenue d'Eylau
aujourd'hui avenue Victor-Hugo. Puis, nous gagnâmes'
Montmartre où Clovis-Hugues fit la connaissance de
Willette. 87, rue Lepic, chaque dimanche, Jehan Rictus,
le poète japonais Monto-Syosi, Numa Blès, Bonnaud,
le peintre Guillemet, Cladel, les aéronautes Jovis et
Capazza, les graveurs Henri Paillard et Masson, le
critique d'art Roger Milès, Frémines, Charles de Sivry,
étaient des nôtres...

Dès 1881, mon mari alors député de Marseille, peut
seulement mettre à exécution son ardent désir de

défendre la Littérature et les Arts contre Joseph Prudhomme. Opérant ainsi une étroite fusion entre la poésie et la politique, il conférencia et organisa des représentations au profit des artistes déshérités. Entre temps, il prenait la parole en faveur de leurs œuvres et de leurs intérêts, odieusement attaqués par la sotte bourgeoisie. Les cabarets battent leur plein. Aux *Quat' Z'arts*, entre autres, voisinent Charles de Sivry, Guirand de Scévola, de Trombert et le nain Auguste que l'on met sur le piano afin qu'on le voie. Clovis ne veut pas que Montmartre meure ; aussi prête-t-il son concours à la Cavalcade de Montmartre dite « Vachalcade » et, du coup, développe ses idées sur l'art qu'il célébre de la sorte :

> *Salut à toi. Vache enragée*
> *O nourrice maigre des Dieux !*
> *Ce n'est qu'après t'avoir mangée*
> *Que l'on conquiert les vastes cieux,*
> *Que l'on survit à l'heure brève,*
> *Qu'on brise le dogme et le glaive*
> *Au poing du prêtre et du guerrier,*
> *Et qu'on fait de sa tombe auguste*
> *Jaillir la splendeur du Laurier.*
> *C'est toi la marâtre et la mère !*
> *C'est toi, qui la peau sur les os*
> *Nous allaitas d'une chimère...*

Puis, c'est Clovis Hugues défendant le cortège de la Beauté — organisé par le journal le *Fin de Siècle* — personnifiée par « Mademoiselle Manon ».

Des gens imbéciles parvenus à se glisser dans la salle du bal privé furent à ce point scandalisés — par leur faute — qu'ils rouèrent de coups la « Beauté » et qu'ils portèrent ensuite plainte, sous prétexte d'odieux outrages à leur pudeur. Quelques jours après, le juge d'instruction chargé d'éclairer l'affaire, déclarant à Clovis-Hugues que la présence d'individus de mauvaise vie lui avait été signalée, mon mari lui répliqua :

— « En effet, quand les masques furent baissés, quel ne fut pas mon étonnement de distinguer Monsieur le juge d'instruction !...

— Laissons l'affaire, conclut le magistrat. Une fois de plus, le public prudhommesque qui s'était invité à cette manifestation artistique, avait confondu l'esthétique avec la pornographie — qu'il espérait trouver — et, par sa bêtise, ce bal privé devint instantanément un bal public...

Mon mari défendit aussi le *Courrier français* poursuivi à cause d'un suggestif dessin d'Adolphe Willette représentant la Justice se voilant la face devant Clovis-Hugues mais... se découvrant hautement le mollet, en présence des grisettes montmartroises. Willette l'exposa, plus tard, avec cette légende : « Clovis-Hugues faisant pleurer Thémis en demandant l'amnistie pour les Muses. »

Clovis-Hugues fréquenta le second *Chat noir* celui de la rue Victor-Massé ainsi que le *Bagne de Lisbonne*, situé rue des Martyrs, dont les garçons étaient habillés en galériens ; il goûta aux pommes de terre frites de la maison que portaient à domicile des livreurs habillés en gendarmes fantaisistes.

Cependant, Jouy manifestait une grosse joie à toutes les exécutions capitales de Paris et de Province, dont il était le fervent spectateur.

Vers 1885, mon mari compose les *Evocations* et dit ses vers.

La Butte présente une inaltérable gaîté. Dans les deux moulins de Debray, se disputent toujours des courses à ânes. Il me souvient d'un certain dimanche où un orgue de barbarie nous ennuya tellement que nous le remplîmes de mie de pain en l'absence de son maître.

« Clovis-Hugues raffolait de la petite femme du Mont-

martre d'hier, cette grisette attachée, de toute son âme,
au cœur qui battait pour elle ; la Grisette à ne point confondre avec cette autre créature qui n'est qu'une impu-
dique « vadrouille » !

« Il la concevait simple et belle comme la nature, bonne
et généreuse, capable de tous les dévouements pour son
amant, ses amis et ceux qui souffrent.

« Mais écoutez plutôt cette pièce de mon cher compagnon, intitulée *A Montmartre*, qui résume les sentiments
les plus ardents du poète à l'égard de la grisette :

... Montmartre est le bruyant sommet
Où la Muse surgit, pareille
A la nymphe qui chante et met
Son chapeau floré sur l'oreille.

Si nous vivions encore aux temps
Où la Dryade et l'asphodèle
Se miraient aux mêmes étangs,
Les Dieux seraient amoureux d'elle.

Mais, si près qu'elle soit des cieux,
Dans les splendeurs de son Olympe,
Ce n'est point pour les vastes Dieux
Qu'elle a jeté corset et guimpe.

Loin du trépied et des autels,
Cette grande sœur de Lisette
Préfère à tous ces immortels
Un gueux qui lui fasse risette.

Point de bijoux dans son coffret !
Si quelque barde peu sévère
L'approche au seuil du cabaret,
Elle accourt et boit dans son verre.

Sitôt qu'elle a dit sa chanson,
Les doigts envolés sur la lyre,
La gaîté de Mimi Pinson
Refleurit aux lèvres d'Elvire.

Si vous lui rappeliez qu'elle a
Plus de moulins que de galette,
Elle vous répondrait : Lonlà !
Et ferait une pirouette.

Ce qu'elle a, suffit à ses goûts,
Dans le bonheur ou dans la peine,
Pourvu que le vieux nid soit doux
A la grande nichée humaine.

Tout pauvre diable est son ami,
Quand un coup du destin l'affale :
Elle ne se ferait fourmi
Que pour secourir la cigale.

Dès qu'elle arrive, c'est Noël ;
Et si peu qu'en les nuits sans voiles
Ses bras nus flottent dans le ciel,
On voit sourire les étoiles.

« Malade, Clovis-Hugues, — il était encore député de la Seine, — renonce sur l'avis des médecins, dans l'espoir de jours meilleurs, à la Politique et, sur la demande de l'éditeur Delagrave, met la main à son roman, *Au temps des Cerises*, sa dernière œuvre, conclut Mme Jeanne Clovis-Hugues, puisqu'il l'acheva dans son lit, m'en dictant la plus grande partie, en juin 1907... »

CHAPITRE VII

INTERVIEWS DE MM. VINCENT HYSPA, CHARLES LÉANDRE, GEORGES LECOMTE, de l'Académie française, MARCEL LEGAY et EUGÈNE LEMERCIER.

M. Vincent Hyspa

Prince des pince-sans-rire, à la voix d'une basse noble, M. Vincent Hyspa, grave comme son accent, affirme dans ses *chansons d'humour*, son ironie originale. Sans cesser d'être un lettré subtil, l'auteur du *Soliloque du Chauve*, et de *La Négresse dans la piscine*, en collaboration avec Fernand Mysor, compte parmi les plus gais chansonniers de Montmartre.

* * * *

« D'une voix plus autorisée que la mienne, Emile Goudeau, Maurice Donnay, L. de Bercy, ont parlé du Montmartre d'autrefois. Mes souvenirs personnels sont trop personnels pour intéresser le public qui, comme Sirius, s'en fout...

« Le Montmartre d'aujourd'hui chante comme celui d'autrefois mais, il est moins tapageur et moins lumineux : la Guerre l'a assaini en le débarrassant de ses luxueuses gargottes de nuit et de ses rastaquouères. Quant à la grisette, elle est telle celle de jadis : le charme et le printemps éternels de Paris. Et voilà... »

M. Charles Léandre

Le crayon débordant de l'excellent dessinateur-caricaturiste Charles Léandre, président-fondateur, en 1904, de la Société des Dessinateurs Humoristes, ne parvient pas à faire oublier le peintre et le pastelliste truculents.

M. Charles Léandre qui, depuis 1887, expose au Salon toiles et tableaux de genre, nous sert, sous ces trois aspects, des portraits-charges populaires (que publièrent, notamment, *Le Rire* et *Le Figaro*) d'une observation « rondouillarde », d'une vie grasse et intense, d'une verve bonhomme et malicieuse aussi. Dans sa série, particulièrement estimée : *Le gotha des souverains*, le maître Léandre rénove à la perfection, l'art d'André Gill, en dégageant puissamment l'influence du moral sur le physique. Ses albums (*Nocturnes, le Musée des Souverains, Paris et la province*) demeurent d'inoubliables morceaux ressortissant brillamment à l'Art Contemporain.

*
* *

« A mon arrivée de Normandie, j'eus à Paris comme premier maître, un vieux peintre qui s'appelait Emile Bin et, comme camarade, entre autres, Henri Rivière. Notre atelier-école était au fond de l'impasse Cauchois, rue Lepic, où habita plus tard Marcel Sembat, député socialiste de Montmartre.

« Invité à me rendre aux réunions des *Harengs-Saurs épileptiques*, j'y fis la connaissance d'Emile Goudeau. Paul Signac qui venait de terminer ses études au lycée, paraissait s'intéresser particulièrement aux choses du théâtre. Il vint à l'atelier, son boniment facile nous amusait beaucoup. Il fit même plusieurs études sur nous.

Son premier geste fut d'écrire en gros caractères, au fusain, sur le mur de l'atelier, ces trois mots :

« Manet, Zola, Wagner ! »... Les noms des trois dieux de l'art moderne de l'époque...

« Il ne se doutait pas alors, le jeune Signac, de la place qu'il occuper ait lui-même un peu plus tard dans l'Ecole « Ultra moderne » de peinture !

« Mais, revenons aux *Harengs-Saurs épileptiques*. Ils se réunissaient dans un atelier non loin de la place du théâtre Montmartre. On y dînait à la lueur de bougies plantées sur des bouteilles, bougeoirs classiques de la Bohème... Il fut décidé, d'un commun accord, que l'on ferait bientôt de la musique ! Effectivement, nous y fîmes de la musique !

« Chacun apporta donc son instrument. Moi-même, j'avais un cornet à piston que je mis à la disposition des musiciens improvisés. Mais, les voisins de l'Atelier des Poètes la « trouvèrent mauvaise ». Tant et si bien que, d'accord avec les locataires des maisons avoisinantes, ils accoururent un beau soir que les bougies commençaient à se répandre en larmes abondantes sur les bouteilles et que les flammes étaient hautes et fumantes.

« Nous leur répondîmes par des vociférations :

— « Comment, vous protestez contre la rénovation de la musique française et ne partagez pas l'enthousiasme des *Harengs-Saurs épileptiques* ?

« Et, nous leur fîmes entendre un morceau de notre composition si tapageuse, que les acteurs d'un théâtre voisin durent interrompre leurs répliques au cours de la représentation...

« Les lumières s'éteignirent alors dans le cénacle des poètes bruyants.

« Puis, comme la troupe et ses instruments, se répondaient dans les couloirs sombres de la maison troublée, soudain s'abattirent sur les crânes ainsi que sur les instruments, des gourdins et des chaises. Ce fut un sauve-qui-peut mémorable !

« Et notre cohorte épileptique s'enfuit à toutes jambes. Mon cornet à piston, souvenir de mes dernières années de collège, fut cabossé, mutilé et, depuis, je ne l'ai jamais revu !

« Les réunions eurent lieu ensuite au *Chat Noir* naissant. La perte de mon cornet à piston m'avait attristé et refroidi. Je terminai plus tard mes études poursuivies sérieusement en compagnie d'Henri Rivière et de Signac.

« Donnant entre temps quelques croquis de chats dans les numéros du journal du *Chat Noir* dont Henri Pille avait dessiné l'en-tête.

« Puis, le cabaret du *Chat Noir* grandit et attira tout Paris : les garçons de Salis, habillés en académiciens en assuraient le service. J'entends encore leur patron solennel ordonner : « Garçons ! versez un bock à ce gentilhomme ».

« ... Après une courte absence, j'y revins pour occuper une place effacée à côté de Willette, Allais, Caran d'Ache et Rivière. Par la suite je devins plus intime dans la maison du célèbre cabaretier, du seigneur de « Chat-noir-ville » en Texin qui, si j'ose dire, s'intéressa à moi, si bien qu'il me désigna un jour pour être l'un des décorateurs du *Chat Noir* moderne qui remplaça le précédent, un peu romantique.

« J'assistai un jour, peu de temps avant la mort de Salis, à une scène émouvante. Salis, ayant reçu congé, entreprit lui-même, avant son départ, la démolition de son cabaret. Armé d'une hache, pâle et amaigri, nerveux, il frappait à grands coups sur les boiseries noires et fumeuses qui s'écroulaient dans un nuage de poussière, avec des craquelures sinistres. Ce fut la fin du *Chat Noir* et les prémices de la disparition de Montmartre...

La Rue Cortot

« Ainsi meurt tout ce qui fut pittoresque, aimé et artistique : c'est désolant ! »

Comme nous insistions plus tard auprès du maître-humoriste pour obtenir de lui quelque anecdote inédite, Charles Léandre nous écrivit :

« ... Un dernier mot. J'habite rue de Rome depuis plusieurs années ! Je ne suis plus (peut-être !) de Montmartre ; mais je ne renie point mon origine artistique ! Je suis avant tout Normand ! Devenu Batignollais, ce dont je ne rougis pas, je garde de mon ancien pays de la Butte un souvenir qui ne s'effacera jamais, y ayant passé les dures et bonnes années de mes débuts !

« Puisque vous y tenez !... puisque vous y tenez ! vous trouverez, je crois, une ancienne photographie de moi chez... (1) photo très *retouchée* où je suis rond, bien peigné, propre comme un attaché de cabinet !

Songez donc, je venais d'être décoré, il y a trente ans ! Je croyais que c'était arrivé... et que je l'étais !... »

M. Georges Lecomte

de l'Académie française

A 17 ans, M. Georges Lecomte faisait son Droit, pour faire plaisir à sa famille, mais, avec l'arrière-pensée de se consacrer plus tard à la Littérature. Après avoir collaboré, en 1888-1889, à *La Cravache*, puis à *Art et Critique* (1890-91), il donne au Théâtre Libre : *La Meule* et *Mirages*. Et, défenseur de l'Art impressionniste, — car il affectionne à la fois les Beaux-Arts et les Belles-Lettres, — M. Georges Lecomte dédie son premier livre l'*Espagne*, à Edmond de Goncourt. Tout en se prodiguant à la plupart des grands quotidiens, où passent ses feuilletons, il publie de nombreux romans qui critiquent, en toute indépendance, les mœurs politiques, bureaucra-

____

1. ... Durand ou Dubois, peu importe !

tiques, d'avant-guerre et d'après-guerre (*Les Valets, La Maison en fleurs, les Cartons Verts, Le Veau d'Or, Les Hannetons de Paris*).

Si le patriotisme sincère de M. Georges Lecomte s'affirme dans *Les Lettres au service de la Patrie* et *Pour celles qui pleurent, Pour ceux qui souffrent*, l'estime des Intellectuels lui vaut, pour la dixième fois, la Présidence de la Société des Gens de Lettres, depuis 1908.

L'ancien critique d'art du *Matin*, qu'il dirigea longtemps littérairement, préside, depuis plus de dix ans, aux destinées de L'Ecole Estienne où les Arts et les Industries du Livre sont cultivés ainsi sous une rare égide compétente.

*
* *

« De 1887 à 1889 j'ai habité en haut de la rue Blanche. En 1890, les fenêtres de mon appartement de la place Pigalle, où je demeure ensuite, me permettent, sans bouger, de distinguer la barbe blanche et le teint coloré de Puvis de Chavannes. Je rencontrais souvent le père Marcellin Desboutins, sa « canne à pêche » à la bouche, lisez sa pipe... Mes yeux s'arrêtaient, le lundi, sur le Marché aux Modèles, de la Place Pigalle.

A l'heure de l'apéritif, pour me reposer l'esprit, je montais à Montmartre où les jardins, avec bosquets, des riants « caboulots », notamment les fraîches tonnelles du Moulin de la Galette, attiraient mes pas. J'allais prendre l'air de cette petite ville silencieuse et province.

J'ai fait de longues stations au 13 de la rue Girardon, au *Château des Brouillards*, une longue maison ceinturée de grands arbres fleuris.

J'y ai connu le littérateur Edmond Franck et Renoir, qui fit mon portrait, à la demande d'Edmond de Goncourt, pour sa collection, à la suite de la défense que j'avais prise des impressionnistes.

Au numéro 13 de la même rue, habitait Paul Alexis, un être charmant et simple, qui s'ingéniait délicieusement à ne jamais rentrer chez lui pour demeurer dehors. Il collaborait au *Cri du Peuple*, de Vallès, sous le pseudonyme de Trublot emprunté à *Pot-Bouille*. Son argot parisien lui valait l'admiration respectueuse des souteneurs de la Butte. A deux heures du matin, paisiblement il pouvait « remonter » de Paris sans être jamais inquiété, alors que d'autres eussent été dévalisés, pour le moins ! Noctambule endurci, Paul Alexis passa sa vie à être en retard.

L'auteur de *La Fin de Lucie Pellegrin*, alors la gloire de Montmartre, se décidant enfin à répondre au questionnaire de l'enquête menée par Jules Huret sur le Naturalisme, envoya un jour cette dépêche :

« Naturalisme pas mort. Lettre suit. » Et sa lettre souleva une intéressante polémique. Alexis déambulait donc inlassablement à travers la Butte, puis, descendait à Paris. A deux heures du matin, le gérant du café, patiemment lui répétait : — « Monsieur Alexis, il est deux heures. » Mais le « client récalcitrant » sans être gêné le moins du monde par la poussière du balayage, le bruit des chaises mises en pyramide et par la sciure de bois projetée, sortant sa montre du gousset, rectifiait sans grande conviction d'ailleurs — « Pardon, il est deux heures *moins cinq* »...

Et, pour demeurer quelques minutes de plus assis, dans ce café, Paul Alexis discutait avec le gérant... car, je le répète, cela l'ennuyait fort de regagner ses pénates.

Le père Pissaro, rue de l'Abreuvoir, vendait sa peinture dans un modeste pied-à-terre et le peintre impressionniste, Luce, habitait rue Cortot.

La Butte, en dépit de quelques indésirables, « marlous » et vagabonds, n'était pas alors encanaillée et tant exploitée. Elle appartenait aux artistes français par profession et point encore aux amateurs étrangers. Le passage de l'Elysée des Beaux-Arts y connaîtra les débuts du Théâtre-Libre où Antoine recevra *La Sœur Philomène*, de Goncourt, et *L'Evasion*, de Villiers de l'Isle-Adam, avec des artistes comme Mévisto. A l'entr'acte, auteurs, acteurs et public se retrouvaient fraternellement dans la rue, chez eux, car le Théâtre-Libre, ne l'oubliez pas, naquit et s'épanouit à Montmartre.

Adieu à la Butte agreste, où Pissaro, Guillaumin et d'autres firent des études qui resteront de ses champs, de ses buissons, de ses gazons. Le Montmartre familial et provincial n'est plus ! Disparue avec lui, hélas ! cette banlieue tranquille et reposante ! »

Marcel Legay (1)

L'existence tourmentée du regretté Doyen des Chansonniers, Marcel Legay, refléta le perpétuel mouvement de l'onde et de la flamme. Son âme de poète convaincu et de musicien original chantait quand son cœur saignait. Mais, il suffisait à l'auteur de *La Chanson de l'Artois*, son pays natal, de *L'Anjou*, son pays adoptif et de l'inoubliable *Rhin Allemand*, qu'on lui parlât de sa chère Butte pour exalter aussitôt sa joie et sa fierté. Sa *Chanson de Montmartre*, c'est l'Hymne reconnaissant à la Colline Sacrée de l'ancien chasseur à pied de 1870.

* * *

— « Je commence donc ma chanson. Nous sommes en l'année 1879. D'abord, il y a deux choses à préciser : les *boulevards extérieurs* qui comprennent les places Blanche et Clichy et le boulevard Barbès, puis, il y a le *Vieux Montmartre*, la Butte.

A cette époque, les *cabarets* pullulaient, mais on ne comptait pas de *cabarets artistiques*.

1. Décédé le 15 mars 1915.

Les bohèmes allaient de cabaret en cabaret, tenus
pour la plupart, par des « filles de brasserie ».

Les cabarets artistiques datent donc de plus tard et, le
plus ordinairement, un piano en constituait l'orchestre.
J'ai chanté dans tous ces cabarets et sur toutes les places
de Paris. A ce moment, le préfet de Police permettait
qu'on chantât sur les places publiques, devant une assistance composée de midinettes, d'ouvriers et de petits
commerçants. J'ai donc fait le tour de Paris avec mes
chansons montmartroises.

Dans la suite, Salis louait, boulevard Rochechouart,
un ancien bureau de postes qu'un nommé Flocon, parent
d'un ex-ministre, avait tout dernièrement quitté, et en
faisait un cabaret qu'il baptisait : *Au Chat Noir*. Aussitôt,
chansonniers, écrivains, artistes et musiciens y organisent des réunions littéraires. D'où la création de « Vendredis classiques », très fermés. Pour pouvoir assister
à ces « auditions », il fallait gagner une cour située derrière le cabaret et passer par une fenêtre extérieure
très étroite, à laquelle on laissait le plus souvent une
partie de son pantalon ou de sa veste.

Le journal du *Chat Noir* devait, quelques mois après,
servir de bulletin au *Chat Noir*, auquel collaboraient
Willette, Steinlen et Emile Goudeau. Ce dernier qui
représente pour moi, l'âme de Montmartre, et à qui je
tiens à rendre cet hommage.

En lui, tous les nobles sentiments et les actions généreuses se trouvaient réunis.

Il a contribué, bien plus que Salis, à la gloire du
célèbre cabaret.

Oui, Goudeau est une belle figugure que j'aimerai
toujours. Voilà le *Chat Noir* du Boulevard Rochechouart.
Quant à celui de la rue Laval, je n'en veux pas entendre
parler, c'est le numéro deux... et ma chanson s'arrête là.

L'art montmartrois ? Attendez ! Cela me fait l'effet
d'un vaste punch autour duquel se brûlent les ailes des

poètes venus des quatre coins du Monde. Quelques-uns cependant ont pu s'y implanter qui s'y révèleront.

Malgré mes ans, je vous parlerai de la grisette qui fait rentrer sous terre, — quand ils l'évoquent —, certains de mes camarades, même de l'Académie! Elle a existé en 1839. Après, elle s'est montrée sous un autre nom... Pour moi, c'est une créature infiniment douce, quelque chose comme une inspiratrice. C'est une fille aimante, fidèle et bonne, parlant un langage aimable et disant beaucoup de naïvetés dont il se dégage un charme inexprimable. C'est un colibri charmant! C'est encore et surtout une amante qui sait souffrir et pleurer avec l'artiste.

Le Modernisme ne tuera pas la Butte impérissable par ses grands talents, même s'il la jette à bas. Ce n'est pas encore demain que Montmartre deviendra le Boulevard du Crime où, jadis, foisonnaient les théâtres, au foyer de l'Humour. »

M. Eugène Lemercier

Abandonnant l'Architecture pour la Poésie et la Chanson, M. Eugène Lemercier fit partie de la rare phalange d'auteurs interprétant leurs œuvres au premier *Chat Noir*. Au Quartier Latin — à la *Lyce Bienfaisante*, boulevard Saint-Germain, où il connut les membres de *La Lyce Chansonnière* — et à Montmartre, sans oublier les goguettes de Belleville qu'il fréquenta, Eugène Lemercier fit applaudir plus de huit cents chansons satiriques (*Chansons Effrontées*) ; de café-concert (*Au Feu de la Rampe* et *Fleurs de Maquillage*); romances sentimentales et grivoises (*La Vie en chansons* et *Autour du quartier, Chansons de l'âme et du cœur*) et morceaux pour enfants.

Revuiste, romancier et auteur dramatique fécond — surtout depuis la Guerre — Eugène Lemercier joue, dans ses pièces qu'il promène à travers la France —

comédies, opérettes, vaudevilles, opéras-comiques et
revuettes — tous les emplois. Souhaitons que Lemercier
revienne à la Chanson, car *Le Double Suicide*, *Chez le
Coiffeur*, *La Dame et le Chien*, qui marquent son genre
initial, demeurent dans toutes les mémoires.

*   *   *

« Des souvenirs ? Tenez, en voici une gerbe.

Un soir que je chantais *L'Ane Rouge*, avenue Trudaine,
chez le fils de Salis, quelqu'un qui bégayait, demande à
me parler. C'était un certain M. Debière. Je m'offre
aussitôt à contenter le désir de mon visiteur qui rêvait
de créer un cabaret. Mon titre ? Le *Cabaret des Eléphants*, en raison de ma superstition et de sa prédesti-
nation aux Enfants de la Gaité !

Je deviens ainsi, le 15 septembre 1894, directeur artistique de ce cabaret au n° 108 du boulevard Rochechouart
à l'endroit actuel de la brasserie franco-russe, tandis que
« Monsieur Debière » assumait la charge de « patron ».
Il avait tenu, disait-on, une brasserie de femmes rue de
la Fidélité.

Ce fut un ancien artiste de café-concert. doublé d'un
peintre, Despeaux — père du comédien de la Scala —
qui décora notre salle. Chabeaud-Latour avait aussi
brossé quelques toiles. Sur les murs de laquelle, des
éléphants, toujours des éléphants, peints au pochoir...
Par terre, des tapis, d'un rouge rutilant. J'empruntai des
chaises au café voisin. Persuadé que le concours des
journalistes est indispensable au lancement de notre
« affaire », je convie la Presse à un grand banquet d'inauguration. Celle-ci répond favorablement à notre invitation. Au dessert, je prends la parole, déclarant que le
Cabaret ne doit pas être le triomphe des « marchands
d'eau chaude ». Puis, on applaudit : Pierre Trimouillat,
Xavier Privas, Robert Lagrange (le créateur de *Mon-*

sieur Badin), Emile Hauton, Laudner de l'Odéon, Pierre Séville, Paul Henrion, Mlle Blandina-Ritter, le pianiste-compositeur Henri Waiss, qui, après être resté quatre jours sans manger, mourut étouffé.

Dans mon *speech*, à la fin du banquet, j'affirme mon programme : « Nous voulons faire du *Cabaret des Eléphants* un centre artistique d'où nous bannirons les inept ies du café-concert et le Naturalisme de mauvais aloi dont on nous sature dans certains cabarets de Montmartre. La Chanson aux rimes deshabillées, aux histoires niaises, aux vers de mille pattes, a fait son temps.»

Pierre Trimouillat avait composé, pour la circonstance, la *Ballade de l'Eléphant en gaîté*, dédiée « à Eugène Lemercier cabaretier éléphantasiste de Montmartre », qu'il récita avec une rare finesse.

Francisque Sarcey était alors la tête de Turc, si j'ose dire, du moment. Le ventre de « Sarcey-Jésus-Christ » comme je l'appelais à cette époque, y était plaisanté par Trimouillat. Voici l'envoi de son amusante ballade :

> *Prince de la Critique prompte*
> *A traiter l'art comme un enfant*
> *Sarcey que, sans peur, nul n'affronte*
> *Est bien plus lourd qu'un éléphant...*

Pendant ce temps, Trombert directeur des *Quat'Z'Arts*, me faisait toutes sortes de misères. Et pourtant ! je ne touchais que 8 francs par jour plus 5 0/0, il est vrai, sur la recette. Sur la personnalité de mon «patron», on faisait courir le bruit qu'il avait naguère dirigé une « maison »... fermée. Vrai on non partout cela s'était propagé. Aussi, tous les mois, il nous falla't obtenir une autorisation nouvelle à la Préfecture pour exploiter le Cabaret. A Montmartre, nous étions les seuls à solliciter cette permission. J'entends encore M. May, à la Préfecture, me rabrouer en ces termes :

— « On vous connaît, vous avez tenu un b...l. » Immanquablement, je lui répondais : — Monsieur, je suis directeur artistique du Cabaret des Eléphants et non pas son « directeur ».

J'eus du mal à réaliser mon programme car mes camarades, sous l'empire de certaines campagnes, me lâchaient... J'arrivais toujours difficilement à remplacer les défaillants. J'amenai néanmoins aux *Eléphants* : Blès fondateur à Marseille du Cabaret de la *Lune Rousse*.

« Debière lui octroya 3 francs par soirée après pas mal d'hésitation. En huit jours Blès devenait populaire. Je l'annonçais en ces termes : « Vous allez entendre le chansonnier Numa Blès qui s'est arraché des lèvres des Bouches-du-Rhône pour venir baiser celles des hétaïres de marque de la Butte-Sacrée ! »

« Ce Debière un hercule, épais et brutal, était un type extraordinaire qui cependant adorait, non point à la façon de Charles Richet, les animaux. Son cabaret devint bientôt une ménagerie. Y vivaient en famille, chats, chiens, perruches, souris blanches, cochons d'Inde. Un soir, son cochon d'Inde favori disparaît... Debière, si dur pour les clients qu'il « engueulait » ferme en fut tout attendri... A la caisse, une grosse dame outrageusement peinte, associe son chagrin à celui du brave homme. Il ne pouvait s'en empêcher, en bégayant, d'ajouter à chacune de ses paroles un ou plusieurs « de » qui, bien entendu, divertissait beaucoup. Debière, se lamentait : « Les cochons ! ils m'ont « raboté » *de... de...* mon cochon *de... de...* favori. » Une semaine se passa quand, un soir que Mme Flor'Albine (1), des Bouffes-Parisiens, et moi, jouions *L'Eternel Roman*, une première revue, on entend des petits *cuis !... cuis !* perçants. C'était, vous l'avez deviné, le cochon d'Inde prodigue !

« Au même moment, surgit Debière qui s'écrie à pleins

1. Epouse de M. Alexandre Maurel, le sympathique administrateur du théâtre de Cluny.

poumons : — « Attendez, M'sieurs dames, j'ai retrouvé *de... de...* mon « Mistigri »... il va falloir lui donner *de... de...* à boulotter !! Maintenant, vous pouvez... *de... de...* continuer. » Nous cherchâmes à enchaîner, mais les spectateurs, follement joyeux au spectacle de ce grand diable, à quatre pattes sous le plateau, à la recherche de son cochon affolé, hachaient chacune de nos répliques, d'autant de *culs... ! culs !* Et le fou rire, à notre tour, nous prit.

« L'hiver, les clients devenaient rares. Dame ! Ils grelottaient au cabaret où ils s'enrhumaient sérieusement. Cela se savait. Et puis, ils étaient si fraîchement houspillés dès qu'ils avaient passé à la caisse ! Faute de recettes, il fallut fermer le 26 février 1895. Debière régla intégralement tout le monde et ce fut la dispersion.

« M. Debière, que chaussaient d'affreuses pantoufles sur lesquelles se battaient des cartes à jouer, depuis est venu me voir rue Lepic. Il distribue quelque part des prospectus. Il n'a point fait fortune et regrette de m'avoir méconnu, d'avoir « sorti » — plutôt qu'il ne « reçût » — les spectateurs, son col congestionné de taureau émergeant d'une chemise de flanelle aux couleurs crues. » Après s'installa « Le Coup de Gueule » que dirigea Blédort, de Bercy de son vrai nom Paul de Kerkadec, orna le long boyau qui servait d'entrée à cette salle de concert, de fraîches peintures à la gouache. Blédort-Léon de Bercy, moyennant la somme de 5 francs, autorisait chaque spectateur à inscrire son nom sur les murs du « Coup de Gueule ». A côté de signatures parfaitement inconnues, on lisait : « Les lauriers sont coupés » (Abélard), « Montmartre ! c'est moi » (R. Salis), « Que d'dos, que d'os, que d'os ! (Lépine). « Un petit sou, s. v. p. » (Séverine). C'est Léon de Bercy qui eut l'idée originale d'installer, à l'entrée du « Coup de Gueule », un chemin de fer qui dirigeait les spectateurs sur leur place et les y arrêtait. Quelques mois plus tard « Le Coup de Gueule » taisait la sienne à tout jamais. »

CHAPITRE VIII

INTERVIEWS DE MM. CAMILLE LE SENNE, GEORGES LORIN, LOUIS MARSOLLEAU et ALEXANDRE MERCEREAU

M. Camille Le Senne

M. Camille Le Senne, président d'honneur de l'Association professionnelle de la Critique dramatique et musicale, affirme dans tous les genres littéraires — du roman (*Les Femmes et la Fin du Monde, Le Vertige, Chaine Mystique*) à la critique littéraire et théâtrale (*Le Théâtre à Paris*) en passant par le Théâtre (*Les Perses*) et la Poésie (*Rimes Tragiques, Poèmes de la Grande Guerre*) — une érudition féconde et une curiosité judicieuse. Le Feuilleton Parlé de M. Camille Le Senne a toujours été très suivi. Et son affabilité comme son sens critique éclairé, le forcèrent à accepter de nombreuses « présidences effectives » dans les Associations de Presse ou d'Intellectuels. Son fidèle ami Guillot de Saix collabora à plusieurs de ses adaptations à la scène.

* * *

— « Le Vieux Montmartre, le véritable Vieux-Montmartre, s'est tenu sur la pente, bien qu'il ait toujours été en évolution comme la musique. Il s'étendait du faubourg Poissonnière jusqu'à la rue Blanche, il était limité par

Tivoli et des lieux absolument déserts. Au square Montholon se terminait Montmartre. Il y eut encore plusieurs « Montmartre » bien différents.

Le côté nord comprenait *Le Chat Noir*, la rue Victor-Massé et plusieurs cabarets.

Jamais les boulevards extérieurs ne furent dépassés par les chansonniers. Il faut citer ensuite le côté de la Basilique avec ses nombreux hôtels, ses marchands de piété et tous ceux qui vivaient de choses religieuses. Voilà le Montmartre pieux.

Quant au quartier de la rue d'Orsel, c'est le Montmartre commerçant.

Il faut encore distinguer les alentours du cimetière Montmartre avec leurs terrains vagues où, aujourd'hui, on bâtit des « gratte-ciels » : c'est le Montmartre à « confort moderne ».

Mes souvenirs les plus chers sont certainement les débuts du Théâtre-Libre, alors une salle de café-concert de vingt-cinquième ordre, le premier *Théâtre Antoine*.

Ce Vieux-Montmartre s'arrêtait près des boulevards extérieurs, du côté du *Rat Mort*.

Montmartre, à cette époque, était séparé de Paris par le faubourg Poissonnière, et l'on qualifiait cette séparation bien marquée, de « gorge aux voleurs ».

Les hauteurs de la Butte, peu habitées, étaient désertes. D'ailleurs, quand ce quartier s'est soudé au Paris proprement dit, les *Futuristes* indignés, ont alors réclamé, avec la dernière énergie : la séparation de Montmartre et de l'Etat.

Puis, vinrent les transformations et la fin de la Colline Sacrée, que je considère comme un embellissement de Paris.

Montmartre avait été gâté par Napoléon Ier qui créa, sur ses anciennes carrières, le cimetière du Nord. Napoléon III diminua ensuite l'étendue des murs. Enfin, la République a sagement et esthétiquement transformé

ce cimetière. Ce coin de Paris, sous Louis-Philippe, fut
entièrement ravagé par le choléra et d'effroyables épi-
démies.

D'une façon générale, des cabarets et des guinguettes
ont pris naissance aux endroits les plus tristes de la Butte,
ou bien des music-halls se sont construits à l'emplacement
des vieux marchés.

Puis, le mouvement de l'ancien village de Montmartre
s'est porté vers la rue d'Orsel, après s'être longtemps
tenu autour de la place des Abbesses.

La démolition de ses anciennes masures agrandira, à
n'en pas douter, ce quartier : elle l'assainira surtout. Le
Vieux-Montmartre deviendra alors — comme Passy —
un quartier plus « parisien » et plus « habitable ».

On se plaint de nos jours du nombre trop restreint
de logements pour les classes moyennes. Voilà, n'est-il
pas vrai ? une belle occasion pour édifier des maisons à
bon marché pour les classes ouvrières.

D'aucuns peu fortunés, vivront là-haut, près du Sacré-
Cœur, plutôt qu'à la campagne. Ils y respireront l'air de
la Colline Inspirée.

Montmartre était autrefois une île indépendante,
aujourd'hui cette île appartient à la terre ferme et je
m'en réjouis bien sincèrement.

Au Montmartre *religieux*, qui tient ses assises autour
du Sacré-Cœur ; au Montmartre *chansonnier*, célébré
uniquement par les rimeurs du *Chat Noir*; au Montmartre *faubourien* et au Montmartre *commerçant* de la
rue d'Orsel, il faudra bientôt ajouter le Montmartre
scolaire ainsi que le Montmartre *artistique*, descendu rue
de Clichy.

La grisette : la petite femme de Charpentier? Je
l'ignore complètement. J'ai connu seulement une population féminine médiocre et débauchée, sale et criarde ;
beaucoup de faux modèles, entôleuses le soir.

A la place Pigalle, se tenait le rendez-vous de tous

les modèles, il y avait là des « Jésus » et des « Christ »,
des « Saint-Jean » et des « Saint-Pierre », des vierges
et des anges de tous les sexes, de tous les âges et à
tous les prix.

La grisette montmartroise m'est toujours apparue
introuvable, sans doute se réfugiait-elle dans des bars
« louches » de la rue Lepic, attendant des « clients ».
Avec elle vivaient, le plus souvent, de pseudo-rapins
sans moyens d'existence précis.

« La disparition imminente de Montmartre m'apparaît
une heureuse transformation : elle s'imposait. Désormais, les alentours du square Vintimille, les parages
des collèges Chaptal et Rollin deviendront rapidement
un nouveau foyer d'études et le rendez-vous de tous les
escholiers. Ce quartier sera une sorte de Quartier latin
de... Montmartre. D'ailleurs Sarcey, qui habitait non
loin s'en réjouirait, s'il vivait aujourd'hui.

« Montmartre donc, cet intime village sans importance
mais prétentieux, peuplé si singulièrement, à l'instar
du XVI° arrondissement se métamorphosera en un
immense quartier parisien. A l'exemple de la ville-mère
il se sera heureusement modifié. Désormais, on ira au
« nouveau » Montmartre comme dans quelque autre
quartier de Paris tout proche... Pourquoi ferait-il plus
longtemps « bande à part » ?

« Enfin, sa disparition ne me chagrine aucunement. Bien
au contraire. Disons la vérité. Au point de vue artistique et littéraire, il a peu produit. Déjà, l'hygiène,
avant d'y régner, gagne ce nouveau quartier parisien.
Avec la Butte s'éteindra une époque décadente... »

M. Georges Lorin

L'un des fondateurs, avec Emile Goudeau, du Cercle
des Hydropathes, dont il fut le Vice-Président, Georges

Lorin, le poète de *Paris-Rose* (volume paru à cette époque, peut-être le prototype de la Poésie impressionniste actuelle) cueillit dans les choses les plus banales : les Affiches, les Gens, les Ombrelles, le Brouillard, le Mat de Cocagne, l'Art qu'on n'y soupçonnait pas.

« Après « L'Amè folle », un recueil de vers graves, et des monologues réjouissants, dits par Coquelin cadet et Félix Galipaux, Lorin devenu *Cabriol*, signa d'originales caricatures.

« Vice-Président des Hirsutes, c'est lui qui, d'accord avec Salis, les transporta au *Chat Noir*. On lui doit un buste chantant de Rollinat d'une formule toute particulière.

« Dès 1868, les magasins distribuaient ses petites cartes : pierrots, gnômes, sauterelles. Lorin inventa les plafonds anti-neurasthéniques et l'aigloplane !

« Enfin, son album : «Au gré du Songe! » (40 dessins, 1914) contenait la Fumée du Canon ! qui pleure le mal qu'elle vient de faire. Il en publia un autre : « Symboles de guerre » (50 fusains, 1915) sur la philosophie de la guerre. Lorin apparaît, jette une idée et disparaît.

Si on lui demande son nom ou quelques titres de ses œuvres, il répond : *Léparpillé !*

* * *

— « Je n'ai pas de souvenirs personnels intéressants sur *Le Chat Noir*. Voici pourquoi. Je demeurais à Montparnasse et j'hésitais, après le dîner, à monter à Montmartre d'où je ne revenais, fatalement, qu'à 2 heures du matin.

J'y allai cependant le plus souvent possible, certain de voir toutes ses têtes originales et d'être bousculé par ce mouvement et ce bruit.

J'adore la turbulence dont je fus, là encore, un com-

plice insoupçonné. Mon cher Jean, tu veux des anecdotes ? Je te confie plus qu'une anecdote : un secret.

Cela me revient, tout à coup, en te parlant.

Au fond de la salle, au premier *Chat Noir*, derrière le
comptoir, il y avait l'Académie. On te le dit et redit, je
le répète.

Les garçons étaient habillés comme tu le sais et
archi-sais, en académiciens. Le bock y coûtait cent sous et
comme c'était, apparemment, la même bière, les clients
se contentaient de la première salle.

Mais ils ne se méfiaient pas…

Donc, j'entrais à l'Académie et je commençais avec Icres,
Rollinat, un ou deux autres au courant, des discussions
utopiques où, moi seul, criais très fort. C'était convenu
avec Salis. Il arrivait, et avec sa faconde, m'invectivait.
Ces éclats n'avaient jamais le sens commun. Je critiquais
les plus grands hommes — même Shakespeare — et je
leur opposais des camarad . — parfois je le pensais. Les
consommateurs de la première salle, espérant une
bataille, se levaient, bouchaient la porte et Salis les
poussait habilement en allant et venant. Ils s'asseyaient
et bientôt l'Académie était pleine.

Salis servait, servait des bocks sans attendre les
camarades.

J'étais peut-être fait pour lancer de grandes affaires !
Tu juges si Salis, en me criant les choses les plus rudes,
avait le sourire dans l'œil !

Des anecdotes encore ? Il y en a « de toutes petites »
qui ont du charme.

Un jour, flanqué toujours de ces deux inséparables
Icres et Rollinat, nous allâmes rejoindre Goudeau au
Chat Noir pour déjeuner avec lui. Il faisait un temps
superbe.

Nous prîmes le café et des bocks aux tables du dehors.
Tanzy, le peintre, — dont un très beau paysage se

trouve au Musée du Luxembourg, — fumait sa pipe à
côté de nous.

Naturellement, nous nous entraînâmes à nous réciter
nos dernières pièces de vers. Tanzy, souriant, écoutait.
Quand nous eûmes terminé, il dit: — « C'est épatant, la
Poésie ! On n'a pas besoin de comprendre, c'est joli
tout de même. »

Dans ton livre, *Le Quartier Latin* (1) j'ai pris plaisir à
révéler, au cours de notre entretien, que Forain était
l'auteur de nouvelles originales et d'un style particulier :

L'occasion se présente pour moi d'ajouter que Fernand Icres fut le plus merveilleux dessinateur à la
plume que le Monde ait jamais connu ! La preuve en est
chez moi : mon portrait ! C'est fantastique de souplesse,
de ressemblance, de science et de plans.

La sûreté de sa main est presque un mystère. Je ne
te cache pas que ce portrait vaut 100.000 francs — je ne
plaisante pas — de grands artistes sont de cet avis.

Trouve un amateur, mon cher Jean-interviewer... et
nous partageons. La vie est dure !

Ah ! une autre anecdote dont je garde un beau sou
venir car ces deux êtres étaient admirables : Achille Ier,
Roi d'Araucanie, et sa femme, une superbe créature.
C'était le soir. On buvait avec quelques amis. Arrive
soudain Villiers de l'Isle-Adam qui chuchote à Achille
assez haut pour être entendu : — « Tu ne pourrais pas
me prêter un revolver ? » (Achille eut un mouvement).
Je couche avec mon père dans une maison en construction et nous craignons les mauvais voisinages. » « Si,
si, répond Achille, et se tournant vers son épouse :

— Vas donc chercher le revolver qui est sur la commode, tu sais, à gauche... »

— « Oui !... oui ! fis-je ».

1. *Le Quartier Latin* (Hier et Aujourd'hui), avec les souvenirs
de ses Ecrivains les plus célèbres, *du même auteur.*

La Reine d'Araucanie partit et revint avec le revolver. Villiers nous quitta. On ne le revit plus pendant quelque temps. Les légendes commencèrent à courir. Allais, qui était rosse et quand il s'embêtait, me disait : — « Il a dû tuer un créancier ! » Nous fîmes une enquête. Aucun créancier n'avait été tué dans le quartier depuis pas mal d'années. Jules Jouy, plus fin, me confiait : « Villiers de l'Isle-Adam n'était pas habitué aux armes à feu. Il a eu peur d'un accident. Il a dû mettre le revolver au Mont-de-Piété chez un antiquaire ou... le rapporter à Achille ! »

« Je disais donc encore parfois des vers au *Chat Noir* qui, parfois aussi, m'insérait. Je me souviens, au second *Chat Noir* de la rue Victor-Massé, avoir été de la fête où Maurice Donnay fut cueilli par Albert Milhaud (je ne crois pas me tromper de nom : il signait « le Monsieur de l'Orchestre ») pour entrer, dès le lendemain, au *Figaro*. Et voilà ! »

M. Louis Marsolleau

Poète sensible des *Baisers Perdus* (1884), auteur dramatique non moins délicat (à la Comédie-Française : *Le Bandeau de Psyché* et le *Dernier Madrigal* ; aux Nouveautés : *Les Grimaces de Paris* revue en 3 actes, avec G. Courteline ; au théâtre Antoine : *Babouche, Mais quelqu'un troubla la fête* et *Hors les Lois* parmi tant d'autres pièces) et journaliste spirituel, Louis Marsolleau entreprit plusieurs campagnes, particulièrement remarquées, notamment au journal *La Bataille*, de Lissagaray, lors de la lutte antiboulangiste, et à *La Petite République*, à propos de l'affaire Dreyfus. Louis Marsolleau, avec Raoul Ponchon, s'affirme un des maîtres de la fantaisie en vers. A l'*Eclair*, il fait l'éditorial quotidien avec un sens critique et une verve rares.

* * *

« On a beaucoup écrit sur le *Chat Noir*, et toujours des choses contradictoires, nous déclare Louis Marsolleau. Pas un de ceux qui en furent ou y sont passés n'est d'accord avec aucun des autres qui y passèrent ou qui en ont été. C'est que le *Chat Noir* fut changeant, divers et énigmatique à l'image de son patron, Rodolphe Salis, dont la mémoire reste trouble et controversée. Salis a laissé derrière lui des haines farouches et des amitiés ferventes. Tel Willette, par exemple, n'a pas désarmé et cracherait volontiers sur sa tombe, tandis que Dumény lui garde un souvenir amical, voire attendri. C'est que Salis fut double, en effet, mufle pour les uns, généreux pour les autres, et son *Chat Noir*, à son exemple, a profité de ceux-là pour être profitable à ceux-ci.

En vérité, de même qu'il y a, comme dit la chanson, deux Testaments, l'ancien et le nouveau, il y a deux *Chat Noir*, le premier et le second, aussi différents et disparates que possible, l'un qui fut le travailleur et l'autre, le parvenu.

De beaucoup, le premier *Chat Noir* fut le plus picaresque et le plus original. Ce n'était guère, au 84 du boulevard Rochechouart, qu'une boutique, grande comme un mouchoir de poche, mais qui ressuscita brusquement, en plein Paris du xix᷎ siècle, le cabaret bohême et artiste du xv᷎ où se mêlaient truands, rimeurs, escholiers, gens du commun et gentilshommes. Basse, étroite et enfumée, la salle sans cesse pleine de clameurs jetait sur le trottoir, quand la porte s'ouvrait, une bouffée de vacarme. Là-dedans, tout était pêle-mêle, les poètes et le public, la troupe et les spectateurs. Devant la caisse : une estrade et un piano. Sans interruption, parfois grimpant sur l'estrade, et plus souvent se levant à leur place, de derrière la pile de soucoupes, les auteurs du lieu, Emile Goudeau, Clément Privé, Georges Herbert, Camille de Sainte-Croix, Fernand Icres, d'Esparbès,

Charles Cros, disaient leurs vers. Jean Rameau aussi et Haraucourt et combien et combien ! Jules Jouy, entre deux récitations, se ruait au piano et chantait *Gamahut*. Rollinat y vi.... son tour ; et les gens qui étaient là frissonnèrent à entendre *le Corbeau, l'Ame des Fougères* et la *Chanson de la Perdrix grise*. A travers les tables on distinguait Salis, lui-même, tête nue. Cependant, le même Salis, à la silhouette fine et inquiétante de reître roux peint par Roybet, à la barbiche en pointe et à l'œil faux, promenait inlassablement le plateau chargé de verres. « Un bock, monseigneur ? — Des bocks, seigneurs et dames ! » Et il les déposait d'autorité sur les tables. Car, ici, on ne poussait pas à la consommation: on l'imposait.

« Le soir venu, la salle vidée des philistins ahuris, l'état-major se réunissait dans l'arrière-boutique, *l'Institut*, une toute petite pièce meublée d'une table de bois et de deux bancs. Salis y offrait l'apéritif et le dîner. On poussait le verrou à la porte d'entrée sur le boulevard.

« N'entrait pas à l'Institut qui voulait — même les habitués et les disciples — car le sarcasme y régnait en maître et en interdisait le seuil aux infidèles. Un jour, après la séance, un malheureux jeune poète se présente timidement. — « Que voulez-vous céans, Monsieur ? », lui demande sévèrement Alphonse Allais. — « Monsieur, j'ai perdu un manuscrit que je crois bien avoir laissé dans cette pièce. » — « Vous arriverez, jeune homme ! Vous arriverez ! », déclare Allais, avec son flegme, coupant et froid comme la glace. L'autre le regarde, éberlué, et Allais achève sa pensée: — « Vous arriverez parce que l'avenir est à qui perd ses vers ! »

« Il est certain qu'en ce premier *Chat Noir*, Salis gagna une fortune et beaucoup y perdirent la santé. Car Salis ne payait point en argent ces premiers artisans de sa renommée et de sa richesse, mais il ne leur refusait point à boire, ni à manger. Il offrait le vivre et parfois le couvert. Seulement si l'on songe que ces invités s'appelaient, outre ceux que j'ai déjà nommés, Willette, Rivière, Steinlen, pour n'en citer que quelques-uns, on voit que la côtelette et le verre de l'amitié n'étaient pas placés à fonds perdus.

« Le second *Chat Noir* renia complètement le premier comme un fils devenu opulent et qui a reçu de l'éducation, méprise son père demeuré pauvre et malappris. Rue de Laval (aujourd'hui rue Victor-Massé) il s'installa dans un hôtel luxueux. Façade à vitrail, escalier tapissé, au pied duquel un suisse à hallebarde, épée, bicorne, culotte courte et bas de soie, recevait les « visiteurs », car il ne voulait plus de clients !. Salle de spectacle aux sièges numérotés, café, restaurant, garçons vêtus en académiciens, rien ne manqua. Salis non content de tant de décoration somptueuse se décora lui-même d'une rosette violette de l'Instruction publique, qu'il retirait d'ailleurs d'une main preste quand apparaissait quelque fonctionnaire de la Préfecture. Et vraiment, à cette époque, tout Paris, la province et l'étranger, défilèrent au *Chat Noir*. Et ils n'y perdirent pas leurs soirées.

« C'est que le *Chat Noir* n'avait plus rien du caboulot lyrique et débraillé. C'était devenu une maison d'art et de grand art. Le théâtre d'ombres de Henri Rivière y triompha, avec sa scène de un mètre carré plus vaste que la scène de l'Opéra, prodige de goût et d'ingéniosité dont on n'a jamais revu l'équivalent nulle part, et où furent jouées ces merveilles inoubliables : la *Marche à l'Etoile*, de Fragerolle ; l'*Epopée*, de Caran d'Ache ; *Phryné*, puis *Ailleurs*, de Donnay ; *Hero et Léandre*, de Haraucourt, et une charmante fantaisie vénitienne de Maurice Vaucaire. Salis, à présent, payait ses « numéros », en bons billets qui n'étaient pas celui qu'avait La Châtre. Le *Chat Noir*, désormais, « lançait » ses gens. Delmet lui dut son succès. Donnay n'eut pas à regretter,

dès lors, le bruit de gloire naissante qui s'élevait autour
de son nom.

« Mais aussi, quel changement ! Les poètes, chanteurs
et chansonniers n'étaient plus mêlés à l'assistance. Ran-
gés soigneusement dans un étroit local réservé, ils n'en
sortaient que un à un et sur l'appel du maître, — le gentil-
homme-cabaretier, — pour aller, près du piano, « vendre
leur petite salade », saluer bien poliment ces messieurs-
dames et rentrer dans leur boîte, aussitôt. Mais la critique se dérangeait parfois pour les entendre. Les journaux citaient des fragments de leurs fantaisies. Et
finalement, ce furent eux, les derniers et nouveaux venus
qui firent figure d' « Ecole du Chat Noir ». David-Louis
Pelet, — le Docteur ! — secrétaire et remplaçant de Salis,
les jours de grande affluence passait des notes à la
grande presse, et il n'est pas jusqu'à Albert Tinchant qui
n'ait eu son heure de célébrité.

« En somme, ce sont les gens du premier *Chat Noir* qui
ont fait le *Chat Noir* et le *Chat Noir* qui a fait les gens
du second *Chat Noir*. D'où tant de divergences dans les
opinions et tant de diversité dans les souvenirs comme
dans les sentiments. Il y a eu des dupes et des bénéfi-
ciaires. »

M. Alexandre Mercereau

Esprit curieux et fécond, M. Alexandre Mercereau
affirme un réalisme sobre dans *Gens de là et d'ailleurs* ;
une philosophie originale dans *les Contes des Ténèbres* et
une imagination audacieuse dans ses *Paroles devant la
vie*.

Les critiques substantielles et combattives qui composent *La Littérature et les Idées nouvelles*, assurent une
place enviable dans la Littérature présente à M. A. Mercereau, l'actif président du *Caméléon*, triomphateur de

« L'Œuvre des Vacances du Poète », qui lui valut 11.398 francs.

* *

« Au *Lapin agile* et à la *Belle Gabrielle*, se fonde le *Stadium* où l'on se réunit le soir, après la tâche de la journée. On y rencontre Albert Verdot, architecte, poète critique acerbe et enthousiaste, âme entière et généreuse, mêlé à tous les mouvements sociaux, passionné de sciences positives et de sport ; Joseph Drujon et son inséparable, Ravaud, tous deux hellénisant, latinisant, lettrés, grammairiens d'un rare savoir et que leur souci de la perfection empêcha toujours de publier leurs écrits ; l'exquis poète Pierre Dumarchais qui, depuis, sous le nom de Mac Orlan est devenu connu comme dessinateur et surtout comme humoriste avec *La Maison du Retour écœurant, Le Rire Jaune*, etc. ; René Fauchois, Arnyvelde, le mage Gérard Ourdeck qui, sous son vrai nom, Ed.-René Vincent, publia *Amours imaginaires* ; Jean d'Estray qui obtint une Bourse de voyage ; Brazillier dit Pierre Kéroul, curieux et charmant homme, surprenant et patient exégète de Mallarmé, et frère du peintre féru de la *Rose Croix* ; Adrien Waseige, dit Cholet, auteur d'une brochure sur Verlaine, son maître ; les peintres et sculpteurs de réelle valeur : Deslignières, Wasley, feu Pirola. En dehors du cercle, mais toujours cordialement liés, Léon Kern, flegmatique et ne riant jamais, se lançait dans ces caricatures aux légendes désopilantes de pince-sansrire que tout le monde connaît ; Lucien Aressy préparait ces pièces qu'il fit jouer depuis au *Grand Guignol* et ailleurs. Périllard, terminant aux Beaux-Arts l'architecture, préparait ses plans de maisons populaires ; Henri Doucet, M. Robin, croquaient, peignaient, lithographiaient avec ardeur.

« Un peu plus tard, il y eut Julio Gonzalez, peintre et surprenant travailleur du métal, du bois, de la pierre, Canudo, auteur de cinq ou six volumes, directeur de l'*Europe artiste*, de *la Pensée*, de *Montjoie* ; les peintres Brunelleschi, Georget, Soffici — par surcroît bon écrivain critique, philosophe — le poète Vanderpije ; Fernand Divoire esprit des plus intéressants et des plus incisifs ; le beau poète Claude Anagrol Grander, prosateur ample et romantique, André Billy, qui sais-je encore ! Cent noms viendraient à ma mémoire.

« Depuis ce temps déjà lointain, j'ai fait beaucoup d'études, parcouru pas mal de pays, vu bien des choses, entrepris bien des œuvres, fait des connaissances très attachantes, mais je perdis de vue très peu de ces camarades du début ; plusieurs sont restés de mes plus chers amis, et de tous je me souviens avec le plus vif plaisir, comme d'une des périodes les plus illuminées, les plus passionnantes de ma vie.

« Que de types pittoresques descendaient au *Lapin Agile*, que la mère Adèle tenait alors, au *Sidi* des arabes de la rue Jean de Beauvais ; montaient du vieux *Procope*, hanté par vingt générations d'hommes illustres, au naissant *Zut*, où Frédéric, ancien marchand de poissons, tenait échope de cabaretier ; passaient des *Truands* enfumés au plein air de l'*Hermitage* dont on franchissait audacieusement les murs. Nous mangions pour 0 fr. 60 à la Huchette chantée par Huysmans et suivions les traces de Verlaine de la rue Mouffetard au Luxembourg, du *Caveau des Innocents* au *Vieux Paris* (dont le propriétaire avait hérité tout le manuscrit inestimable de *Bonheur*), de *La Pitié* où nous allions voir un camarade malade, à l'*Académie* où nous trouvions les aînés comme Cazals — iconographe du Pauvre Lélian, — le romancier Gustave Le Rouge, le sculpteur Gaillepon à qui nous devons le médaillon de tous les grands contemporains et les gens les plus extraordinaires : Bibila-Purée, la Mère Casimir, le Père Adam magicien, astrologue et fort barbu. Oscar, ancien bijoutier, entre deux distributions de prospectus à la Faculté de Droit venait, pour quelques Pernods, faire des jeux de mots et chanter des couplets égrillards. L'académicide X...., ancien capitaine des mobiles sous la Commune, s'y montrait aussi et, des marchands de journaux qui parlaient grec et latin, se poussaient des « colles » sur les classiques. Y voisinaient encore le guides égyptologues, hébraïsants et affamés qui en savaient sur bien des points, plus que les conservateurs du Louvre. »

CHAPITRE IX

INTERVIEWS DE MM. GABRIEL MONTOYA, LOUIS MORIN et MAURICE NEUMONT

Gabriel Montoya (1)

L'action s'affirma identique à sa pensée, car il n'existe rien d'extérieur à l'âme chez Gabriel Montoya. En effet, reçu docteur à la Faculté de Montpellier en 1892, la médecine le lasse. Il parcourt la France et les deux hémisphères. A Cuba, il contracte la fièvre jaune. Puis, à Port-au-Prince, dans un duel à mort, il perce de part en part un huissier nègre ; sa sensibilité toujours à fleur de peau exalte tout son être. De retour à Paris, il s'adonne à la littérature. Il fait alors partie de la troupe du *Chat Noir*. Cependant son état physiologique se recrée.

Montmartrois spirituel avec ses *Chansons naïves et perverses*, Gabriel Montoya, poète charmant, a révélé sa touche émue sur plusieurs grandes scènes parisiennes. Son *Baiser de Phèdre*, un acte en vers, fut représenté, en 1905, à la Comédie-Française, à l'occasion de l'anniversaire de Racine.

Et si la vie change, l'homme de lettres n'est pas un. Aussi Gabriel Montoya s'est-il affirmé multiple, divers et protée. Nombreuses, en effet, sont ses œuvres.

** * **

1. Décédé dans les premiers jours d'octobre 1914.

« Aux premiers soirs du succès de *Phryné*, le public se pressait dans l'hôtel artistique de la rue Victor-Massé, heureux de ne plus être le spectateur de pièces à tiroirs. A cette époque, le talent de Maurice Donnay et l'esprit de Salis, affirmaient la renommée du *Chat Noir*. Jules Jouy, cet ancien garçon boucher borgne, au front démesurément intelligent, disait des couplets sinistres et des strophes tragico-comiques, dans des tempêtes de bravos. Paul Delmet et Xanrof étaient fêtés, aussi. Lorsque, après tant d'autres, je voulus auditionner chez Salis, ma voix se figea d'abord dans ma gorge, puis, bientôt se raffermit. Après avoir avalé deux bocks, le patron me dévisagea. Il me complimenta pour ma grande audace. Il parlait avec éloquence et couleur.

— « Ma maison, continua-t-il, est le lieu de rendez-vous des têtes couronnées : toutes les familles princières de l'Europe connaissent Salis ! »

« Et, comme il engloutissait d'un trait un troisième bock, il cria : — « La grosse dame de là-bas, jeune homme, venue dans le plus strict incognito, c'est la grande-duchesse de Leuchtenberg. Ce vieux monsieur, très maigre, qui s'amuse avec mon chat, c'est de Voguë. Ayez du génie et ma maison sera la vôtre. »

« Gêné, je baissai les yeux. Un tel flux de paroles me laissait rêveur. Cependant, Salis, assis à une autre table, lampait quelque liqueur. Sans doute se remettait-il de l'incomparable témérité dont j'avais fait preuve en me faisant entendre chez lui.

Néanmoins, les Hydropathes le proclamèrent souvent, Salis fit du *Chat Noir*, le premier, le seul modèle du cabaret littéraire vraiment digne de ce nom.

Inlassable enfant terrible, hâbleur impénitent, digne émule cependant de Tabarin et de Gauthier Garguille, Salis aida Goudeau au transfert de la Fantaisie du Quartier Latin à Montmartre.

Ils installèrent ainsi sur la Butte et sur sa glaise sécu-

laire — ces deux mamelles granitiques de la France intellectuelle — d'admirables artistes !

Avant de nous quitter, faisons un peu d'Histoire de
France appliquée à Montmartre. Ainsi, souvenez-vous de
l'appréciation désinvolte de Henry IV qui n'« attrapait »
pas précisément des mouches avec la jolie Marie de
Beauvillé, à l'Abbaye de Montmartre. Le père de la poule
au pot — ne me faites pas dire « au pieux » — contem-
plant, du haut de la Butte, Paris à ses pieds, s'exclama :
— Grands dieux ! que de nids de c... » Ce à quoi Gallet,
son fou, faisant mine de fouiller l'horizon, répondit : —
Sire..: j'aperçois le Louvre. »

Montoya prophétisait juste quand, un soir que nous le
félicitions aux *Quat'z'Arts*, sur sa santé resplendissante, il
nous répondit :

— Si je « clapote » un jour... ce ne sera pas des suites
de maladie ou d'une mort naturelle... mais d'un accident
par exemple ! »

Or, une terrible chute de bicyclette ravit à l'existence,
en pleine éclosion de talent, Gabriel Montoya !

M. Louis Morin

Dessinateur exquis, Louis Morin, — avec *Pierrot pornographe*, le *Roy débarque* et le *Carnaval de Venise* (en collaboration avec Maurice Vaucaire) représentés au *Chat
Noir*, est presque d'un autre âge ; nos idées modernes le
laissent indifférent. Sa touche délicate évoque les soies
et les satins des siècles poudrederizés, au temps où les
rois étaient amoureux des bergères.

L'auteur du *Cabaret du Puits-sans vin* (couronné par
l'Académie) et de la *Légende de Robert le Diable*, se tra-

duit lui-même par l'image, doublement à l'aise dans son humour et sa grâce. A son observation suraiguë, parfois se mêle un peu d'amertume. *Dimanches Parisiens, Carnavals parisiens* et *Montmartre s'en va*, l'attestent.

Illustrateur, peintre et littérateur, Louis Morin, vice-président de la Société des Dessinateurs Humoristes, n'est pas moins un sculpteur apprécié dont les études de nu furent, en effet, remarquées au Salon, il y a près de trente ans !

*   *

« Montmartre, c'est la cîme de Paris. Par sa situation topographique, cet intime village est enclos dans la grande ville. Il mène une vie même à part avec sa façon de personnalité. Quelque cent mètres d'altitude l'éloignent du Boulevard par plus de dix lieues de terrain plat.

Les Parisiens voient de loin, là-haut, la silhouette majestueuse du Sacré-Cœur et du pittoresque Moulin Debray. Et Montmartre reste isolé. C'est un point de vue hautain, à mi-chemin entre les hommes et Dieu.

Le Moulin Debray, toujours le même, depuis tant de siècles, quoique tant de fois rafistolé de la carcasse ou des ailes, demeure le témoin historique de la Révolution, des heures terribles de 1815 et de 1871. Bien que Moulin, il n'oublie pas que c'est sur la Butte de son moulin que les alliés fusillèrent Debray et que c'est au sommet de la rue Lepic que la commune prit naissance. Mais, d'ordinaire la petite ville de Montmartre est plus paisible, et pendant que Paris s'endort, elle s'enveloppe de poésie bleue.

Alors, le réseau de quelques-unes de ses rues solitaires deviennent la retraite préférée des amoureux et des artistes. Aussi lit-on au hasard des rencontres, sur les palissades de la rue du Mont-Cenis, cet aveu : Dodor aime Clairette pour la vie ! Cependant, les poètes pâlissent dans leur minable logis, ils fouillent leur cœur, leur cerveau pour trouver le mot, la formule qui bouleversera le monde ou, tout au moins, assurera leur déjeuner du lendemain.

La Colline Sacrée a gardé, semble-t-il, plus qu'aucun quartier de Paris, l'amour de l'autrefois et l'amour de la nature, tandis que le Parisien se voue, corps et âme, aux affaires, se contentant des quelques pieds carrés d'un appartement moderne.

On y trouve là-haut encore des jardins d'artistes, avec des plâtres maquillés en façon de bronzes et de marbres Il y a aussi des jardins de petits commerçants, disposés en salle à manger et munis de bassins de poissons rouges. Enfin, n'oublions pas les jardins des vieilles dévotes et des petits employés à la physionomie différente.

D'une façon générale, maisonnettes, jardins, tonnelles, tout cela est pauvre, branlant et quasi antique.

Oui, sur la route, on respire le grand air. Ainsi, rue Lepic, à son entrée, quelques terrains subdivisés à l'infini, entre locataires, assurent quelques mètres cubes d'air champêtre pour les gosses.

Je ne puis me rappeler sans émotion le versant disparu de la Butte et l'escalier de ce que l'on a appelé le « maquis ». J'y vois encore une multitude de gamins dans ses immenses terrains vagues, en expéditions buissonnières, à travers cette forêt vierge, devenue — un moment — le parc du peintre Léandre.

Si mon cœur est au *vieux* Montmartre, mon esprit va au Montmartre *nouveau*. Je pleure ses masures qui tombent et ses chèvrefeuilles qu'on arrache et, ma sympathie n'est pas moindre pour les pauvres rêveurs de la Butte qui, sachant les rigueurs de l'existence, savent vouloir l'illusion.

L'art de Montmartre c'est le *Chat Noir* qui, dans ces temps modernes, moroses, privés de pittoresque, se donna la mission de le créer.

Cet esprit chatnoiresque, qui fut la formule d'art de Montmartre et lui donna la gloire littéraire et artistique, eut des origines compliquées comme toutes les choses de ce temps. Quelques charbons de l'époque romantique restaient sous les cendres, Salis, souffla dessus et les ralluma. C'est le *Chat Noir*, première manière, avec l'hyperbole gauloise qui permet à chacun de hausser ses exploits jusqu'au mode lyrique, et l'hyperbole romantique où le grain de folie ne messied pas. Salis y évoluait avec une maitrîse incomparable. Banville et Heine trouvèrent le secret de faire jaillir la source poétique au milieu même de la vie contemporaine. Par là, ils furent les ancêtres de l'humour « montmartrois » qui désigne l'art de dire plaisamment des choses graves ou gravement des choses plaisantes.

De 1887 à 1897, le *Chat Noir* fut le rendez-vous de toute la jeunesse chantante et dessinante de Paris. Littérateurs et artistes n'y firent qu'un. Les poètes y gagnèrent des images et, les peintres, des idées, puis ils offrirent leurs œuvres au grand public. Salis criait alors que Montmartre était le cerveau du monde et que ses artistes étaient incomparables.

A mon sens, il y a peu d'écoles officielles qui puissent se vanter d'une aussi belle moisson : Willette, Rivière, Caran d'Ache, Fragerolle, d'Esparbès, Maurice Donnay, Maurice Vaucaire, Ponchon, Auriol, Goudeau, Steinlein, Henri Somm, Hyspa, Haraucourt, Léopold Dauphin, Paul Delmet, Maurice Boukay, Dominique Bonnaud, Charles de Sivry, Henri Pille, Xavier Privas, Alphonse Allais, Robida, Jules Jouy, Léandre, Métivet, de la Gandara, Montoya, Marcel Legay, Armand Masson, Meusy, Tinchant, Fernand Fau, Ferny...

Quant aux petites montmartroises de Willette et

Steinlen, elles semblent destinées à vivre éternellement
dans le paradis des poètes, auprès des comédiennes de
Watteau, des bergères de Boucher et des amoureux de
Fragonard. Ils ont créé la vie idéale de la Butte.

Leur fillette ? C'est la grisette de Montmartre. Elle
a poussé dans le fossé des fortifications ou dans quelque
terrain vague. Parvenue à l'âge où toute fillette est
égale devant le désir des hommes, par la force de ses
dents blanches et de ses yeux en fleur, elle a fréquenté
les bals publics et les ateliers d'artistes pour descendre
plus tard dans les petits entresols du centre.

Vers dix-huit ans, comme les « grandes », elle devint
modèle, apportant à la fois dans les ateliers d'artistes,
des souvenirs de catéchisme et d'école, une grâce naturelle et quelques sentiments confus de la toilette. Un bi-
belot, une étoffe, jusqu'alors inconnus, l'amusaient aussitôt. Là elle apprit l'exercice de la Vie Libre...

C'est le moment choisi par le peintre Willette dont
l'œuvre est la plus haute expression de « l'Ecole de
Montmartre » — pour élever la grisette montmartroise
à la légende. Il la représente dans la rue, le sein nu,
quelquefois sans « liquette » — oh ! il ne s'agit pas
pour elle d'aguicher le passant ! — mais, il fait si chaud
et puis, elle possède en elle le sentiment de sa beauté
et de sa grâce. Pour la joie de nos neveux, Willette a
donc créé un Montmartre idéal, une montmartroise
suave dont le vice est si naïf qu'il n'offense personne.
Peut-être, quelque jour, nos descendants croiront-ils que,
de notre temps, les petites femmes de la Butte se bai-
gnaient, tout simplement, dans le bassin de la place
Pigalle quand il faisait beau temps ?... L'art de Montmartre, pour ne pas être officiel, n'en est pas moins vivant et viable. Aussi, depuis longtemps, avons-nous
fait justice, et le public avec nous, des classifications de
la critique d'autrefois...

Et puis, passons aux artistes de la Butte leurs trucu-

lences romantiques, leurs feutres mous, leurs capes bien
drapées, leurs culottes à la hussarde, leurs vestes à cols
droits. Que feraient, en effet, les illustrateurs des pro-
chaines scènes de la vie de Montmartre s'ils ne pouvaient
draper leurs personnages dans des costumes pittoresques dont la silhouette donne, tout de suite, l'état
d'âme de celui qui les porte ? »

M. Maurice Neumont

Né à Paris, au pied de Notre-Dame, Maurice Neumont
fait ses études au Quartier Latin. Elève de Gérôme, il
fréquente rue Victor Massé le célèbre cabaret du *Chat
Noir* où, vers 1886, Salis lui prend ses premiers dessins
pour le *Journal du Chat Noir*.

En 1900, Maurice Neumont devient secrétaire général de la Société des Peintres lithographes, avec Henry
Hamel comme président.

Entre temps, après avoir étudié les maîtres du Louvre, Maurice Neumont travaille l'eau-forte sous les auspices de Bracquemond, à Ville d'Avray. Aquafortiste et
lithographe, il décroche la médaille d'or pour la gravure.
Vers 1904, Maurice Neumont se fixe définitivement à Montmartre. Il voit la Nature et l'Humanité en beau. Il estime
que l'Art évolue et qu'il faut tenir compte de tous les
mouvements actuels. Le sens du Modernisme n'empêche
pas, bien au contraire, M. Maurice Neumont d'admirer
les classiques. Il goûte profondément Forain, Willette,
Steinlen (avec qui il collabora), Louis Legrand, Jean
Véber et, plus loin, les maîtres de la Hollande et de la
Belgique. Le vice-président et secrétaire général de la
Société des Dessinateurs Humoristes, si souvent cité
dans ce volume, a toujours été, et très tôt, attiré par le
côté plaisant de la Vie. L'illustrateur du *Chat Noir*, du
Courrier Français et du *Journal*, le peintre des *Cantiques*

d'Amour porte en soi un esprit mutualiste et un sens rare d'organisation.

* * *

« J'ai été très impressionné, vers 1886, par le généreux talent des véritables artistes du second *Chat Noir* que je fréquentais à quinze ans. Timide et peu fortuné, mon seul bonheur consistait à me rendre, rue Victor Massé, avec vingt sous en poche. J'étais alors au comble de la joie. Au reste, voici comment, en compagnie d'un camarade, nous dépensions notre petite pièce blanche. Fcoutez. Nous prenions un vermouth à six sous, soit douze sous, un bock à trois sous, coût six sous, total dix-huit sous, et laissions royalement au garçon un pourboire de deux sous. Seulement, il ne fallait pas compter prendre l'omnibus pour rentrer ! Mais un jour, notre plan économique échoua. G. Auriol, H. Rivière, feu Caran d'Ache s'en souviennent ! En effet, le garçon du *Chat Noir*, en faisant l'addition de nos soucoupes, se trompa. Ne nous réclama-t-il pas la somme de vingt-deux sous ! Mon camarade et moi nous regardons angoissés ! Nous esquissons bien un geste vers notre gousset vide... alors Salis, comprenant notre trouble, s'asseoit à notre table, et s'écrie :... « Non, non ! c'est ma tournée! » Tout de même nous avions eu chaud!

Voulez-vous maintenant que nous parlions un peu de La Vachalcade de 1897 et de 1898. Son Comité se tenait au Cabaret des Quat'z'Arts. La Vachalcade (1), comme vous l'écrivez, donna lieu à deux fêtes inoubliables. Willette, partant de cette idée qu'il n'y a pas de Bœuf Gras pour les Artistes mais bien la Vache Enragée, protesta aussi contre la pauvreté artistique de la traditionnelle Mi-Carême. Pour mieux montrer la détresse des artistes

---

1. Voir chapitre VII.

aux masses bourgeoises, Pierrot fit faire le tour de la
Butte, en passant par les boulevards extérieurs, aux
deux Vachalcades. Guirand de Scévola, A. Truchet,
Grün, Weiluc, Pelez et d'autres, se dépensèrent avec un
art infini. Lors de la deuxième Vachalcade, dans le cortège des Gloires de la France, je personnifie... Turenne.
Jeanne d'Arc, celle de Frémiet, est incarnée par un très
beau modèle. Tout le long du défilé, mon cheval m'inspire de sérieuses inquiétudes. C'est une « riche nature »,
comme l'écrirait Dranem, qui marche à reculons et me
précipite le postérieur dans la devanture des boutiques...
Soyons sérieux !... Jeanne d'Arc et Turenne, à cheval,
depuis plusieurs heures, sont acclamés par la foule.
Quand on m'aperçoit chacun s'exclame: Vive d'Artagnan ! Ça, c'est vexant ! Soudain, la vivante Jeanne
d'Arc de la Place des Pyramides, n'en pouvant plus, me
pleure son envie impérieuse de... mettons... « se soula-
ger ». Or, à Montmartre il n'y a pas de chalets spé-
ciaux !... Pas même un urinoir en vue !... Et si cependant
le cortège ralentissait !... La déveine noire s'acharne sur
Jeanne d'Arc tandis que Turenne, compatissant, dans
l'oubli des ovations, scrute anxieusement l'horizon. Soudain, place Jules-Joffrin, nous enregistrons un arrêt
important avec la perspective voisine d'un isoloir.
Jeanne d'Arc me supplie à nouveau de l'aider à descendre de sa monture... Entièrement prise dans son
armure, notre néo-Pucelle souhaite de moi une assistance
plus pressante...

Sous le bouclier de la vespasienne — ô charmant
spectacle ! — la foule identifiait les chaussures de mail-
les de Jeanne d'Arc et les bottes de Turenne ! Le Maréchal avait aidé au soulagement de l'héroïne de Dom-
rémy ! Peu de nos contemporains, en vérité, peuvent en
dire autant ! Mais, gardez bien pour vous cette histoire...
de France montmartroise.

Deux mots maintenant sur la Fête Gavarni de 1901

dont mes fonctions de secrétaire général des Peintres Lithographes et du Comité Gavarni m'amenèrent à m'occuper. Le comité en question élut président le maître Gérôme. La fête Gavarni, organisée au Moulin-Rouge, nous procura les fonds nécessaires à l'érection du monument Gavarni conçu par Denys Puech. Gérôme, à cette époque, a quatre-vingts ans. Il vient en costume de l'époque 1830. Le père J. Claretie et Pierre Gavarni, y voisinent aussi. Celui-ci portant un des costumes de son père. C'est là, vers 1901, que naquit le premier groupement d'artistes humoristes. Pour cette fête inoubliable, j'avais composé l'affiche en collaboration avec Bracquemond.

Encore un souvenir inédit. En 1902, à l'Opéra-Comique, au cours de la matinée Gavarni, Forain, Ch. Léandre et J. Chéret imaginèrent un éventail-programme fort artistique.

Deux ans plus tard, Ferdinand Bac apprend à Abel Faivre, Maurice Eliot, Redon, Truchet et à votre serviteur que la fille de Henry Monnier se trouve dans la plus grande détresse.

Au Casino de Paris, nous mettons sur pied la fête du père de Joseph Prud'homme dont le succès dépasse nos espérances. A ce moment-là surtout, et à d'autres, nous nous prenons à regretter notre manque de solidarité.

Du coup, en 1904, avec Léandre nous fondons la Société des Dessinateurs Humoristes. Louis Morin en est vice-président et Maurice Neumont secrétaire général. Truchet exerce les fonctions de trésorier.

M. Félix Juven, directeur du *Rire*, fondera en 1907 le Ier Salon des Humoristes, faisant appel au Comité et à la Société des Dessinateurs Humoristes. C'était trop beau car, à la suite d'un incident regrettable, une scission, en 1910, se produisait. En effet, la Société des Artistes Humoristes, avec Abel Faivre comme président, fêtait son Salon annuel au Palais de Glace et, la Société des Dessinateurs Humoristes, sous l'égide de J.-L. Forain, organisait le sien, en 1911, à la Galerie Manzi et Joyant rue de la Ville-l'Evêque. Mais, depuis 1912, elle a adopté la Galerie La Boëtie.

Comme vous l'avez dit, judicieusement, l'année 1915 apporta l'Union Sacrée par la réunion des deux Sociétés en un seul Salon de la Société des Artistes Humoristes avec la Société des Dessinateurs Humoristes. Pour en terminer avec ce point d'histoire des Beaux-Arts humoristes, j'ajouterai que le 4 mai 1920, réunies en assemblées générales, les deux Sociétés votaient leur fusion complète sous le titre de la première Société des Dessinateurs Humoristes avec J.-L. Forain comme président, Avelot, Louis Vallet et Maurice Neumont vice-présidents. Chaque année, notre Société voit son succès s'accentuer et son chiffre d'achats augmenter.

Par l'imagination descendons la Place du Calvaire et transportons-nous à l'Auberge réputée du... de l'avenue Trudaine. J'y retrouve encore par la mémoire l'Anglais S..., un type extraordinaire, grand ami de notre Courteline.

Il s'enfonçait, sans grimacer, des épingles à chapeaux dans les joues ou bien, en dégustant une liqueur, il mangeait son verre avec un calme imperturbable ! Quand le vent soufflait, dans le courant d'air de la terrasse de cet établissement, il allumait sa pipe au pétrole. En été, certain après-midi, ne mit-il pas le feu à la barbe d'un paisible consommateur qui criait à l'incendie ? Ce phénomène sidérait les plus endurcis. Lui servait-on un bock dont la soucoupe était un feutre — selon l'habitude d'avant-guerre — qu'il le dévorait presque aussitôt en buvant sa bière. Un jour qu'il prenait le frais à la terrasse, un petit napolitain lui propose quelques Napoléons en plâtre. L'Anglais S... le dévisage puis se refuse à acheter Napoléon. Alors tous deux se disputent. En quoi est ton Napoléon ? interroge-t-il. Le gosse lui répond : en plâtre. Notre incorrigible farceur de s'assurer si la statuette n'est point en sucre. L'autre de lui démontrer qu'elle est en plâtre. Et, tout à coup, notre phénomène de prendre ses « Napoléons » et de les manger sans autre forme de procès.

« Notre S... constituait l'unique attraction de la fameuse Auberge où, entre temps, il personnifiait le soir, au moment de la grande affluence, le « décapité-parlant ». Le Patron le descendait, par une trappe, dans son soussol. Une nappe, blanche comme de la neige, lui serrait le cou tandis qu'il passait la tête... Notre Anglais se composait un visage de cire. Et le patron bonimentait à merveille : — Mesdames, Messieurs — expliquait-il — le décapité-parlant va mourir ! Offrez-lui quelque chose. » Un dîneur présentait un cigare... qu'il avalait. Et S... remerciait. Un client lui faisait servir un verre de rhum... qu'il buvait d'un trait.

« Et notre « décapité-parlant », les yeux révulsés, par le trou du parquet se livrait à une savante mimique comme s'il avait vécu les derniers moments d'un condamné à mort gracié par le Président de la République avant l'expiation ! Dominant, d'un regard volontairement éteint l'émotion générale, toujours croissante, le Patron proférait : — « Messieurs, découvrez-vous, le décapité-parlant va mourir ! Ça y est ! Il se meurt ! Voyez ses ultimes spasmes ! » Notre génial-fumiste se pâmait alors et, tout à coup, se laissait choir au fond de la trappe entr'ouverte.

Des mauvaises langues prétendent qu' « il y avait une femme là-dessous »..., celle précisément du patron !

Donc, à la Société des Dessinateurs Humoristes, nous assumons nous-mêmes le lancement de notre Salon annuel. Ainsi, en 1905, au Casino de Paris, c'est Jacques Callot que l'on fêta parce que la précédente Fête Henry Monnier avait pleinement répondu au but charitable que nous nous étions proposé. Notamment, la Diligence des Humoristes de 1830, reconstituée par les camarades Ave- lot, Pinchon et de La Nézière, souleva des applaudisse- ments unanimes. Par ailleurs, la vente des journaux et des éventails-programmes rapporta beaucoup. Comme par hasard la Diligence des Humoristes traversa tout Paris. Notre Bal, bien entendu, était lancé.

En 1907, notre Salon s'inspira d'un fait-divers : la bande à Bonnot !

Chacun, la Police même, s'ingéniait à retrouver les traces de la fameuse « auto grise », celle du chef de bande. Elle nous servit de prétexte à annoncer aux bourgeois l'inauguration de notre Salon... avec le Musée des Horreurs.

Donc, mes camarades et moi visitons tous les garages de Paris pour dénicher une... auto grise. Difficilement, très difficilement nous en découvrons une, les proprié- taires troquant par prudence le gris de leur voiture contre toute autre couleur. Avec de l'argent et du temps, notre idée est promptement réalisée. Chargée de bandits calabrais, notre « auto grise » démarre de la rue de la Boëtie.

J'ajoute que nos fusils de bois sont munis d'enton- noirs formant tromblon. Devant le vaste hôtel des publi- cations *Fémina* et *Je Sais Tout*, avenue des Champs-Ely- sées, où l'on nous attend, nous stoppons et sautons prestement à terre. Garçons de bureau en armes et photographes au grand complet nous reçoivent à coups de fusils et d'objectifs. Ebahis, émus aussi, les Parisiens s'étonnent de voir la Police assurer le service d'ordre au lieu de nous arrêter. C'est inimaginable ! Puis, ren- dez-vous est pris au paisible restaurant du Café Riche où nous convenons d'entrer en bons pères de famille. Patatras ! un loustic de notre bande, le revolver à la main, vocifère en ouvrant, avec fracas, la porte. — « Que personne ne bouge ! Haut les mains ! Un monsieur, qui

savoure un potage exquis, le renverse dans son faux-col.
Il disparaît derrière son assiette cependant que sa
« légitime »... ou non, glisse sous la table et qu'un Américain du Sud sort brusquement son browning.

Les bandits d'opéra-comique que nous incarnons à
merveille, désarment ce client dangereux et nous nous
expliquons. La Police alertée ne savait au juste, en l'absence d'instructions de la Préfecture, si elle devait se
saisir de notre auto grise et de ses occupants...

Le lendemain, la Presse donnait nos photographies et
commentait sympathiquement notre mystification tragico-comique. Encore une fois, notre Salon bénéficia de
cette réclame !

Voulez-vous connaître l'histoire de la panthère de la
Société des Dessinateurs Humoristes? Vers 1913, nous
avions installé dans le sous-sol de notre Salon un
Jardin Zoologique. Un beau matin, par la voie des
journaux, nous lançons cette effarante nouvelle : « La
Panthère de la Société des Humoristes s'est sauvée de
sa cage... » Vous devinez l'angoisse de ceux qui ignorent
le but philanthropique de nos « canards ». Aussi bien,
organisons-nous vêtus en chasseurs, chassant la pan-
thère-canard, une grande battue dans le Bois de Bou-
logne au vif émoi des gardes et des promeneurs. En fin
de soirée, un des nôtres rapportait triomphalement une
panthère-descente de lit... non au bout d'un canard
mais d'une canne !

Un après-midi, la Préfecture de Police nous avise
qu'elle nous invite à renoncer à la publicité des hommes-
sandwichs. Nous décidons de remplacer ces « mâles-
comestibles », sur les Boulevards, par un train de plaisir. Nous avions passé la nuit, Poulbot et moi, à peindre
les wagons, la locomotive et son tender figurés sur des
panneaux que portaient avec des bretelles nos « esclaves ».
Il semblait, à les regarder, que ces bonshommes étaient
les voyageurs de ce train de plaisir. Notre train voitu-

rait, bien entendu, derrière soi une véritable foule, cependant que nos braves agents s'évertuaient à faire circuler...

Montmartre se rendant sur les Grands Boulevards, c'est banal, mais Montmartre reçu solennellement au Sénat, c'est plutôt amusant ! Je fais allusion à l'entrevue qui nous fut ménagée, sur les instances du Ministre de l'Instruction Publique et des Beaux-Arts d'alors, auprès de feu le sénateur René Bérenger au Palais du Luxembourg. Le Ministre en question, ami personnel de A. Willette, ne lui avait-il pas déclaré à brûle-pourpoint ? — Avez-vous besoin de quelque chose aux Beaux-Arts ? Et Willette avait aussitôt répondu — Ménagez-nous un entretien avec le père Bérenger au Sénat.

Cet honorable parlementaire, comme chacun sait, poursuivait d'une haine, mal établie, quelques-uns des artistes les mieux doués d'entre nous.

Chose promise, chose faite. Le Président de la Ligue contre la Licence des Rues reçut dans les Salons du Luxembourg, Willette, J.-L. Forain, Steinlen, Ibels, Jean Véber, Truchet, Maurice Neumont et quelques autres. Nous lui reprochâmes de confondre l'Art et le Nu avec la Pornographie. Il s'en défendit naturellement. Comme Forain s'indignait des poursuites entamées par le Père la Pudeur contre lui, celui-ci, en chair et en os, répondit ce qui déchaîna la colère générale : « Certes, je vous poursuis, mais vous ne serez pas condamné. » Nous poursuivre, nous artistes, avec cette excuse préalable que nous ne serons pas condamnés ! C'était superbe ! Séance orageuse entre toutes ! Néanmoins notre entrevue se termina par le triomphe du Droit puisque nous réussîmes à obtenir de Monsieur le Sénateur Bérenger — Dieu protège son âme ! — qu'il prît la peine de consulter un Jury d'Honneur composé d'artistes réputés avant de poursuivre nos camarades humoristes.

Puisque je vous tiens, cher ami, ne manquez pas de

relater — poursuit Maurice Neumont — contrairement à l'adage : l'Art n'a pas de Patrie, que Montmartre-Artiste accomplit superbement son devoir pendant les hostilités. Moi-même j'ai consacré mon temps et mon crayon à la propagande française contre l'ennemi. A ce titre, j'ai fait le premier dessin de la guerre. Il me souvient de celui intitulé *Assassins*, qui représentait les empereurs d'Allemagne et d'Autriche, masqués, tenant un couteau de boucher à la main. Cette évocation saisissante faisait partie de ma série *1914*... Et, le 12 août 1914 les camelots vendaient *Assasins* dix francs dans les quartiers cossus et trois francs aux Abattoirs. M. Lasnier, ancien imprimeur du *Courrier Français*, tirait ce dessin sur une machine à bras. Il le cédait à cinq centimes aux camelots. Cela me valut quelques reproches du Préfet de Police qui s'indigna : — Comment ! vous appelez assassins ces deux Empereurs ! Mais ce sont des Altesses ! Et moi, je lui répondis : — Mais ce sont des salauds !

Je fus, à mon tour, mobilisé et envoyé en mission au front, après m'être sérieusement occupé de l'installation de la cantine du « Lapin Agile », chez Frédé, et de la « Cantine Buffalo », chez moi. Pendant ce temps-là, Montmartre était à la guerre et pas à la fête.

Racontez cela. C'est assez plaisant. A la veille des hostilités, Georges Casella, feu directeur de *Comœdia*, nous présente un gros mécène. Il nous assure qu'il faut aussitôt le nommer Président des Fêtes d'Adieu de Montmartre car il nous aidera pécuniairement. Notre Comité le « bombarde » donc Président de l'Adieu au Vieux-Montmartre. Malgré cet honneur, notre mécène tardait à délier les cordons de sa bourse. C'est alors que nous convînmes spontanément, à une réunion de comité, de nous réunir à dîner, chacun devant payer son écot. Nous nous mettons à table à la Taverne de Paris. Et au dessert, Guy Arnoux se lève : « Je vous propose, dit-il, de lever votre verre en l'honneur de notre cher Président qui a eu l'amabilité de nous offrir ce repas. » Et notre mécène, souriant mais furieux, régla les cinquante couverts. Mais il disparut pour de bon. Ce fut pour lui, comme pour nous, assurément la dernière Fête d'Adieu de Montmartre.

N'espérez pas me faire rougir en m'interrogeant sur la Grisette. Pour l'Artiste, c'est la fidèle camarade des bons et des mauvais jours.

Dites-bien, mon cher, que la République de Montmartre fut proclamée le 7 mai 1921 à la suite d'une réunion qui groupait des artistes, des littérateurs et des anciens combattants de la Butte-Sacrée. A titre documentaire, voici l'ordre du jour qui fut adopté à l'unanimité :

« Les soussignés réunis en comité de « Salut public » ont décidé de fonder une association qui prendra le titre de « République de Montmartre ». Ils s'engagent avec le concours des anciens combattants Montmartrois à défendre Montmartre contre les déprédations des vandales, l'envahissement des métèques et à consacrer tous leurs efforts pour conserver à la Butte Sacrée sa réputation artistique mondiale.

« Ils font appel au concours fraternel de tous les amis de Montmartre.

« Au sein de la nouvelle République toute discussion politique ou religieuse est formellement interdite. »

Suivent les signatures de :

A. Willette, Forain, Maurice Neumont, Poulbot, C. Léandre, Louis Morin, Lucien Métivet, G. de Pawlowski, Clément Vautel, Lucien Boyer, Dépaquit, Joë Bridge, Berthoud, Gaston Trilleau, Pierre Lissac.

Et MM. Berger, Bernardot, Bourguenot, Georges Goyer et Pelouze de l'Association des Anciens combattants Montmartrois.

Pour le comité :
L'un des vice-présidents
MAURICE NEUMONT
1, Place du Calvaire, 1
Paris (18e)

Donc, la République de Montmartre n'est pas ce qu'un vain peuple pourrait penser ; aucune politique ne l'agite. Nous nous groupons seulement pour défendre les derniers vestiges de cette jolie petite patrie de l'Art et pour protester contre l'envahissement du mauvais goût et du mercantilisme. Tout en déambulant aux quatre coins de la France, à Dijon, à Tours, à Granville, à Deauville et ailleurs, la République répand à profusion l'humour montmartrois et fait du bien à Montmartre. Ce n'est déjà pas si bête !

D'ailleurs, lors de la réception officielle de la République de Montmartre, par la Ville de Mulhouse, le 14 juillet 1922, à l'occasion de l'érection du monument aux Morts de la Grande Guerre, je fus amené à parler en ces termes : dans l'esprit de beaucoup de gens, Montmartre est synonyme de chahut, de centre de noces effrénées et de lieu de perdition ! Montmartre ? — Abbaye de Thélème ! Montmartre ? — Mouline-Rouge ! Montmartre ? — Petites femmes ! Montmartre ? — Cocaïne, éther, opium ! Voilà ce que proclament les étrangers ! Si certains coins de Montmartre sont des repaires d'indésirables — il y en a hélas ! partout — nous devons à la vérité de proclamer très haut que Montmartre s'avère surtout la Patrie des travailleurs de la pensée, du goût, de la beauté et de la *bonté* et non des artistes amateurs ou parasites.

A Montmartre, nombril du monde et du cœur, il y a eu les Delacroix, les Ingres, les Decamps, les Corot, les Daumier, les Gavarni, les Raffet, les Ziem, les Puvis de Chavannes, les Henner, les Gérôme, les Aimé Morot, les Forain, les Willette, les Poulbot, les Gustave Charpentier et d'autres...

Notre République a été constituée pour prodiguer le bien autour d'elle, pour épurer les mauvais lieux et pour empêcher qu'on ne porte une main sacrilège sur les derniers vestiges d'un Passé qui cristallise la gloire de l'Esprit et de l'Art français. Notre République secourt les vieux artistes comme les jeunes, sans oublier les enfants pauvres. Elle a le souci du Beau et du Bien. En outre, elle a fondé une clinique et un dispensaire 42, rue Lepic. Là, des médecins apprennent aux mères les soins à donner à leurs bébés. Ses Arbres de Noël et ses Fêtes apportent aux Petits Poulbots, jouets, vêtements et friandises. Aussi, sa grande Sœur, la République Française, ne cesse-t-elle, par ses représentants les plus autorisés, de lui témoigner sa sympathie, la plus vive et ses encouragements les plus fidèles. Au reste, vous avez déjà chanté tout cela mais... *bis repetita placent*, comme disent... les bègues ! »

CHAPITRE X

INTERVIEWS DE MM. FRANC-NOHAIN, PIERRE MAC ORLAN, LOUIS PAYEN et EMILE PEYNOT

M. Franc-Nohain

Avec de petites histoires candides : *Inattentions et Solli-citudes, le Dimanche en Famille, Serinettes et Petites Oies Blanches*, M. Franc-Nohain, conteur érudit et fin, agit sur notre cœur et notre esprit. Ses *Chansons des Trains et des Gares* et ses *Fables*, notamment, apparaissent de menus chefs-d'œuvre d'observation et d'humour dignes de son *Histoire anecdotique de la Guerre*, en collaboration avec Paul Delay.

Au Théâtre, l'auteur de *la Fiancée du Scaphandrier* ne s'est pas montré moins spirituellement délicat. Chacun rencontre dans l'œuvre du distingué rédacteur en chef de l'*Echo de Paris* ce qu'il désire y trouver : fleurs de sagesse et de vertu.

****

« Montmartre » ? — C'est le *Chat Noir*. Ce cabaret se trouvait boulevard Rochechouart. Le service y était assuré par des garçons habillés en académiciens.

Salis, qui en fut le fondateur, a été diversement jugé : les uns lui attribuent l'honneur d'avoir rendu célèbre le *Chat Noir* ; d'autres le tiennent pour un cabaretier in-téressé. Moi, je l'ai toujours estimé. Enfin, le fait est indéniable, Rodolphe Salis, artiste-peintre, loua une boutique boulevard Rochechouart pour en faire un atelier. Cependant, un cénacle artistique et littéraire, les *Hydropathes*, se formait au Quartier Latin. Or, un jour, quelques-uns de ses membres montèrent à Montmartre dire bonjour à Salis. Là, ils récitèrent des vers et Salis en fut le premier charmé. Alors, sur leurs conseils, abandonnant la peinture, il s'improvisa cabaretier par la transformation de son atelier en cabaret. Comme il désirait qu'on distinguât ce nouvel endroit, il chercha une dénomination originale et il écrivit sur son enseigne : *Au Chat Noir*.

Emile Goudeau, Gill, Rivière, Jouy, Alphonse Allais, Caran d'Ache, Haraucourt, parmi tant d'autres, le fréquentèrent dès sa création. A la suite de péripéties imprévues, ce cabaret s'en fut siéger rue Laval où il connut une renommée presque mondiale. Vers cette date se place la fondation de son organe, *le Journal du Chat Noir*, dont Salis prit — évidemment — la direction. Willette et Steinlen l'illustraient de leur esprit et de leur art. Et moi, j'y ai donné mes premiers vers intitulés : *Ronde des neveux inattentionnés*. Autant qu'il m'en souvienne, j'étais encore lycéen à cette époque. Cependant, Alphonse Allais, Donnay, Lebeau et Auriol y collaboraient assidûment. Donnay y représenta la *Danse du cœur*. Le titre était choisi sans doute à l'imitation de la Danse du Ventre, qui faisait fureur alors à l'Exposition de 1889...

Plus tard, quand je devins chef de cabinet en Province, Salis me nomma Inspecteur-Général, pour la Province, du *Journal du Chat Noir*. Sur la scène du *Chat Noir* nous donnâmes une épopée de Caran d'Ache, des pièces d'ombres de Rivière, une revue de Donnay : *Ailleurs*. Toutes ces œuvres étaient écrites du premier jet, dans la joie, avec un enthousiasme admirable.

Du *Chat Noir* naquirent la Fantaisie, la Liberté dans l'art de dessiner, d'écrire et de penser !

Salis entretenait au *Chat Noir* la plus franche gaîté. Il avait la manie d'acheter dans la rue tout ce qu'il trouvait original. `

Un jour il se montra au *Chat Noir* avec un balai. Ce n'était pas évidemment un vulgaire balai, car il était muni d'un dispositif spécial qui lui permettait de prendre les pièces de dix sous. Et Salis, tel un enfant, ne contenait pas sa joie ! Il y avait souvent aux côtés du « gentilhomme cabaretier », Charles de Sivry, Haraucourt, Donnay, les chansonniers Montoya et Ferny. Laurent Tailhade déclamait superbement ses strophes lyriques, enfin, les récitations poétiques se poursuivaient régulièrement.

Salis avec Donnay, m'apparaissent les deux âmes du *Chat Noir*. Sans eux, ce cabaret n'aurait jamais connu pareille célébrité. Il y régnait une sorte de franc-maçonnerie idéale d'esprit et de pensée. Que de talent ils y dépensaient pour la plupart ! Delmet était le Massenet des pauvres.

Comme vous le savez, Salis avait la manie de porter des décorations, lui qui n'était pas décoré. Aussi dans ses tournées en province, mettait-il à sa boutonnière la rosette de la Légion d'Honneur. Une anecdote. Un soir que l'on jouait une pièce en vers au *Chat Noir* et que je me trouvais avec lui sur le plateau, il s'écrie indigné alors que j'étais encore fonctionnaire : « Comment ? tu n'es pas décoré, toi ? Tiens, tu l'es maintenant », et, retirant la grosse décoration qui ornait sa boutonnière il me la donna cérémonieusement. Depuis, j'ai gardé cette distinction honorifique. Elle constitue pour moi un gage précieux de son inaltérable amitié.

Il devait mourir en tournée, quelques années après, sans être décoré... Fatalité !

La grisette ne se montrait guère au *Chat Noir* car on n'y exhibitionnait guère les talents féminins comme aujourd'hui. D'ailleurs, il y avait peu de femmes dans les endroits montmartrois, lieu d'études et de conversations professionnelles. Je ne parle pas de la grisette de la Butte car, pour moi, Montmartre comprend essentiellement le *Chat Noir* avec ses types bien particuliers, ses membres éminents et son atmosphère purement montmartroise.

Peut-être la grisette est-elle apparue à Montmartre, mais si elle a existé là-haut, elle a dû signaler sa présence aussi au Quartier Latin.

En tout cas, elle a joué un rôle insignifiant dans les premiers et derniers moments du *Chat Noir*.

Quant à la démolition de Montmartre, elle répond à un besoin immédiat d'expansion, d'ailleurs bien explicable, en raison d'une agglomération de population aussi considérable que celle que contient Paris. L'influence de Montmartre sur la littérature ? — Je la crois infime. En effet, la littérature imagine et idéalise davantage qu'elle n'imite la réalité ; par contre, l'influence de Montmartre, je le répète, me semble indéniable en peinture, où le cadre et le paysage, en un mot la couleur locale, doit être rendue scrupuleusement.

Un quartier quelconque avec les maisons qui lui sont inhérentes, ses habitants et leur existence particulière, exerce toujours quelque pression dominante sur la pensée de l'artiste.

Aussi, les chansonniers réputés, Dominique Bonnaud et Numa Blès, par exemple, — bien que le vieux Montmartre ne soit plus hélas ! qu'une expression désuète — n'en continuent pas moins à chanter la Butte et la gloire éternelle du Pays d'en haut! Enfin, la démolition de ce cher et célèbre Quartier ne peut s'expliquer que par des nécessités urgentes de voirie, la question des terrains et des loyers, des habitations à bon marché, l'évolution générale des mœurs et surtout l'hygiène.

En conclusion, la mort de ce Montmartre impérissable c'est pour moi la fin surtout glorieuse du quartier de Paris le plus illustre — et « illustré » intellectuellement, — et qui m'est le plus cher en souvenirs et en amitiés. »

M. Pierre Mac-Orlan

M. Pierre Mac Orlan, l'auteur de la *Maison du Retour écœurant* et du *Rire Jaune*, décèle un humour intuitif et raisonneur, profondément original, à la fois sarcastique et macabre. Sa sympathie semble acquise surtout au légionnaire dont l'existence crâne et l'héroïsme basé sur le rachat de la conscience, en communion par l'amour et la raison avec l'Humanité, l'attendrissent. Sa philosophie émue concilie le bien et le mal dans un accord moraliste et spirituel.

***

« Oui, mon existence tourmentée m'a permis de faire connaissance avec ce cher Montmartre.

En effet, je fus tour à tour peintre en bâtiment au Raincy, correcteur d'imprimerie, artiste-peintre, soldat légionnaire par goût, et secrétaire d'une femme de lettre extraordinaire. Enfin, j'entrai au *Journal*. Voilà ma vie.

A la Butte j'ai fréquenté d'abord le *Lapin Agile* de Frédéric. *Le Stadium* y tenait ses assises avec Fauchois, Arnyvelde, Alexandre Mercereau. L'épouse de « Papa Frédé », Berthe, inaugura les « dîners du Lapin », auxquels Delaw. le peintre Girieud, André Salmon, Apollinaire, Dépaquit et Warnod assistaient le plus souvent.

A cette époque, le *Lapin Agile* ressemblait à une gare du Bas-Meudon avec ses femmes en toilette blanche.

Dans la suite, il évoqua le souvenir de quelque café perdu du Far-West ou de Colombo, de par son animation brutale avec les étrangers qu'on y rencontrait.

Villon y aurait vécu avec bonheur.

Certain soir, j'entendis parler trois allemands qui baragouinaient un langage incompréhensible, deux coloniaux au teint hâve, deux chinois aux nattes cirées, un anglais à l'air sévère ainsi que de misérables métèques.

Artistes, aventuriers et étrangers voisinaient donc sans sympathiser.

Le samedi, des rapins aux accoûtrements les plus bizarres, montaient prendre un « verre » de café.

Quant à la mère Adèle, sa vive intelligence, son initiative et son courage lui attiraient toutes les sympathies.

Combien d'apaches elle « sortit » magistralement de son « auberge ! » Une atmosphère de gaîté sans égale flottait dans son cabaret.

Bouscarat recevait aussi notre visite. Dépaquit, Gaston Coûté et moi y devisions joyeusement. Il me souvient d'une plaisanterie de Dépaquit.

Un matin, quelqu'un frappe à sa porte — à ce moment le maire de la commune libre de Montmartre habitait à l'*Hôtel du Poirier*, tenu par Mme Exartier, place Ravignan — c'était un créancier. Dépaquit couché, rabat ses couvertures et ne répond pas. Le créancier s'impatiente. Il frappe puis cogne, à grands coups, dans son huis en s'écriant : — « Monsieur Dépaquit, je sais que vous êtes là, vous avez vos chaussures à votre porte. » Et l'autre, de lui répondre, d'une voix étouffée : — « C'est pas une preuve, je suis sorti ce matin en chaussons ! »

Bref, le *Lapin Agile*, était le rendez-vous d'un monde d'aventuriers, au contraire de la *Closerie des Lilas*, du Quartier Latin, que fréquente aujourd'hui un monde international essentiellement intellectuel.

Nous organisions aussi, spontanément, de folles parties sur la Place du Tertre.

Au n° 13 de la rue Ravignan, se tenait l'atelier de
l'ami Jacques Vaillant où, notamment, André Salmon,
Max Jacob, le sculpteur Agéro et le cubiste Gris, se
réunissaient.

On transformait en quelques instants, l'atelier de Vaillant en bateau !

Le matériel se métamorphosait par nos mains, en
soupapes, soutes et machinerie à vapeur. D'ailleurs, le
feu faillit prendre plusieurs fois à ce bateau improvisé,
le poële — chaudière en l'occurrence — étant surchauffé.

Non loin de la rue Ravignan, campait le Bar *Fauvet* dont
l'unique appareil à musique nous permettait d'ennuyer
les socialistes quand nous leur faisions entendre quelque
marche de légionnaire, par exemple. Un soir même, ils
tirèrent des coups de révolver sur notre chétive troupe,
notre état d'ébriété était tel que nous n'entendîmes
rien...

Il n'empêche que la plupart d'entre nous — malgré
cette noce apparente — travaillaient sérieusement. Seulement à six heures, chacun montait respirer l'air de
la place Ravignan avant de prendre le collier.

L'heure matinale cinglait notre visage.

Cette place Ravignan, quadrangulaire, d'aspect provincial, entourée de murs de tous côtés, nous faisait penser au condamné à mort allant à la guillotine... Alors
que si gaîment, avec tant de joie de vivre et d'ardeur,
nous nous rendions au travail.

Car à Montmartre, on n'a jamais rencontré de bohème
à la façon de Mürger ; l'estomac et le gosier, de même
que le rire, savaient faire leur part au labeur.

A propos de la grisette, je vous dirai que celle de la
Butte fut incontestablement plus jolie que celle du Quartier Latin. Par contre, elle subissait aussitôt l'odieuse

empreinte du souteneur. C'était le plus souvent une fille, fidèle pensionnaire du *Rat Mort* ou de la place Clichy, qui s'offrait un béguin. Ses préférences étaient plus acquises à la cocaïne, à la morphine et quelquefois à l'opium qu'à l'amour !

La grisette du Quartier Latin pourtant semblait plus désintéressée et plus attachée. D'ailleurs, la grisette montmartroise (pour ne pas lui donner un autre qualificatif), suscitait des conflits et des batailles rangées. A cause d'elle, le *Lapin Agile* essuya de fréquentes fusillades.

Une certaine nuit, plus de cinquante coups de révolver furent échangés entre « Frédé », assisté de plusieurs de ses « clients », et une bande de souteneurs de Clignancourt.

Quant à la disparition de la Butte Montmartre, elle s'explique aisément. Dès l'instant où les artistes et écrivains montmartrois connurent des temps meilleurs, ils désertèrent la Butte pour les Boulevards. Ils avaient trop longtemps enduré cette vie de cow-boy — malgré les heures inoubliables passées dans l'ivresse du bon vin et de la saine gaîté — pour ne pas l'oublier, dans un appartement chaud, devant une table copieuse.

Avec l'âge, le goût du « chez soi » et le désir d'une aisance stable, hantent l'esprit de l'homme. De même le Montmartrois a « plaqué » la Butte comme on « plaque » un parent pauvre.

Si l'on raconte, parfois, ses misères aux intimes, du moins le souvenir des souffrances cruelles se refuse à l'évocation du lieu où elles se manifestèrent.

Montmartre est le Paradis des animaux en raison encore de l'amertume d'un passé ami qui inspira la bonté et trempa les cœurs.

Et puis, certains « toutous » et « matous » firent la guerre avec leurs maîtres et jamais n'en revinrent ! Où est-il le temps où l'on pouvait déjeuner pour 0 fr. 50 !

Aujourd'hui, co Quartier est devenu cher. Alors les Montmartrois s'expatrient à... Auteuil, comme moi, où au moins ils trouvent la vie très chère au bas de leur porte...

« Bref, la Butte et ses contingences matérielles nous apprirent à supporter stoïquement bien des gens et bien des choses, et à puiser en eux un maximum de travail avec un minimum de rendement. Mais, du mélange des rires et des larmes naquit l'Humour qui est une façon amère de dérider les autres quand on s'enm... Et, nous en sommes fiers. »

M. Louis Payen

Directeur autorisé, par sa Muse inspirée, des matinées poétiques à la Maison de Molière (1), M. Louis Payen, critique littéraire à *la Presse*, exhale un grand souffle d'Amour et d'Humanité — rendant à Polymnie sa vraie fonction sociale et morale — dans *A l'ombre du Portique*, *Les Voiles Blanches* et *le Collier des Heures*.

Joué sur nos principales scènes dramatiques et lyriques, M. Louis Payen écrivit le livret, à l'Opéra-Comique, de *Gismonda*. A la Gaîté-Lyrique, il signa deux puissants drames, en collaboration avec H. Cain : *Carmosine* et *Yato* ; à Monte-Carlo, il donna *Cléopâtre*, dont Massenet écrivit la partition.

Même succès pour ses œuvres en prose ou en vers, représentées en plein air et à l'Etranger.

* * *

« Fauchois, Larguier, Séché et moi, montions souvent sur la Butte, pour nous retremper dans son atmosphère artistique et idéaliste. J'eus l'occasion d'y grimper aussi

1. Depuis, secrétaire général de la Comédie-Française.

avec Emile Vuillermoz, rédacteur en chef de la Revue S. I. M.

La rue Lepic présentait alors un aspect original avec ses touffes d'herbes hérissées entre les pavés. Nous allions dans les cabarets boire du bon vin et parler esthétique et art.

Au *Lapin Agile*, un soir, l'auteur de *Rivoli* monta sur une table et déclama des vers jusqu'à l'aube.

L'air du matin nous fit oublier que nous étions fatigués nous revînmes, pédestrement, déjeuner à Montparnasse.

Au *Coucou*, nous étudiâmes la création d'une association entre confrères afin « d'entretenir l'amitié » ; elle échoua, évidemment !

La rue Cortot nous était aussi familière. Vuillermoz et moi y avions un ami commun. Il habitait justement une maison qui eut depuis quelque célébrité lors des exploits de la bande Bonnot. Les fenêtres de son appartement donnaient sur ces petits jardins, accolés au flanc de la Butte, comme des bouquets aux bonnets des petites ouvrières, et l'on pouvait se croire fort loin de la fournaise parisienne.

« La grisette montmartroise était essentiellement une bonne fille, point méchante, alternant entre Montmartre et le Quartier Latin. Aujourd'hui, on la cherche en vain sur l'une et l'autre rive. C'est maintenant une « professionnelle » et non une amie désintéressée. A la place du cœur, elle possède une bourse en vil métal, souvent vide, et qu'elle cherche toujours à remplir. Elle s'est tout simplement « modernisée ». Peut-être les nécessités de la vie où le surenchérissement de l'existence ! Je ne sais ! Mais je me garde de la blâmer et, tout en la regrettant, je trouve fort logique son « évolution ». J'estime cette disparition de la Butte, déplorable. Je voudrais que l'on conservât le plus possible les vestiges du Passé, — quand il est glorieux, — ou du moins, l'un des derniers moulins de Montmartre, car :

« *Les moulins ont donné des ailes aux collines...* » depuis assez longtemps, pour qu'on en garde encore *un* ! Les pierres de cet antique Montmartre, cette vie fraternelle, ces chers souvenirs et ce charmant « laisser-aller », disparaîtraient alors ? Et quoi de plus pittoresque pourtant que cette paisible place du Tertre où l'on croit toujours rencontrer le *M. Bergeret* d'Anatole France ?

Quant à l'art montmartrois, il a surtout produit des choses aimables en peinture. En littérature, il a peu brillé ; et dès qu'ils ont eu la certitude de leur talent, ceux qui, comme Maurice Donnay, ont commencé sur la Colline sacrée, sont descendus bien vite vers les boulevards...

« Le Modernisme renie le Passé. Or sans ce dernier il n'eût jamais existé. S'il a donné prématurément la mort au Vieux-Montmartre, encore conviendrait-il qu'il le respectât car il lui doit beaucoup. »

M. Emile Peynot

Grand prix de Rome en 1880, le statuaire Emile Peynot, aujourd'hui professeur à l'Ecole des Beaux-Arts, a exécuté de nombreux bustes, bas-reliefs, marbres et monuments à Paris, à Fontainebleau, à Lyon, à Lille, à Sens, à Plombières, à Ismaïlia et en République Argentine.

Au surplus, M. Emile Peynot, dont le chef-d'œuvre « Pro Patria » figure au Musée du Luxembourg, a décoré de groupes importants plusieurs châteaux historiques... ou non. Sa manière de statuaire s'apparente à la grâce du XVIIIᵉ siècle.

* * *

« J'ai fréquenté Montmartre durant de longues années. Je me souviens qu'entre la rue Lepic et les deux Mou-

lins, sur les hauteurs du vieux Montmartre, s'étendaient
des terrains vagues sur lesquels poussait une herbe
épaisse. C'était une petite campagne intime. A côté, les
vaches paissaient dans ces champs et en tout repos.

Le *Bal de la Galette* jetait dans l'air des flonflons qui
se répercutaient étrangement en cette campagne. Depuis
la rue du Ruisseau jusqu'à la plaine Clignancourt, on
ne rencontrait que verdure : aujourd'hui, ce ne sont que
maisons de rapport.

Les environs de la place Saint-Pierre étaient entièrement incultes. Le vieux Montmartre, proprement dit,
enfin, ressemblait peu au pauvre Montmartre d'aujour-
d'hui.

« J'ai connu la grisette montmartroise. C'était une fille
tendre et confiante, point ambitieuse le plus souvent.
Elle s'habillait de peu, vivait de rien. Elle aimait le rire,
la distraction et le théâtre. Aussi faisait-on facilement sa
conquête avec de l'esprit, une promenade à la campagne et un tour au café-concert.

« Quelquefois coquette, elle ne manquait jamais de
goût. Je me rappelle que l'une d'elles Fernande, posait
dans mon atelier avec sa musique devant elle ; elle l'étu-
diait tout en posant, car elle était aussi artiste lyrique...

« Il me souvient d'un certain soir que Mme Adèle, dan-
sant avec plus d'ardeur que de coutume, perdit un de
ses seins ; aussitôt, les jeunes artistes se mirent en
quête de le trouver et, ils le retrouvèrent : j'en conclus
qu'elle devait avoir le sein vagabond.

« Je suis peu allé au *Chat Noir* où, néanmoins, j'ai
connu Salis. La dernière fois que j'y fus, je vis des
hallebardiers et des Suisses, quelque chose comme la
garde d'un pape.

Voici une anecdote. Robinet, un sculpteur second Prix
de Rome, élève de David d'Angers (qui eut une certaine
notoriété sous Napoléon III), — non pas David mais...
Robinet — recevait régulièrement la visite, dans son

atelier, d'Adam Salomon qui venait le corriger. Un jour afin de le mieux recevoir, Robinet décrocha un superbe tapis qui se trouvait au mur et l'étendit sur le sol, à l'entrée de l'atelier. Adam Salomon vint donc mais... à cheval ! Et naturellement, sa monture laissa quelques « souvenirs » sur le dit tapis. Robinet et moi en rîmes beaucoup mais, seulement... après le départ du Maître.

La fin de la Butte Sacrée me semble très regrettable. En effet, Montmartre et ses artistes sont comme les satires de Juvénal ; on devrait davantage les connaître et les estimer. Aujourd'hui on n'y voit plus de parcs, de coins de verdure, seul l'air est demeuré le même. Ne l'oublions pas, c'est l'ambiance de Montmartre qui a inspiré les artistes. S'ils vivent dispersés, de nos jours, au lieu d'être groupés, comme ils le furent jadis sur la Butte, ils ne tarderont point à le regretter.

L'élite montmartroise avec les Willette, Léandre et Forain, a marqué nettement son influence.

Je crois que Montmartre a donné une pensée plus rapide au peintre habitué à considérer trop minutieusement le paysage et, j'estime encore qu'il a donné au sculpteur une sorte d'intellectualité de laquelle il s'est avantageusement inspiré. Montmartre a élevé l'âme de ses favoris en leur permettant d'étudier, de produire, de méditer loin du bruit et des soubresauts du cœur de Paris. Dans l'Art, comme dans tous les domaines, il faut travailler longtemps, silencieusement et sérieusement. On doit demeurer toujours sur la brèche, avec son idéal; cela est vrai pour tous les arts.

La mort du Vieux Montmartre, uniformisé par des maisons de rapport, en vérité, c'est la fin d'un « pays » essentiellement démocratique ! C'est l'exode de la légendaire grisette de Gustave Charpentier, du bohème et du rapin, ces types bizarres et originaux, bien français. La plupart d'entre eux, s'ils n'avaient point toujours du talent, étaient du moins remplis d'ardeur au travail,

Mais j'allais oublier cette jolie figure : le modèle. Elle
aussi a changé : le plus souvent une ouvrière posant
« en amateur » désireuse de gagner dix francs par pose
et de s'en aller au plus vite, l'a remplacée... « Hier et
Aujourd'hui ! »

CHAPITRE XI

INTERVIEWS DE MM. POULBOT, XAVIER PRIVAS et JEHAN RICTUS

M. Poulbot

Un visage souriant au haut d'un long corps, c'est le dessinateur Poulbot qui, afin de se mettre à la portée des « gosses » de la Butte — ses modèles chéris — incline vers eux, pour mieux les croquer et les entendre, sa taille, son talent et sa bonté.

Au Théâtre des Arts, avec M. Paul Gsell, Poulbot a fait jouer *Les gosses dans les Ruines* et *Encore des gosses et des Bonshommes*, et, au Moulin de la Chanson, *Sur la Butte*, en collaboration avec M. A. Warnod, toujours et encore des gosses qui demeureront autant de documents vivants de la faune montmartroise.

** * **

« J'ai connu le Vieux Montmartre — celui du *Chat Noir* et de Willette et *Le Mirliton*, de Bruant — du temps que j'étais au collège Rollin. Entre nous, je n'ai jamais pu passer mon « bachot ». J'apportais à la classe des « préoccupations étrangères à l'enseignement » disait le « prof » de « géo ». L'examinateur, un monsieur pas commode, me demande : « Quelle est la femme de Louis XIV ? » Aussitôt, j'entends rire derrière moi. Je pense à quelque piège. Je cherche à percer le mystère et prudemment je ne réponds pas. C'est donc à cause de la femme de Louis XIV, que je n'ai pas de titre universitaire...

« Mais, je connais le Montmartre d'aujourd'hui — *Chat Noir !* Ya ! pour les Boches ; *Mouline Rouge !* pour les Anglais ! ainsi que celui de ces dernières années. J'ai logé d'ailleurs dans le « maquis » — séjour des ivrognes, des tessons de bouteilles et royaume des gosses de tous sexes — ce vaste terrain vague qui séparait la rue Lepic de la rue Caulaincourt. Un jour ou l'autre, nous verrons une gare de métro à l'emplacement du *Moulin de la Galette* et, partout, du « Bébé Cadum » ! mais oui!

« Plus tard, nous nous sommes réunis au *Zut,* cabaret situé sur la place du Tertre, dirigé par Frédéric. Nous dévorions là, de robustes filets de cheval avec des pommes de terre et y buvions de la bière noire, sur de hauts tonneaux... Quel chouette paradis terrestre ! Et d'autre part on avait l'impression du Montmartre à la Mer, en descendant la rue du Mont-Cenis ; sans blague !

« J'ai fréquenté ensuite *Bouscarat* et les établissements de la place du Tertre. Quant au Montmartre actuel, y compris le Maquis, j'en ai été expulsé et lui ai dit adieu en traînant ma voiture à bras, les larmes aux yeux et ma chemise à tordre... Adieu ! ses villas et leurs tonnelles : *Mon Désir, Les Tilleuls, Cat's cottage !*

« Aujourd'hui, il existe la *Pomponnette,* au numéro 42 de la rue Lepic, appelée la *Chope Arthur,* où l'on joue d'interminables parties de dominos. Quand je joue aux dominos, voyez-vous, je ne puis plus m'en aller et ma femme m'engueule... On s'y dispute parfois avec les communistes, le verre de byrrh en main.

« Un soir, — c'est toujours à la dernière minute que ces machines-là s'organisent, — un dessinateur du nom de Cheval, décide de faire un cirque dans la petite salle de ce cabaret. Toute la Butte, aussitôt prévenue, accourt et s'y presse. Dix minutes après, Cheval, le dessinateur et le personnel improvisé du Cirque, démolissaient le comptoir et les carreaux de l'établissement... Après ça allez donc dire qu'on ne s'amuse plus à la Butte !

« Voici d'ailleurs comment fut posée l'enseigne de ce cabaret. A six heures du matin, comme l'aurore pointait, traînant un lourd attirail de peintre, je m'installe à sa devanture. Sur un panneau de muraille, je fixe ma toile, puis je commence de peindre, au premier plan, un pompier... de Nanterre, un soldat et une grisette ; dans le lointain, un paysage du Vieux Montmartre et les ailes des moulins classiques...

« Autour de moi, la foule s'amasse. Des ouvriers, graves comme des critiques, me disent : — « Ça c'est jeté ! Mon vieux, t'es pas un type ordinaire. Viens, qu'on te paye un verre !

« Voilà comment l'enseigne de *la Pomponnette* fut créée... et arrosée.

« A partir de ce jour, je fus obligé de serrer les mains de tous, et pour échapper à cette tyrannie je dus demander alors au patron, de faire placer à la porte du café, un appareil composé d'une main de bois suspendue à une chaîne. De telle sorte que, en arrivant, chacun serre la main de bois en tirant la chaîne, qui actionne un formidable carillon et, les habitués entendant la sonnerie, se tiennent pour affranchis de l'habituel serrement de mains.

« A la Butte, on a bon cœur ! On s'y amuse en faisant le bien. Ainsi, nous donnons des représentations au profit des pauvres de la Butte ou de l'*Orphelinat Général de France*, par exemple.

« En un mot, notre troupe (1) « Poulbot-Saint-Vallier », monte des spectacles qui sont d'un bout à l'autre une parodie du café-concert. Du comique idiot à la gommeuse, des « as » du brillant quatuor toulousain, composé... de 7 chanteurs, au paysan rigolo, tous les genres défilent.

1. Avant la guerre de 1914.

Les acteurs interpellent les spectateurs, les hommes « jouent » les femmes et réciproquement. Chacun tient l'emploi qu'il ignore: c'est bien plus original. Enfin, des drames terrifiants provoquent le grand frisson : spectateurs, spectatrices, auteurs et acteurs affolés se jettent alors qui, par les fenêtres et qui, par les portes de la salle ouvertes à dessein, afin d'éviter les « frais » et les accidents.

« Et quelle recette pour les gueux, mon prince !

« Vers 1913, les artistes de la Butte, en signe de joyeux avènement, ont organisé les fêtes de l'*Adieu du Vieux Montmartre*. En est-il passé des voitures rue Lepic ! De belles dames et de beaux messieurs en habit disaient :

— *C'est un Vrai Moulin de campagne, il a des ailes !*

« Nous espérions quelque courageuse initiative de protection ! Nos efforts furent vains. Le pic des perceurs de rues, des démolisseurs, a tout éventré ! Les haies, l'herbe folle et les raidillons escarpés ont fait place à des appartements avec chauffage central, ascenseur... tout le monde veut avoir sa salle de bain ! On ne veut plus aujourd'hui faire passer son buffet devant la loge du concierge en cassant le globe du bec de gaz ou descendre l'escalier avec un pied de table dans la jambe de son pantalon.

« Moi, je regrette tout cela, j'aime trop Montmartre pour céder. On blague les gosses de la Butte, mais ils sont plus purs que ceux des dortoirs de lycées et que ceux des champs ! Ils n'ont guère que quelques curiosités innocentes vite dissipées par le jeu !...

« Ils demeurent fidèles seulement à la manie du « bout de billet », c'est-à-dire du poulet qu'on échange de fillette à garçon. Les fillettes disent qu'elles sont jolies et qu'elles possèdent des douceurs attendrissantes « pour les garçons ».

« Cette génération-là donnera des hommes illustres... Montmartre est éternel ! »

Un dernier mot sur Poulbot-humoriste.

Sa journée terminée, Poulbot descend la rue de l'Orient et va prendre son apéritif à la terrasse de la *Pomponnette*. On l'y voit coiffé d'une casquette de chauffeur — Willette dans son atelier en porte une sur laquelle on lit : « Petit Parisien » — vêtu d'un ample pardessus gris. L'autre après-midi, une « auto » s'arrête, rue Lepic, le long du trottoir. Le chauffeur monte dîner chez les siens. Plusieurs voyageurs pressés, débouchant de la rue Tholozé, surviennent et, prenant Poulbot pour le chauffeur, l'interpellent :

— Chauffeur, au théâtre Moncey !

— J' peux pas, j'ai pas l' temps ! répond Poulbot. Ceux-ci lui répliquent :

— On vous payera bien. Poulbot leur répond : — J'tiens pas à l'argent.

Furieux, les « clients » requièrent un agent... Celui-ci intervient et reconnaît... Poulbot. Alors, chacun de s'esclaffer... Poulbot, le premier.

M. Xavier Privas

Cumulant la robustesse de Porthos et l'humeur joviale de d'Artagnan, Xavier Privas respire le génie de notre race. Le Prince de la Chanson française (et sa Muse, Mme Francine Lorée-Privas), créateur de *La Chanson pour Tous*, embouche la trompette héroïque avec les *Chansons des Enfants du Peuple* ; clame le mal délicieux d'aimer et la mort qui ne veut pas mourir, avec *La Ronde des Heures*, le *Testament de Pierrot*, le *Noël des Bonnes Vieilles*. Jamais Xavier Privas — autre Béranger, Pierre Dupont et Hégésippe Moreau — n'a versé dans la vulgarité ni la licence ; sa voix d'un accent pathétique est familière, généreuse et réconfortante.

Aussi bien, pour ne pas être trahi dans ses sentiments

si purs, poète et musicien il s'accompagne lui-même au piano. Et *L'Amour chante*, dans son essence... à pleines lèvres ou à chaudes larmes, à Paris, à Montmartre ou à l'Etranger, au cours de ses tournées de propagande française.

.*.

« C'est en 1893 que j'ai débuté à Montmartre, sous les auspices de Pierre Trimouillat. Il m'avait convié à participer aux goguettes du *Chat Noir* qu'il dirigeait, avec sa belle humeur montmartroise, de concert avec Jules Jouy. Rodolphe Salis m'invita à débuter aux soirées de son célèbre établissement. J'y restai quinze jours. Il me fallait chanter le dos tourné au public car je m'accompagnais en chantant. Mon succès fut nul et je n'insistai pas. Je chantai ensuite au *Carillon* de Tiercy, à *L'Ane Rouge* de Gabriel Salis et aux *4' Z' Arts*, de Trombert. J'eus beaucoup de peine à me faire engager par ce dernier directeur, et c'est à mon vieil ami et compatriote Yon-Lug que je dois d'y avoir enfin réussi. Pendant un certain temps, je remplaçais les camarades indisposés ou en congé, ce qui inspira un jour à Louise France cette réflexion :

« Vous êtes logé à la même enseigne que moi, mon cher Privas, vous faites les *extras* ! Je rencontrais d'énormes difficultés à me faire écouter et adopter par la clientèle montmartroise, un peu bruyante, légère et frivole. Néanmoins, bien décidé à ne jamais me laisser manquer de respect et à exiger l'attention que nécessitait le caractère de mes chansons, je devins terrible pour les bavards et les perturbateurs.

« Cette énergie me réussit et je n'eus plus — au bout de plusieurs mois — qu'à me louer de notre auditoire.

« Notez ce fait plaisant. Certain soir, aux *4' Z' Arts*, j'aperçois, assis à côté du piano, un spectateur qui,

pendant mon tour de chant, a l'air de se payer copieusement ma tête.

« Je le revois, plusieurs soirs de suite, gardant toujours
son air narquois. Au bout de quelques jours, je suis pa-
ralysé par cette apparition.. Alors je demande à mon
ami Baltha, qui dirigeait les soirées, de prier ce monsieur de sortir pendant mon audition. Il m'est impossible
de chanter si je le sens à côté de moi se moquer... Baltha s'acquitte parfaitement de la mission. Et le monsieur sort sagement tandis que je chante. Il explique
plus tard à Baltha que mes œuvres lui plaisent beaucoup et qu'il a grande joie à venir presque tous les soirs,
au cabaret pour les entendre. Or le pauvre homme était
affligé d'un rictus involontaire... Je m'excusai de mon
mieux et lui fis présent de quelques chansons. Par la
suite nous devînmes les meilleurs amis du monde.

« Autre anecdote du même ordre empruntée encore
aux *4' Z' Arts* :

« A la sortie de l'établissement, un spectateur avisant
mon chapeau qui n'était pas cependant d'une grandeur
démesurée, le prend sans façon, tandis qu'il hasarde
d'un air gouailleur : « Permettez-moi de prendre
l'adresse de votre chapelier. » Je le laisse faire. L'opé-
ration terminée, je me retourne brusquement, lui lance un
vigoureux coup de pied dans les fesses, en ajoutant :
« Vous avez oublié de me demander l'adresse de mon
bottier, la voici ! »

« ... Plus tard Bonnaud, Jean Varney, Sécot, Baltha et
moi, nous fondâmes le *Cabaret des Arts* qui devint la *Lune
Rousse* et la *Chaumière*. Ce fut, pendant notre association
des *Arts*, que le bon poète Edmond Teulet organisa,
dans le *Supplément*, un plébiscite au sujet du principat
des chansonniers. Le sort me favorisa et nous. célé-
brâmes cette nomination aux *Arts* dans un joyeux banquet.

Si mes petites chansons ont obtenu quelque succès,

j'en suis redevable à Félicia Mallet, Violette Dechaume, Blanche Lauriane, Mévisto aîné, Francine Lorée devenue ma chère femme et collaboratrice...

Et puis :

> *A qui sait aimer*
> *Les Heures sont roses,*
> *Car c'est le Bonheur qu'elles font germer*
> *En l'Eden secret des amours écloses.*
> *Les Heures sont roses*
> *A qui sait aimer !*

... Rue de Clichy, enfin, nous avons mis en action les heures grises, noires — toujours aussi heureuses ! »

M. Jehan Rictus (Georges Randon, dit)

Il est des littérateurs qui écrivent pour le public et d'autres, qui écrivent pour l'art : les premiers gagnent de l'argent ; les autres vivent comme ils peuvent. Ceux-là enlisent les esprits et tuent la littérature ; ceux-ci la font émerger, utilitaire, créatrice et vengeresse au-dessus de la tête des lecteurs névrosés, déclassés ou snobs.

C'est au sein de la souffrance que le poète du faubourg Jehan Rictus, fils du peuple comme François Villon, dès l'âge de 15 ans, seul au monde, a roulé, peiné et produit.

Il est profondément attristant que l'œuvre poignante et sociale de l'auteur des *Soliloques du Pauvre*, des *Cantilènes du Malheur*, et du *Cœur populaire*, n'ait pas davantage triomphé de l'indifférence et de la veulerie.

La langue argotique mais bien française de l'ancien collaborateur de *La Muse Française*, du *Pierrot* de Willette, de *La Plume*, du *Figaro*, de *L'Echo de Paris* et du *Matin*, dont Steinlen illustra les poèmes et les proses, étreint la vie de tous les jours « qui sent la m... et les

lilas », avec ses tendresses, ses rancœurs et ses colères.
L'art douloureusement original de Jehan Rictus éclate
dans *C'que j'suis, C'que j'voudrais, Quoi faire? La Bla-
farde.*

*   *
*

« J'ai fréquenté la plupart des cabarets montmartrois
ainsi que ceux de la place du Tertre dont j'ai gardé le
plus détestable souvenir !

« Ces marchands d'eau chaude cherchaient à récupérer,
en effet, le cachet donné aux artistes en les contraignant
à boire. Nombre de chansonniers devinrent alcooliques
à ce jeu et en moururent, Paul Delmet le premier. Le
chansonnier devait au surplus revêtir une tenue soignée.
S'il est vrai que ces « cabaretiers » m'ont permis de
trouver un public dans la suite, du moins j'ai toujours eu
à me plaindre de leurs vilains procédés.

« Sans leur concours, je prétends être parvenu à me
constituer un noyau de lecteurs qui, plus tard, aimèrent
ma manière. Mon art réaliste et violent, les efforts que
j'ai faits pour tenter la réconciliation de la poésie avec
l'expression populeuse, ce besoin et cette foi aussi qui
m'obsédèrent pour créer une langue parlée, poétique et
vivante à la fois, eurent néanmoins leurs premiers échos
au cabaret.

« Mais, il y eut un de ces « industriels » cependant,
dont le talent de poète a mis la Bohème en action : ce
fut Rodolphe Salis.

« Quand je vins au *Chat Noir,* c'était dans ses derniers
moments, — car j'ai fait mes débuts à 16 ans, en Littérature, — les grands premiers rôles Donnay et Delmet,
notamment, s'étaient déjà retirés. Peu avant, Meusy
avait fondé le *Chien Noir* qui se tenait au Nouveau-
Cirque. Bruant, dont le talent, tout parnassien qu'i

soit, est immense, s'était mêlé à ce renouveau littéraire
avec son camarade.

« La grisette ? — La grisette montmartroise que je n'ai
jamais connue, fidèle habituée paraît-il de la Butte, était
plutôt une fe mme d'artiste, un modèle.

« Si elle avait existé, qu'elle aurait donc eu tort de se
donner bénévolement et non vénalement ! L'homme
peut souffrir, la femme ne doit pas partager son sort.
La femme cherche avant tout à faire son nid. Pourquoi
mènerait-elle une existence misérable : la Vie ! Le désir
de l'argent d'abord ; le besoin d'affection ensuite, animèrent son corps et sa pensée. La jeunesse n'est pas
éternelle. Il faut qu'elle sache se ménager, et les exi-
gences de l'existence ne doivent pas lui ⌊faire oublier ⌊le
lendemain.

« Quant à la légende de la Mimi-Pinson, c'est une plaisanterie. Nous ne sommes plus en plein romantisme.

« La preuve en est que la *Mimi* de Mürger — la grisette
du Quartier Latin — fuit dans la *Vie de Bohème* avec le
premier rentier venu.

« Montmartre disparaît. Peintres, littérateurs et artistes s'y donnèrent rendez-vous, puis vinrent les
« michetons ». Aujourd'hui, les entrepreneurs règnent en
maîtres sur la Butte. C'est l'évolution.

« Pourtant, *il avait été fortement question* — afin de garder ses précieuses reliques, — *de l'englober dans un bois.*
L'égoïsme des particuliers a triomphé. Ce point de vue
unique, qui domine Paris, eût ainsi conservé sa physionomie propre. De par la faute d'individus contaminés
dans la Finance, Montmartre s'écroule sous les coups du
capitaliste.

« De laides casernes, à confort moderne, édifiées en
rangs pressés, remplacent ainsi des jardins tout verts
et des maisons salubres. Voilà l'Hygiène et l'assainisse-
ment modernes !...

« Et quand, sur la Butte, il ne restera plus vestige des

temps révolus ; quand l'immonde bâtisse de beurre frais
règnera en maîtresse, au flanc du coteau jadis sacré ;
quand le dernier moulin éventré, désossé et débité en
rondins sera allé flamber dans quelque cheminée de
Ministère, pour attiédir le sommeil des ronds-de-moles-
kine, c'en sera fait pour toujours de ce qui restait encore
à Paris, de beauté, d'esprit et de pittoresque...

« Nous verrons cela, jeune homme, car le pic et la pelle
des dévastateurs bourgeois besognent ferme et vite dans
les entrailles de Montmartre (1)...

« Nous verrons cela, et bien d'autres choses encore ! »

1. Ainsi, la petite maison de Berlioz, au coin de la rue du Mont-
Cenis, et celle de Mimi-Pinson, un peu plus haut, vont disparaître.
De même, place Blanche, le rustique Moulin-Rouge de 1882, aux
quadrilles fameux, créé par Joseph Oller et Ziddler est devenu, en
janvier 1925, le nouveau théâtre-music-hall du Moulin-Rouge. Tout le
monde se souvient de son monumental éléphant métallique de 1889.
Construit en ciment armé, et bâti sur une ancienne carrière, le Moulin-Rouge actuel a nécessité trente puits bétonnés pour asseoir son
édifice.

LA MAISON DE BERLIOZ

CHAPITRE XII

INTERVIEWS DE MM. HENRI RIVIÈRE et ANDRÉ RIVOIRE

M. Henri Rivière

M. Henri Rivière a tout d'abord charmé comme auteur, décorateur-coloriste et metteur en scène au théâtre du *Chat Noir* où ses pièces d'ombres le mirent aussitôt en relief. Ce furent, de 1888 à 1898 : *la Tentation de Saint-Antoine* (1888), *la Marche à l'Etoile* (1890), de Fragerolle ; *Phryné* (1890) et *Ailleurs* (1891), de Maurice Donnay ; *Sainte-Geneviève* (1892), avec paroles et musique de Léopold Dauphin ; *Héro et Léandre* (1893), d'Edmond Haraucourt ; l'*Enfant Prodigue* (1894), *Clair de Lune* (1896) et le *Juif Errant* (1898), représentés au Théâtre Antoine. Ces trois dernières œuvres sont signées Fragerolle.

La gravure sur bois et la lithographie originale ne devaient pas moins servir le talent synthétique et pittoresque de M. Henri Rivière qui, s'il a rénové les ombres chinoises, a restauré aussi magistralement l'estampe en couleurs (« Aspects de la Nature » exposés au *théâtre Antoine*) à la manière des Japonais, par la grandeur et la sobriété d'aspect qui s'en dégagent. Henri Rivière s'inspire de l'abstraction de la grande nature qu'il copie, qu'il spiritualise et dont il interprète l'essence. Ses lithographies en couleurs, répétons-le (ainsi : « Le Beau Pays de Bretagne », les « Paysages parisiens », la « Féerie des Heures »), l'ont définitivement placé au premier rang des peintres-graveurs. Ses maîtres directs ? — Les Japonais, les Egyptiens, les Grecs et les Primitifs.

* * *

« Quand Rodolphe Salis, dont la peinture ne voulait décidément pas nourrir son homme, fonda, pour subsister, le *Chat Noir* du boulevard Rochechouart, le nouveau cabaret fut d'abord fréquenté par un petit noyau de peintres, auxquels se joignirent bientôt quelques poètes. On était jeune alors et plein d'enthousiasme ! Les espérances les plus folles, les propos les plus paradoxaux, les projets les plus grandioses, l'esprit le plus primesautier s'échangeaient dans ces réunions autour d'un bock, et bientôt on créa un jour spécial où l'on fut sûr de se rencontrer : le vendredi. Emile Goudeau, qui régnait alors sur les « Hydropathes » au Quartier Latin (1), prit la direction de ces agapes littéraires, et chaque semaine, au jour dit, les poètes récitaient entre eux leurs dernières créations. C'était intime et charmant. Tous les jeunes poètes et quelques peintres de cette génération, vinrent bientôt à ces rendez-vous ; il y avait là, parmi tant d'autres, je cite au hasard du souvenir — : Emile Goudeau qui avait la présidence, Edmond Haraucourt, Georges Auriol, Albert Samain, Georges Lorin, Fernand Icres, Marie Krysinska, Charles de Sivry, Jean Ajalbert, Maurice Rollinat, Armand Masson, Camille de Sainte-Croix, Jérôme Nau, Pimpinelli, Louis Marsolleau, Jean Moréas, Henri Pille, Ponchon, Fragerolle, Georges d'Esparbès, Tanzi, Willette, Caran d'Ache, Henry Somm, Jules Jouy, Forain, Mac-Nab, Georges Bellanger, Léo Montancey, Signac, Ra-

---

1. Voir *Le Quartier Latin* (Hier et Aujourd'hui) avec les souvenirs de ses écrivains les plus célèbres, du même auteur,

phaël Shoinard... et combien d'autres dont les noms m'échappent ! Parfois de glorieux aînés venaient se mêler à nous : Paul Arène qui portait toute la Provence en lui, le mystérieux Villiers de l'Isle Adam, le grand poète Verlaine avec sa belle tête de Socrate..., et aussi quelques journalistes que la réputation naissante du jeune cénacle attiraient boulevard Rochechouart. C'est ainsi qu'un jour Albert Wolff, enthousiasmé par les vers et la musique de Rollinat, publia le lendemain un article dans le *Figaro* qui lança définitivement le poète de *Dans les brandes*. Goudeau amena un de ses cousins, le terrible Léon Bloy, sorte de moine bourru, et dont les *Propos d'un Entrepreneur de Démolitions*, parus dans le journal *Le Chat Noir*, firent grand scandale à l'époque. Car, pour conserver un souvenir durable des réunions littéraires du vendredi, Goudeau avait décidé Salis à faire paraître un petit journal illustré qui publierait les vers et les dessins des poètes et artistes de la maison.

Goudeau en fut, bien entendu, le rédacteur en chef, et Georges Auriol le secrétaire de la rédaction. Les premiers dessins de Willette y parurent et firent bientôt la réputation de cet artiste si français d'esprit et si bien doué. Les amateurs rechercheront bientôt le *Chat Noir* pour les beaux dessins qu'il y publiait à peu près hebdomadairement, presque en même temps que Steinlen lançait ses amusantes séries de chats qui le révèleront aux parisiens bien qu'elles ne laissâssent point encore soupçonner la maîtrise à laquelle le maître parviendra bientôt. Léon Bloy amena à son tour Joséphin Péladan, qui portait à cette époque des cheveux crépus de mage, des gilets rouges et des manches de dentelles.

Le *Chat Noir* inséra pendant deux ans une annonce ainsi conçue : « A éditer *Le Vice Suprême* par Joséphin Péladan. » L'éditeur vint enfin, et le livre parut.

Salis avait habillé ses garçons de café en académi-

ciens, et, une petite pièce, formant arrière-boutique et
où nous nous réunissions d'abord, avait été dénommée :
l' « Institut ». Cependant la réputation du *Chat Noir*
grandissait et le public parisien commençait à prendre
le chemin du cabaret qui devint bientôt trop petit.

Salis, méditant de s'agrandir, fit des propositions à
un horloger, son voisin, dont il convoitait la boutique ;
celui-ci refusa ses avances et la guerre fut allumée. Le
malheureux reçut dans la même journée la visite de plus
de deux-cents ouvriers attirés par une annonce demandant des apprentis horlogers, que Salis avait fait passer
dans tous les journaux. Ce fut une émeute presque.
Deux jours après, vingt garçons de bains avec leurs
vingt baignoires se rencontraient à la même heure
dans la boutique de l'horloger, avec vingt garçons de
b azar, chacun un pot de chambre à la main. Le pauvre
horloger pensant devenir fou, vida la place et Salis
obtint la boutique, sur un des murs de laquelle Willette
peignit son fameux « Parce Domine ».

Malgré cet agrandissement on était encore trop à
l'étroit et, Salis, finit par louer rue Victor Massé (alors
rue de Laval) l'hôtel du peintre Alfred Stévens, qui,
justement, se trouvait vacant. Le déménagement du boulevard Rochechouart fut un événement. Une véritable
procession s'organisa à son sujet. Quatre garçons en
académiciens précédés de Salis, l'épée au côté, portaient
solennellement le « Parce Domine » de Willette ; devant
eux marchaient des porte-étendards aux couleurs du
Chat Noir, et un sonneur de cloche qui faisait s'arrêter
les voitures et ranger les passants. Tous les amis de la
maison suivaient, rythmant leur marche à la cadence
des violons, sous les yeux agrandis des agents de l'arrondissement qui n'intervinrent pas, croyant cette mascarade autorisée. Devant le nouveau *Chat Noir*, Salis fit
un discours, brisa son épée, et la foule se précipita à sa
suite dans le nouveau logis.

Celui-ci avait été artistement aménagé. Sur la façade couvrant deux étages, s'étalait un immense *Chat Noir* dans une gloire dorée, sculpté par Alexandre Charpentier et trônant au-dessus de deux superbes lanternes en fer forgé de Grasset et du beau vitrail de Willette : « Te Deum Laudamus ».

Au rez-de-chaussée, les murs étaient plaqués de panneaux d'armoires Louis XII! encadrant des peintures de Willette et de Steinlen ; les lustres et la cheminée monumentale avaient été dessinés par Grasset.

Au premier étage, une salle ornée de dessins et d'une cheminée de Charpentier ; enfin, au deuxième étage, dans le grand atelier de Stevens, le « Parce Domine » de Willette, de nombreuses peintures et autant de dessins d'artistes de la maison.

Les réunions du vendredi se tinrent dorénavant dans cet atelier ; le bon musicien Charles de Sivry eut l'idée d'y construire un guignol où l'on représenta une pièce ultra fantaisiste du spirituel graveur Henri Somm : « la Berline de l'Emigré ».

Un soir, comme Jules Jouy chantait « les Sergots », la salle s'éteignit complètement tandis que s'éclairait une toile tendue dans l'ouverture du Guignol, et que défilaient, profilées en découpures de carton, les silhouettes des dits sergots par un, deux, trois, en tas, au grand étonnement du chansonnier lui-même non prévenu, et qui faillit en interrompre sa chanson. Ce fut l'origine du *Théâtre du Chat Noir*. J'obtins alors de Salis qu'il fit édifier, en dehors de la maison, au-dessus du petit jardin de l'hôtel, adossée au mur dans la large baie de l'atelier, une construction en fer et en bois, agencée pour servir de théâtre d'ombres. La façade composée par Grasset et dont la sculpture fut inspirée par Steinlen, représentait un *Chat Noir* dominant le monde, entouré des masques de Salis, Somm, Tinchant, Willette, Steinlen, Caran d'Ache et moi-même, avec pilastres et frises .

ornés de chats se poursuivant autour de l'ouverture de
la scène.

Poisson. le décorateur de l'Opéra, peignit le rideau,
qui allait bientôt se lever sur la pièce que devait lancer — et de quelle façon ! — le *Théâtre du Chat Noir* :
« l'Epopée » de Caran d'Ache.

Ce fut, en effet, une surprise le soir de la première
représentation (où toute la presse parisienne avait été
conviée et était accourue) de voir tout un monde s'agiter
et vivre dans le petit cadre de ce nouveau théâtre,
encore inconnu hier, et qui promettait de tenir bientôt
sa place auprès de ses grands confrères. Succès formidable ! où le Tout-Paris artiste et mondain se pressa
pendant de longs mois — plus d'un an — sans que la
vogue s'affaiblit. A cette époque, les ombres n'étaient
pas manœuvrées, comme plus tard, par une équipe de
machinistes de profession, mais bien par les amis et, ce
n'était pas toujours très commode pour moi, directeur
de la représentation, de maintenir les camarades en
dehors des limites d'une fantaisie trop excessive, qui
eût compromis sa bonne exécution. Rien n'était plus
drôle alors que l'intérieur de nos coulisses ! Nous
étions, en dedans, cinq ou six manœuvrant les personnages, tandis qu'au dessus de nos têtes, sur un petit
cintre, à demi ployé, l'excellent baron Barbier, |déjà âgé
pourtant, hissait les décors ou les envoyait en scène,
dans la fumée de la poudre qui rendait là-haut son
atmosphère irrespirable. Car, il y avait une pyrotech-
nie importante pour donner une idée des batailles de
l' « Epopée ! » Derrière nous, Auriol et Allais, — celui-
ci devenu depuis peu rédacteur en chef du journal du
Chat Noir, — jouaient du tambour à tour de bras. Caran
d'Ache, le torse nu, pour ne pas gâter, dans cet endroit
surchauffé, l'ordonnance de son costume — grand et
beau garçon. toujours très élégant — tenait la grosse
caisse et les cymbales et, dès le rideau baissé, redevenu

correct en un tour de main, il se précipitait dans la salle où il recevait les compliments admiratifs des spectateurs subjugués.

Les temps héroïques du *Chat Noir* avaient vécu, après ces débuts de l' « Epopée ». Le théâtre devint alors un organe régulier, donnant tous les ans sa première devant la presse qui lui consacrait le lendemain son feuilleton dramatique et jusqu'à la fin, la foule accourut à ces représentations pour entendre les boniments funambulesques de Salis et dans les entr'actes les bons chansonniers et poètes : Jules Jouy, Jean Goudeski, Armand Masson, Maurice Vaucaire, Mac-Nab, Meusy, Ferny, Hyspa, Montoya, Bonnaud et tant d'autres.

Après l' « Epopée », le théâtre ayant été agrandi, (je parle des coulisses), possédant alors deux cintres et un dessous — c'est-à-dire, en proportion de l'ouverture de la scène, sept fois la grandeur des coulisses de l'Opéra — la mise en scène se compliqua de changements à vue et d'effets de lumière. Les ombres devinrent colorées et, prirent l'aspect, si l'on veut, de vitraux de couleurs. Ce fut la « Tentation de Saint-Antoine » qui succéda à l' « Epopée »; puis vinrent la « Conquête de l'Algérie », de Bombled ; « De Cythère à Montmartre », de Henry Somm ; «La Nuit des Temps », de Robida ; « La Marche à l'Etoile », de Fragerolle. L'année suivante nous fîmes la connaissance de Donnay, qui avait déjà envoyé des vers au journal, mais que nous n'avions jamais vu. Il devint rapidement l'enfant gâté de la maison qu'il égayait de son esprit si fin et de sa verve charmante. Il composa pour le théâtre, « Phryné », dont je fis les décors, et dont le succès le mit de suite en vedette. La même année, on représenta « Roland », de Georges d'Esparbès, mais cette fois, point en ombres, mais bien avec de vrais décors peints, des ciels en panorama ; un essai, en un mot, de ce qu'on pourrait tenter au Théâtre, en grand, pour renouveler la décoration. Ce fut, ensuite, « Allleurs », de Donnay, dont le succès fut énorme et célébré par le bon Jules Lemaître, dans son feuilleton des « Débats ». Lemaître était l'ami de la maison, et, les soirs de première représentation, il venait dîner avec nous, nous apportant souvent son précieux appui. Le *Chat Noir* lui doit une bonne part de sa notoriété, car il lui consacra de nombreux feuilletons.

Pour la première fois, dans « Ailleurs », j'introduisis de nouvelles modifications à la machinerie, et les jeux de lumière, obtenus par des combinaisons de glaces transparentes, peintes en émail et glissant horizontalement et verticalement dans les rainures, permirent de faire mouvoir les ciels et de passer insensiblement du beau temps à l'orage et du jour à la nuit, d'obtenir des effets insoupçonnés au théâtre jusqu'à ce moment. La complication de la machinerie était alors arrivée à son apogée et exigeait douze machinistes pour la bonne exécution du spectacle. Mais le maximum d'effet fut obtenu dans « Sainte-Geneviève de Paris », de mon excellent ami le musicien Léopold Dauphin, et ne put être dépassé dans les quelques pièces qui suivirent. Dans les autres spectacles, l'auteur récitait lui-même son poème, ou chantait sa musique, accoudé au piano, face au public; dans « Sainte-Geneviève » le spectateur n'avait à regarder que la scène. Tout se passait à l'intérieur du théâtre où se pressaient, en dehors des machinistes, une dizaine de chanteurs, un pianiste, un violoniste, quatre enfants des chœurs de l'Opéra et un organiste. Cet oratorio délicieux n'obtint qu'une centaine de représentations — ce qui n'était pas beaucoup pour le *Chat Noir* — mais n'était-ce point un peu trop grave pour l'endroit? (1)

1. Voici ce que disait Jules Lemaître dans son compte-rendu " des Débats „ sur la première de " Sainte-Geneviève „ : " J'ai tant de fois loué M. Henri Rivière que les mots commencent à me manquer pour vous dire le charme et la puissance de ce rénovateur; mais je crois qu'il n'a jamais fait mieux et cependant nous lui devions déjà, la

J'introduisais parfois — pour l'étonner — un spectateur éminent dans les coulisses, et je me rappelle encore
la surprise de Waldeck-Rousseau qui assista à une « représentation à l'envers » et qui n'en revenait pas d'une pareille complication pour des effets paraissant de la salle,
aussi simples à obtenir. Ce fut « Héro et Léandre »
d'Edmond Haraucourt, qui succéda à « Sainte-Geneviève »
et obtint une soixantaine de représentations, c'est-
à-dire un beau succès littéraire partagé avec deux
petites pièces d'un esprit charmant du dessinateur
Louis Morin : « Le Roi débarqué » et « Pierrot Pornographe ». Bientôt ce spectacle fut remplacé sur l'affiche
par le « Rêve de Zola », une fantaisie de Jules Jouy,
qu'illustra Jules Dépaquit ; puis Fragerolle reparut avec
« l'Enfant prodigue », le « Sphinx » et « Clairs de
lune ». Ce fut la fin du *Chat Noir*. Il y avait quelque
chose de changé dans les habitudes de ce Chat montmartrois depuis qu'il était devenu une institution régulière.
Les réunions du *Vendredi* avaient depuis longtemps
cessé, puisque le théâtre jouait tous les soirs. Ce n'était
plus le petit cénacle d'autrefois, mais bien un lieu public,
des représentations quotidiennes ou chacun touchait son
écot. De plus, des tournées entreprises par Salis en
province, avec les chansonniers et des pièces faciles
à représenter en dehors du *Chat Noir* — telles que
« l'Epopée » et la « Marche à l'Etoile », — accentuèrent
encore le caractère commercial de l'entreprise. Salis,

« Marche à l'Etoile „, « Phryné „ et « Ailleurs „. M. Henri Rivière a
renouvelé chez nous l'ombre chinoise, et l'a portée, je pense, au plus
haut point de perfection technique où elle puisse atteindre ; mais en
outre, il a comme dessinateur, la justesse simplificatrice, le sentiment de la vie, l'abondance de l'invention plastique ; et il joint à
cela l'imagination rêveuse et grande d'un vrai poète. Ses découpures
de paysages, d'architectures, de multitudes, de groupes ou de figures
isolées, sur des ciels féériques et changeants, sont pour moi des chefs-
d'œuvre, — brefs comme des flammes de Bengale, et fugitifs comme
des ombres — mais des chefs-d'œuvre de couleur de grâce ou d'émotion. „

à fin de bail, obligé de remettre en état un hôtel où il avait exécuté de nombreux travaux, chercha un autre local où il put installer son théâtre. Sans cabaret, cette fois, il faillit faire construire et... meurut au retour d'une tournée en Bretagne.

En somme, les premières années du *Chat Noir* furent délicieuses, on s'y sentait les coudes, chacun y travaillant pour son plaisir et celui de ses amis. Ce fut une réunion d'artistes et de littérateurs ne pensant qu'à leur art, sans autre préoccupation : un moment charmant de l'Histoire littéraire de Paris.

Naturellement, pendant que fonctionnait le théâtre, au deuxième étage, le cabaret ne désemplissait pas au rez-de-chaussée et bien des scènes amusantes s'y passèrent. Nous y prenions souvent ensemble nos repas : Allais, Auriol, Narcisse Lebeau, Jouy et tant d'autres! On mettait toujours Jouy et Auriol à côté l'un de l'autre. Jouy, assez violent de parole, se laissait toujours prendre aux fantaisies abracadabrantes d'Auriol et ne manquait pas de s'emballer. Au plus fort de l'orage Auriol, d'une dextérité et d'une adresse incroyables, jonglait avec bouteilles et fourchettes, au-dessus de la tête de Jouy qui fulminait des imprécations...

Ils étaient les meilleurs amis du monde.... tout en ne voulant jamais se faire la moindre concession. Au cours d'un petit voyage en province, ils faillirent en venir aux mains, parce que l'un voulait entrer dans une église par la porte du transept et, l'autre, par le grand portail ! Ils ne visitèrent pas l'église ce jour là !

Salis, très bonimenteur, très nerveux, terriblement fumiste aussi, s'employa à bien des mystifications. Une des plus drôles fut de présenter un soir, à un jeune poète frais émoulu de sa province, Alphonse Allais comme étant Francisque Sarcey. On boit des bocks, on se lie. Alors Allais, jouant son rôle jusqu'au bout, invite le poète à déjeuner pour le lendemain matin rue de Dousi. « Tu verras en entrant », lui dit-il, le tutoyant déjà, « mon vieux secrétaire, un type à lunettes, brave homme un peu maniaque, qui, pour m'éviter les raseurs, se fait toujours passer pour moi auprès des inconnus. Mais, tu insisteras et tu diras que je t'ai invité à déjeuner. » Le lendemain, fidèle au rendez-vous, le jeune provincial est introduit, rue de Douai, auprès du vrai Sarcey. Le poète insiste pour voir le maître de la maison qu'il connaît fort bien, « depuis hier au soir », dit-il, puisqu'il a « passé une partie de la nuit avec lui au *Chat Noir.* » A ces mots Sarcey flaire la fumisterie et, très simplement, retient à déjeuner le pauvre poète tout déconfit d'apprendre la vérité. On peut citer cent anecdotes du même genre. Mais la plupart ont déjà été souvent racontées... et les meilleures figurent dans votre livre.

« Vous me demandez ce qu'étaient les grisettes de ce temps-là ? Mais, je n'en sais rien ou pas grand'chose.

« J'ai souvent vu de charmantes filles qui partageaient la vie des artistes aidant à vivre les mauvais moments de l'existence à ces chercheurs d'idéal qui dégringolaient souvent hélas! des nuages où ils se croyaient bien installés. Et puis, là-dessus, les poètes vous renseigneront mieux que moi. Voyez-vous, les peintres ont besoin du jour pour travailler : ils se couchent plus tôt que les poètes, qui eux, peuvent partout chanter, et qui, moins occupés du rapport des formes, des couleurs et des valeurs, voient plus loin que les contingences ordinaires, experts qu'ils sont à regarder les âmes!... Au reste, ce n'est qu'une opinion : la mienne. »

M. André Rivoire

Nous avions demandé à M. André Rivoire ses souvenirs sur la Butte Sacrée où il connut Henri de Toulouse-Lautrec et Jean de Tinan (avec qui il a beaucoup

vécu là-haut et sur lesquels il écrira certainement
quelque jour).

Mais, le poète exquis de ces recueils en vers : *Le Songe*
de l'Amour et *Le Chemin de l'Oubli* et de cette suite
d'images : *Berthe aux grands pieds* (composée précisément pour un spectacle d'ombres et qui fut seulement
représentée en 1898 dans l'atelier de M. Jacques Bizet,
le fils de l'auteur de *Carmen*) et l'auteur applaudi, notamment, de ces pièces en prose : *Mon ami Teddy* (avec
Lucien Besnard), *Pour vivre heureux* (en collaboration
avec Yves Mirande) et de *La belle Angevine* (avec Maurice Donnay) garde pour lui ses souvenirs...

Devenu critique dramatique au *Temps*, M. André
Rivoire — dont le Théâtre en vers (*Il était une bergère,
Le bon Roi Dagobert, Roger Bontemps, Juliette et Roméo*)
est vivement goûté — s'efforce de rajeunir le genre de
la comédie moderne. Avec Marcel Samuel-Rousseau,
pour la partie musicale, son : *Le Hulla,* s'est imposé
au répertoire de l'Opéra-Comique. Bientôt, *Yamulé
sous les Cèdres* tiré du roman de M. Henry Bordeaux,
dont Marcel Samuel-Rousseau encore écrit la partition,
triomphera rue Favart. M. André Rivoire nous offre en
compensation, à défaut de souvenirs, cet « adieu à
Montmartre », avec ce sous-titre : « Ce qu'on ne verra
plus ».

*Se peut-il qu'on te reconnaisse,
Si changé d'âme et de décor,
Vieux Montmartre de ma jeunesse
Où des moulins tournaient encor ?*

*C'était voilà bien des années :
Vingt ans... J'en avais vingt déjà !*

Que de choses se sont fanées !
Pour nous deux, comme tout changea !

En ce temps-là, je me rappelle,
J'arrivais le cœur plein d'espoir,
Et pour moi la vie était belle
De tout ce que j'y croyais voir.

J'allai vers toi... Tu fus l'asile,
Et tu l'étais encore hier,
Où le poëte qui s'exile
Travaillait pauvre et passait fier...

La vie était simple, et si gaie !
On voyait tant, autour de soi,
D'insouciance prodiguée,
D'ironie, et pourtant de foi !

Même la douleur restait douce :
On se riait allègrement
De la gloire qui vous repousse,
Comme de l'amour qui vous ment.

Du moins, on croyait à son rêve :
Peintre, sculpteur, musicien,
Pour une œuvre durable ou brève,
Chacun, dans l'ombre, avait le sien.

Les cœurs étaient ardents et jeunes,
Les yeux étaient grands de clarté :
On oubliait les jours de jeûnes,
Le soir, en parlant de beauté...

Souvent, pour en parler encore,
On s'attardait jusqu'au matin,
Dans la nuit déserte et sonore,
Penché sur Paris indistinct...

Cher vieux Montmartre, où la Bohème
Émigrait du Quartier latin,
Saurai-je dire en un poème
Tout ton charme déjà lointain ?

Tu n'étais, ô pays étrange,
Ni la province ni Paris !
Des jardins retombaient en frange.
Çà et là, sur tes murs fleuris.

On voyait passer dans tes rues,
Sous tes fenêtres sans rideau,
Les silhouettes — disparues ! —
Des âniers et des porteurs d'eau.

Dominant la cité servile,
On croyait avoir retrouvé
Un peu de sa petite ville
Dans les brins d'herbe du pavé.

Vains regrets ! Passé mort, ou presque !
Tu n'existes plus aujourd'hui,
Vieux Montmartre si pittoresque,
Où le poète était chez lui !

Voici que toutes, une à une,
Croulent tes anciennes maisons,

Qui découpaient, au clair de lune,
De si fantasques horizons !

Tes jardins de roses grimpantes,
Si nombreux au siècle en allé,
Ont cessé de couvrir tes pentes
D'un clair manteau bariolé...

Tu n'es plus toi... Ton nom te reste.
Mais tu n'es plus le mont béni,
Qu'on escaladait d'un pied preste
Et d'un cœur soudain rajeuni.

Dans son invasion brutale,
Paris t'a conquis tout entier...
Toi qu'on disait sa capitale,
Tu n'es plus, hélas ! qu'un Quartier !

André Rivoire

CHAPITRE XIII

INTERVIEWS DE MM. J.-H. ROSNY aîné,
de l'Académie des Goncourt,
CAMILLE DE SAINTE-CROIX,
SAINT-GEORGES DE BOUHÉLIER, STEINLEN
et GEORGES DOCQUOIS

M. J.-H. Rosny aîné
de l'Académie des Goncourt.

Avec son sens pénétrant de l'infini et ses inégalables facultés d'intuition, M. J.-H. Rosny Aîné aborde supérieurement le document vécu, non moins que les problèmes scientifiques et sociaux, que l'âme des foules, à l'étude desquels il se passionne. Le puissant romancier de *la Mort de la Terre*, de *la Force Mystérieuse*, de *les Audacieux*, embrasse dans une langue évocatrice au service d'une pensée profonde, la complexité de la vie moderne, en de vigoureuses fresques idéalistes et humaines à la fois.

Dans le roman préhistorique qu'il mit à la mode, J.-H. Rosny Aîné évoque puissamment le Passé et les premiers hommes. Ses chroniques d'économie politique dans *l'Intransigeant*, notamment, passionnent ses admirateurs. Le maître apparaît l'un des plus féconds producteurs de ce temps. Contes, nouvelles, romans, feuilletons et présidences diverses, absorbent l'écrivain robuste de *Origines* et du *Chemin d'Amour*.

* * *

« Montmartre ? Le Montmartre de 1882 à 1890 ? Demandez à l'heureux Donnay. Je l'ai bien connu l'autre Montmartre, mais en comparse.

« J'ai fréquenté le *Chat Noir* primitif, où Salis a assommé un de ses garçons, par mégarde, en le défendant contre des souteneurs.

« J'ai passé des soirées étourdissantes, au nouveau *Chat Noir*.

« J'ai entendu Bruant à l'époque de sa grande gloire et passé maintes heures à *l'Abbaye de Thélème*... En ce temps-là, Montmartre c'était un lieu ardent, étincelant, passionné, fanfaron où l'Art régnait en souverain, où fermentait une agaçante et merveilleuse jeunesse et qui ne me rappelle que de bien loin le Montmartre cosmopolite où les Américains de toute latitude viennent se griser et se faire tondre. »

Camille de Sainte-Croix (1)

Camille de Sainte-Croix quitte tout d'abord le Minis-nistère de l'Instruction Publique — n'avait-il pas été révoqué à la suite d'une série d'articles violents intitulés *Nos Farceurs* ? — pour le Journalisme et la Politique, se consacrant ensuite en pleine indépendance à la Polémique.

Devenu critique littéraire et dramatique, Camille de Sainte-Croix, écrivit ainsi à la plupart des quotidiens parisiens : Romancier profondément cérébral et personnel (la *Mauvaise aventure, Cent contes secs, Contempler, Pantalonie*), l'auteur des *Mœurs Littéraires* a signé en collaboration avec Emile Bergerat : *Manon Roland* (Comédie-Française), *Armande et Gildis* (Odéon), *la Burgonde*

____
1. Décédé le 29 septembre 1915.

(Opéra), avec musique de Paul Vidal. Ces œuvres, et d'autres, lui assurèrent hautement sa réputation dans l'Aristocratie des Lettres.

****

« La Butte Sacrée ? Eh bien c'était... non... plutôt non. Je préfère hélas! taire mes souvenirs... Il me faudrait reprendre trop d'histoires anciennes et toujours d'actualité, évoquer la mémoire de chers êtres disparus, méconnus, oubliés, et soulever trop de haines en rapportant toute la vérité... Adressez-vous à d'autres qui ignorèrent la colline inspirée, aux « mercantis » de l'art montmartrois qui n'y mirent jamais les pieds que pour le vendre. D'aucuns en ont vécu, d'autres en ont joui, quelques-uns en sont morts !

« Vous insistez ? Montmartre ? — C'est le premier *Chat Noir* (avant Salis), c'est son journal, ses premiers collaborateurs, « apôtres » physiques et intellectuels, plus heureux à la lecture d'une œuvre saine, qu'à l'odeur de mets rares...

Prenez l'adresse de quelques survivants de cette époque impérissable et courez les joindre à leurs domiciles, je ne dis pas à leurs cafés car ils n'y vont plus. Ils le prennent chez eux, il est meilleur et moins cher.

Mais certains vous parleront, d'autres peu ou pas. Quelques-uns auront voulu oublier... A ces derniers laissez-moi me joindre et vous souhaiter meilleure chance.

« Enfin, s'il est des œuvres qu'on ne livre jamais à la publicité, il en est que l'auteur met de côté pour les livrer au jour propice.

« Oyez plutôt cette pièce musiquée sur le *Chat Noir* :

LA COMMUNE DES LETTRES ET DES ARTS

Jeunes gens au teint pâle et triste
Nous qui n'avons pas de talent,
Nous à qui l'éditeur résiste,
Nous pourquoi le succès est lent
Rompons enfin le joug inique
De la Presse et de l'Institut.
A nous le pétrole et la trique
Faut que ça finisse ! Chahut !
        A nous gloire et fortune !
        Massacrons les bidards
        Et faisons la Commune
        Des Lettres et des Arts !

La voici venir la journée
Où nous règnerons sur Paris,
Nous commencerons la tournee
Fortune, par tes favoris.
Aux applaudissements des femmes,
Sous l'œil effaré du Sergo
Nous irons à travers les flammes,
Piller l'Hôtel Victor Hugo !
        A nous gloire et fortune !
        Massacrons les bidards
        Et faisons la Commune
        Des Lettres et des Arts !

Nous ferons un désert sans sable,
De Levallois à l'Opéra,
Un vol de corbeaux lamentable,
Sur nos boulevards s'abattra,

Demain verra pour nos revanches,
Sous les platanes désolés
Des Périviers pendus aux branches
Des Arthurs Meyers empalés.
  A nous gloire et fortune !
  Massacrons les bidards !
  Et faisons la Commune
  Des Lettres et des Arts !

Au Chat Noir, sous la cheminée
Où les andouilles roussiront,
Pour partager la butinée,
Nous irons nous asseoir en rond.
Vos femmes fumant des cigares,
S'apprivoisant sur nos genoux
Nous verserons des liqueurs rares
Dans de l'argenterie à vous.
  A nous gloire et fortune !
  Massacrons les bidards !
  Et faisons la Commune
  Des Lettres et des Arts.

Salis, du haut de sa grand'chaire
Paternel et tonitruant
Nous charmera de sa voix claire
Avec des refrains de Bruant !
Mais Alphonse Allais qui se fiche
De tout, dira : Sus au comptoir !
Salis aussi, Salis est riche
Et nous flamberons le Chat Noir !
  A nous, gloire et fortune
  Massacrons les bidards
  Et faisons la Commune
  Des Lettres et des Arts.

A ce moment, chacun exerçait sa verve sur Georges
Ohnet, la tête de Turc du moment. Camille de Sainte-
Croix, qui s'essayait au *Chat Noir* dans la poésie disylla-
bique, lui dédia ce spécimen :

> *Au Feu*
> *Tout Dieu*
> *Qui cite,*
> *Tacite,*
> *Qui lit,*
> *Au lit.*
> *Shakspeare*
> *Est pire !*
> *Qui sait*
> *Musset ?*
> *Personne,*
> *Et l'on ne*
> *Connaît*
> *Qu'Ohnet !*

C'est à la même époque que A. Willette était poursuivi pour avoir dessiné une femme toute nue. Camille
de Sainte-Croix entend encore Salis clamer :

« O honte ! Flaubert à qui l'on préfère Georges Ohnet,
Willette que l'on sacrifie à Bouguereau ! »

M. Saint-Georges de Bouhélier

Le chef du Naturisme, M. Saint-Georges de Bouhélier
écrit pour l'élite et la foule nourrie des théories
sociales. Il pense pour être compris de tous. L'auteur
du *Roi sans couronne*, et des *Légendes de la Guerre de
France* dégage ce qu'il y a de mystérieux et de divin au
jour le jour, dans l'Humanité. Aussi son œuvre, à la
compréhension immédiate, s'adresse-t-il, non pas aux

petites chapelles et à l'Individualisme, mais au Collecti-
visme.

La philosophie du poète grandiloquent de la *Romance
de l'Homme* et des *Chants de la Vie ardente* et du drama-
turge du *Carnaval des Enfants* et de *Œdipe, roi de Thèbes*
— fleur symbolique de vérité, de raison et d'humanité,
— paraît se dégager de son propre vers :

    ... Et toute l'ombre autour a l'air pleine d'émoi.

             * * *

« Je suis heureux que la nouvelle génération se souvienne de Montmartre et s'y intéresse. D'autre part,
cette consécration des écrivains et des artistes, me réjouit le cœur, à moi qui ai tant vécu sur la Butte.

« Le Vieux Montmartre, à mon sens, c'était le *Chat Noir*
et, c'est toujours la Butte Montmartre, le *Lapin Agile* et
la rue des Saules, l'Auberge du *Clou*, la *Nouvelle Athènes*
et *Gabrielle d'Estrée*, aujourd'hui disparue. Ceux d'entre
les cabarets qui s'érigent toujours là-haut sont devenus
des « salons pour jeunes gens ». A l'auberge du *Clou* —
située au milieu de la rue des Martyrs — Allais, Courteline, de Pawlowski, Pioch, Leblond et Fleury, voisinaient.

« Puis d'autres parmi lesquels, Edmond Pilon et Paul
Fort — plus souvent au Quartier Latin qu'à Montmartre
— vinrent se joindre aux fidèles habitués du *Clou*.

« Au *Chat Noir*, on apercevait Debussy, toujours solitaire. Ernest La Jeunesse y faisait de rares apparitions.
On y rencontrait aussi Gomez Carillo. Un joli garçon y
récitait d'agréables vers : c'était Miguel Zamacoïs. Bref,
nous étions une vingtaine dans ce cabaret, et aujourd'hui,
la plupart d'entre nous, nous nous sommes fait un nom...
ce qui est d'ailleurs assez curieux.

« Allais aimait beaucoup à mystifier les gens qu'on

lui présentait ou ceux qu'il voyait pour la première fois en cette auberge.

« Un jour, un jeune homme se destinant au théâtre demandait à lui être présenté. Après l'avoir assuré du vif intérêt qu'il lui porte, Allais lui promet de le recommander chaleureusement à son ami Samuel, directeur des Variétés. Il engage donc le jeune homme à se rendre chez Samuel. Il y va plusieurs fois, il y retourne encore, sans jamais être reçu par Samuel (qui ne le connaissait aucunement). Des blagues de ce genre, souvent renouvelées par Allais, nous divertissaient follement.

« ... Montmartre, en tant que province, ne m'intéresse pas. Ce que je vois en lui de plus cher, ce sont ses groupements d'artistes et son vieux village établi aux confins de Paris. Je goûte des charmes inoubliables à l'évocation de ses vieilles masures ; je dis « évocation » car, aujourd'hui, que reste-t-il de ce cher petit hameau ?

« Mais, l'épopée glorieuse de Montmartre n'est pas si lointaine. Demandez plutôt à Maurice Donnay, Haraucourt, Xavier Privas, Jehan Rictus, Pawlowski, Willette, Steinlen, Auriol, Docquois, et combien d'autres !

« Je salue en sa mort, la fin d'une belle époque respirant l'enthousiasme et la folle jeunesse ! Et ceux qui vécurent avec moi à la Butte s'en souviennent encore quand, étroitement réunis pour le rajeunissement d'ancestrales formules, ils collaboraient pour créer et innover, tout en buvant de la bière au cabaret — car, évidemment, il fallait bien se rencontrer quelque part et boire quelque boisson — nous parlions des choses les plus diverses et, de ces entretiens littéraires et philosophiques, naquirent les œuvres les plus originales et les plus admirables. Il faut donc dire adieu à cet esprit de solidarité, à l'Humour et à sa sœur l'Ironie, à ce rire frondeur et gouailleur.

« Mais, n'oublions jamais que du *Chat Noir* et de l'atmosphère essentiellement montmartroise, a pris naissance

.un nouvel esprit servi par une âme ennemie de la vulgarité naturaliste, illustré par Willette dans l'Art et, par Allais, dans la Littérature.

Cet esprit a réagi justement contre l'emphase et ses affectations outrées, sans se départir, cependant, de son humour naïf et sentimental. Il a tenu le juste milieu entre le naturalisme trop trivial et le romantisme trop pompeux. De cette parfaite fusion naquit une nouvelle littérature, grande par sa simplicité ; évocatrice par sa poésie. »

STEINLEN (1) et M. GEORGES DOCQUOIS

Steinlen

L'âpre dessinateur des *Chansons Rouges*, le décorateur doué du Papier et du Livre, le rénovateur de l'illustration dans le journal, avec Willette, l'Helvète Steinlen fut remarqué par Rodolphe Salis. Steinlen qui fit du dessin industriel pour vivre, au premier *Chat Noir*, se lia d'amitié avec Caran d'Ache, Toulouse-Lautrec, H. Somm, Henri Rivière, Forain, Henri Pille et Willette. Désertant le 84 du boulevard Rochechouart, Steinlen l'un des fondateurs de l'art de Montmartre, collabora longtemps au *Gil Blas Illustré* où il montra la majesté des maternités douloureuses et la tragédie de la misère, tout court, et intellectuelle. Naturalisé français, en 1901, le dessinateur des « chats » et des gestes du Travail s'est éteint, en décembre 1923, dans la gêne et l'effacement. Nous ne verrons plus ses croquis d'une expression brutale, mais combien suggestive, qui affirment leur charme par l'agrément de la ligne, par leur puissance et par l'abréviation du détail d'une forme décorative, nouvelle et personnelle.

Façon de philosophe du crayon, réaliste et triste, son

1. Steinlen est mort le samedi 15 décembre 1923.

contour noir cerne l'aspect des êtres ou des choses cro-
qués sur le vif, constituant des pages vécues, d'observation suraiguë des mœurs présentes.

M. Georges Docquois

Georges Docquois est un auteur dramatique estimé.
Catulle Mendès, le premier, le mit tout à coup en lumière
après son *Paris sur le Pont* écrit pour l'ouverture du Tréteau de Tabarin. L'humour littéraire de ses reportages
au *Journal*, et ailleurs, son œuvre important au Théâtre,
— à l'Opéra-Comique, à la Comédie-Française, à l'Odéon
— ses romans, ses récits et contes en vers, ses gazettes
rimées, témoignent d'une rare sensibilité, d'une verve
et d'une fantaisie endiablées. Tout le monde a lu *Les
Minutes libertines, le Plaisir des Nuits et des jours* et *Le
Petit chien tout nu, Bêtes et gens de lettres* et... le reste.

Sous la forme de cet original dialogue, en 1920, Steinlen et Docquois évoquaient, à notre intention, dans une
interview leurs souvenirs communs.

« J'étais (M. Georges Docquois), préoccupé de la réponse à vous faire quand, fort à propos, hier, j'ai rencontré mon vieil ami Steinlen.

« La disparition du Vieux Montmartre ne l'émeut point.
J'avoue que je ne l'eusse pas cru. Et, selon Willette, le
XVIIIe arrondissement n'enserre plus en ses limites la
petite patrie artistique d'autrefois : Montmartre !

« Steinlen s'interroge. Il rêve un instant. Que va-t-il
dire ?

« Il dit ceci :

— Eh bien ! mais, quoi ! Montmartre, c'est de la vie
comme ailleurs.

« J'entends bien, parbleu ! mais ça m'étonne un peu.

De la vie comme ailleurs, Montmartre ? Oui, certes ; mais
encore...

« Mais encore, je me rappelle qu'en 1894, il ne se passait point de semaine que je n'allasse griller une cigarette matinale chez l'homme que je vois, là, présente-
ment, si détaché, si désabusé, devant moi, sur le seuil
du n⁰ 21 de la moderne rue Caulaincourt.

« Là, à cette époque, il y a donc vingt-trois ans (ce
qu'òn vieillit, Seigneur !), une bicoque amusante s'offrait, entre cour et jardin : la cour devant, comme il sied,
le jardin derrière... (évidemment !).

« Elle était falote d'aspect, cette bicoque, avec sa fragi-
lité de construction, comme sortie d'une boîte à joujoux
de Nuremberg ! L'atelier occupait tout le rez-de-chaussée.

« C'est sur ce balcon que Steinlen et moi, en fumant
bavardions. Il avait trente-quatre ans ; j'en avais trente.
Quelques illusions avaient déjà fichu le camp ; mais l'espérance tenait bon encore !

— « Steinlen de ce balcon-là, vous souvenez-vous comme
le paysage s'arrêtait drôlement ? C'était le *Moulin de la
Galette* ! De vagues accents de lyre nous arrivaient sur
le dos d'une brise printanière ; et, c'étaient les accents
de la lyre de Clovis Hugues, qui habitait, pas loin de là,
au 89 de la rue Lepic. Sous nos yeux, il y avait un petit
peuple de cerisiers en fleurs, et, parmi ces cerisiers, de
bizarres logis en planches.

— « C'était ce qu'on appelait le maquis !

— « Disparu, le maquis, sous l'énormité de maisons de
rapport !

— « Que voulez-vous !

— « Oui, il faut se faire une raison. N'empêche que tout
a bien changé par ici !

— « Tout a changé partout, allez !

— « Tout... et tous.

— « Et puis, non, Docquois, ce n'est pas vrai. Non, nous

n'avons pas changé, mon ami; nous nous sommes modifiés.

— « Vous rappelez-vous nos « vadrouilles » avec Bruant ? Tu parles !

« On ne se séparait qu'à sept heures du matin, après le bifteck...

« Il y avait toujours, alors chez Aristide, un ou deux lits pour moi, pour Jouy, ou pour quelque autre « purotin ». Souvent, à six heures du matin, Jouy montait comme par hasard. Il n'avait jamais faim, mais il mangeait presque tout le bifteck; il n'avait jamais sommeil, mais il se couchait.

« Et Steinlen soupire :

— « Ah ! oui, mon ami, comme vous le disiez tout à l'heure, c'était tout de même le bon temps.

— « Oui, mais après...

— « Eh bien ! après, c'est l'évolution, c'est le Progrès !... On s'est fait un foyer.

« Et sur tout ça, la trame toujours s'allongeant du travail, du travail constant, avec ses joies et ses tristesses...

« Des souvenirs d'une part ; et, d'autre part, une œuvre ! Et le temps passe. Et la somme des souvenirs augmente avec les jours et l'œuvre grandit continûment.

— « Elle s'augmente tout au moins.

— « La fameuse modification ?

— « Oui... ou, plutôt, la tendance à se modifier, à lâcher petit à petit le pittoresque du transitoire pour approcher l'éternel humain... »

Steinlen ignorera ainsi que la commune libre de Belleville, — après Montmartre, l'Ile Saint-Louis, Montparnasse et l'Etat indépendant de Picpus, — s'est constituée. Un Etat, encore des Etats dans l'Etat. Où allons-nous ?

CHAPITRE XIV

INTERVIEWS DE LAURENT TAILHADE, DE MM. PIERRE TRIMOUILLAT et ARMAND VÉRY

Laurent Tailhade (1)

Virulent et généreux, hautain et féroce, mais bon, le sens critique même, Laurent Tailhade représente l'écrivain de race, l'érudition en personne. Tailhade suit son tempérament. L'ardent parnassien du *Jardin des Rêves*, de *Terre Latine*, est aussi l'auteur de *Au Pays du Mufle*, des *Imbéciles et gredins* et de *A travers les grouins*.

Sa traduction littérale du *Satyricon*, de Pétrone, donne la mesure du parfait lettré.

L'œuvre indépendante de Laurent Tailhade, poète, chroniqueur, polémiste, auteur dramatique et homme politique — le nombre de ses duels égale celui des procès retentissants — représente la pensée robuste, l'enthousiasme de l'Amour et de la Haine.

***

« C'était la grande époque, le temps de Charles Cros, d'Henry Somm, de Caran d'Ache, de Marie Kryzinska, servante de brasserie et muse du vers libre ; de Sivry, de Rollinat, qui tenait au piano l'emploi de fossoyeur et déduisant les affres de la mort, sur le mode baudelairien, marouflait ses narines d'un tabac soutenu.

1. Décédé en 1919.

La Rue Ravignan

« La consommation de l'alcool, une culture avantageuse de l'ivrognerie et du sentiment esthétique, dans ce lointain *Chat Noir*, conglomérait toutes les espèces de bohème, bohèmes de l'art, de la bureaucratie et du monde, noctambules assoiffés de gloire et de spiritueux, débutants de l'amour et doyennes du persil, un microcosme incongru, bizarre et drolatique, humant des chopes, des petits verres, échangeant des propos de gueule avec le maître du logis, Rodolphe Salis, ce « gentilhomme cabaretier » dont l'insolence et la blague et la façon redondante amusèrent pendant plus de dix années la bêtise de Paris, Salis ! Qui se souvient encore de ce nom ? Sous la fantaisie et la belle humeur, sous le masque de parade, se cachait un être malfaisant et vil, une bête de proie, un avide trafiquant de chair humaine qui, sous couleur d'héberger des écrivains, des artistes au début, écrémait le plus pur de leur talent, empoisonnait ces jeunes hommes de liqueurs fortes et les menait par la voie étroite de son avarice, tantôt à la mort, tantôt à la folie, à la décrépitude hâtive, à l'abrutissement. Quelques-uns s'évadèrent, et loin de la taverne empestée, allèrent vers la galère, vers l'argent. Mais pour un Donnay, pour un Willette, pour un Steinlen, issus du *Chat Noir* à la célébrité, combien de victimes humaines ? Jules Jouy, ce grand poète, frappé à mort par l'alcool homicide et, plus tard, Alphonse Allais, créateur d'un nouvel humour, que le démon de l'intempérance avait d'abord stigmatisé. Par un juste retour des choses d'ici-bas, le cruel et sinistre marchand, le rusé banquiste, enrichi de leurs dépouilles, une fois le butin amassé, connut un châtiment exemplaire. Le poison qu'il versait à autrui ne l'épargna pas autrement. Car il ne sut point éviter le piège qu'il tendait à ses victimes, ni demeurer sobre dans le repaire de beuverie où naquit sa fortune. Il n'avait pas de cœur. Invulnérable sur ce point, le « flot sans honneur », des breuvages meurtriers l'engloutit à son tour. A peine

retiré des affaires, il succomba terrassé par une maladie
de foie. Ironie excellente et shakespearienne. La jau-
nisse prit le Seigneur de Chatnoirville et le noya comme
Clarence, dans son tonneau de vitriol.

Mais au printemps de l'assommoir esthétique où pala-
brait ce forban, tout n'était que joie apparente et convul-
sive gaieté. Moréas qui portait encore son nom de pali-
kare, servait de chouette (la Chouette d'Athènes), aux
venimeux railleurs qui se jouaient de lui. Son accent,
venu en droite ligne de Marseille et qui mêlait agréablement les intonations du Pirée à celles de la Joliette, sa
balourdise inimitable, ses escarpins jaunes, son linge en
demi-deuil et le carreau qui s'accrochait dans l'orbite,
en faisaient une caricature vivante, un fantoche, un
papazzo dont à tour de rôle, chacun tirait la ficelle ingé-
nue. Ce bon Pappadiamantopoulos ! en attendant son
heure, la protection du fielleux Barrès, amour des Fla-
mands et des Suisses, il épanouissait au grand air la
candide suffisance qu'il portait en lui-même avec sérénité.

Toutes les semaines et, sauf erreur, le samedi, un
symposion de quelque solennité réunissait les poètes
dans la noire taverne du boulevard Rochechouart. Ils
s'exerçaient là au cabotinage et dégasconnaient leurs
façons. Après le déjeuner, déjeuner pendant lequel Rodolphe Salis défendait à ses manœuvres de toucher aux
fruits, aux petits fours, à la glace, on entendait toutes
sortes de vers : bénins et sirupeux avec Jean Rameau,
redondants et glacés avec Edmond Haraucourt, fausse-
ment pervers et tramés coton avec Jean Lorrain. Parfois aussi, le jeune Albert Samain apportait là de sua-
ves, d'odorantes fleurs, celles que, d'une main délicate,
il cueillait au *Jardin de l'Infante*, cependant que Marie
Kryzinska, d'une voix rogommeuse, chantait au piano la
musique du poitrinaire Cabanis sur tels vers de Cros:
l'*Archet* et ce *Nocturne* qui, plus tard, devait fournir à

Ernest Chausson une de ses meilleures « Chansons per-
pétuelles ».

« Ce fut à ces five o'clock montmartrois que le jeune
Habrekorn fit ses débuts, apprit son nom aux Parisiens.
Après quelques tâtonnements, expériences musicales ou
récitations de vers, le nouveau venu, avec la belle audace du page qu'il était, s'avisa de mettre en couplets
ses premières armes et son embarquement pour Cythère.
La nuit arriva d'un coup, l'engouement du public, pour
ces couplets vivants, impudiques, retroussés, où la
beauté du diable et cette fleur de jeunesse qui date les
rimes de la vingtième année, accusaient néanmoins une
manière profonde et neuve de sentir. Habrekorn a, depuis ces jours lointains, réuni quatre ou cinq volumes de
vers, écrit une douzaine de pièces, vaudevilles, opérettes (sans compter les revues), égayé les théâtres de
genre et terrifié le Grand-Guignol.

« Ce directeur de cafés chantants, parut au *Chat Noir*,
au *Chat Noir* de la première manière, où Salis, qui
n'avait pas encore industrialisé sa verve, se contentait
d'exploiter les artistes avec un sang-froid de négrier.
Habrekorn avait seize ans. Venu de Rouen à la conquête
de Paris, l'éphèbe désertait le paternel comptoir, vouait
au commerce des draps et de la rouennerie un dégoût
cordial et pénétré. Suivant les bonnes règles du négoce
et de la famille bourgeoise, le père Habrekorn comblant
son héritier de malédiction pour tout potage, le laissait
vertueusement sur le pavé. Mais déjà bien organisé
pour la lutte, et, dès sa première année d'apprentissage,
l'adolescent gagnait ses éperons. Il goûta néanmoins de
la vache enragée. Il connut ce qu'il faut de détresse
pour désormais, compatir aux misères d'autrui. Chaque
jour, il entrait au *Chat Noir*; y déclamait des vers.

« Ses vieux compagnons de Montmartre ceux qui, hélas!
atteignaient la vingt-cinquième année, alors que par dix
il comptait encore les siennes, ont gardé la mémoire du

récitant qui, d'une voix chaleureuse, faisait entendre au piano de Salis les refrains de sa jeunesse, les ariettes de bravoure, de fantaisie et de volupté. »

M. Pierre Trimouillat

Poête-chansonnier, Pierre Trimouillat, avec sa figure de « chat fâché » sur un corps fluet — voyez l'admirable caricature de Charles Léandre ! — dit d'abord, d'une voix délicieusement fausse, — sa grande fierté et sa seule richesse ! — des vers et des monologues des autres. Puis il en composa qui réjouirent F. Sarcey, J. Lemaître et Laurent Tailhade. Suzanne Reichenberg, de Féraudy, Le Bargy, G. Beer, Dumény interprétèrent ses premières fantaisies rimées : *Gras et Maigres*, *Le Bègue*, *L'Octroi*, *L'Argent*.

Trimouillat — que Rodolphe Salis, au *Chat Noir*, promut « Baron du Rire », — cessant de se produire dans les salons et fêtes de bienfaisance où triomphaient Yvette Guilbert dans ses chansons, Coquelin cadet dans ses parodies, Mévisto dans ses pièces de vers, parut au Quartier Latin (aux soirées de *La Plume* et du *Procope*, à *La Truie qui file* de Dumestre, aux *Noctambules*) et à Montmartre (au *Chat Noir*, au Conservatoire de Montmartre, au *Chien Noir*, au cabaret de *La Veine*, dirigé par Xavier Privas) et ailleurs.

L'auteur de *Dans la Vie* et de *Contes à dire debout* égratigne mais ne blesse pas. Il blague l'Etat et l'Actualité. Trimouillat parodie aussi nos chefs-d'œuvre. Il change quelques mots au texte primitif et atteint, les rimes subsistant autant que possible, au comique le plus direct.

* * *

Ainsi, Pierre Trimouillat tire l'effet, le plus amusant, de son fameux monologue « Le Bègue » qu'il récite naturellement, en bégayant... comme s'il n'avait jamais fait que cela. Un soir, au cours d'une représentation à bénéfice, n'entendit-il pas une brave spectatrice enthousiaste dire à sa voisine : « C'est rigolo ! C'est très bien ! Mais, quel dommage qu'il bégaie ! » Sur ce, Trimouillat débita un second monologue, avec l'élocution la plus irréprochable. Tête de la dame ! Léon de Bercy raconte cette anecdote. Trimouillat, accompagné d'un individu bizarre, affreusement laid, poète à ses heures, surnommé « l'Assassin », fait son entrée à la Goguette du *Chat Noir* que régissait, ce jour-là, Georges Auriol.

— Je vous amène Trimouillat, dit l'Assassin.

Auriol, supposant que ce nom est aussi un sobriquet et que celui qu'il désigne est un type du même genre que l'introducteur, s'écrie joyeusement et sur le ton de la plus désinvolte familiarité :

— Eh ! bonjour, mon vieux Trimouillat ! Comment vas-tu ! Trimouillat ? Viens t'asseoir ici, Trimouillat. Messieurs, Trimouillat est dans nos murs !

Le nouveau venu, d'abord interloqué, se fâche tout rouge. Il avait espéré un autre accueil ; et il manifeste vertement son indignation. On s'explique enfin ; Auriol s'excuse cordialement ; et l'on convient d'oublier cet incident qui avait failli éloigner pour toujours du *Chat Noir* ce bon Trimouillat, que Salis nommait, peu de temps après, « maître des Chants ».

Trimouillat nous entretient d'abord, d'un de ceux qui disparurent, Horace Valbel.

— Dans un écho de journal d'il y a quelques ans déjà, voici ce que je relis, sous ce titre : « Du Chat Noir au Dépôt ». Sont nommés : « Directeur du Dépôt de la Préfecture de Police : M. Valbel (Horace), directeur du groupe pénitentiaire de la Charente... » Ce Valbel bonimentait au *Chat Noir* et signait de fines chroniques au

Voltaire et à *l'Evénement* avant de devenir directeur du
Dépôt. Il rêvait d'une « situation sûre », d'un fauteuil en
acajou et d'un cartonnier. Il fut excellent fonctionnaire.

Aujourd'hui Horace Valbel, journaliste montmartrois-
fonctionnaire, n'est plus.

Valbel collaborait à de nombreux quotidiens. Il aimait
les Jeunes. Il publia nombre de livres. J'ai parlé de lui
dans « Les Chansons de la Butte », de Roger Toziny.

Donc, au *Chat Noir* où Valbel fréquentait à ses heures
de loisir d'écrivain et de budgétivore, il était un critique
bienveillant, d'une compétence indiscutable en matière
de choses de l'esprit. Quand Salis était en tournée ou en
représentation en ville, Horace Valbel remplaçait, souvent au pied levé, le grandiloquent bonimenteur.

Et le public n'y perdait rien, ces jours-là : le boniment
et le bonimenteur avaient beaucoup plus de *tenue*.

En effet, si l'on a surnommé Rodolphe Salis le cabaretier gentilhomme, c'était un peu exagéré, car il sentait
plutôt, d'une lieue au moins, le « rapin » farceur à la
manière de Cabrion. Horace Valbel, au contraire, avait
plutôt le « chic anglais » d'un parfait gentleman. Il portait la redingote avec au moins autant de dignité que
Sadi Carnot lui-même. Sa distinction imposante était
évidemment native et n'avait rien d'emprunté.

De même, si les improvisations de Salis consistaient en
« arrangements » truculents et habiles faits de pièces et
de morceaux — « chipés » dans les propos de table, aux
dîners de la rue Victor-Massé (ici rue de Laval), où se
trouvaient réunis presque quotidiennement les Allais,
les Auriol, les Donnay, et moins fréquemment Jules Lemaître, entre autres, — celles de Valbel émanaient de son
propre fonds. Ses phrases étaient courtes, soignées, lé-
chées, plus unies que celles du Patron.

D'ailleurs, la barbe, seule, différenciait les deux
orateurs.

Salis avait le poil roux, dru, d'un condottiere, d'un

rufflan de Meissonier ou de Roybet ; Valbel avait, lui,
une superbe barbe blonde, bien soignée, bien lisse, qu'on
devinait soyeuse et dans laquelle les grandes dames
devaient rêver de plonger leurs petites menottes...

Valbel était de plus un très fin diseur de beaux vers
et de belles proses. Quand un poète manquait à l'appel,
il savait dire de jolies poésies et faire congrûment valoir
le texte commentant une pièce d'ombres.

Qu'on me permette, à propos de Valbel, de finir par
une petite anecdote que je crois amusante et dont en
tout cas, je certifie l'authenticité.

Un peu avant la grande guerre, Horace Valbel m'avait
appris qu'il venait d'être nommé sous-directeur de la
prison de Fresnes, prison très élégante et confortable,
je l'affirme, qui ne vole pas sa réputation et dont on eût
dû le bombarder directeur, rien qu'en raison de sa mine
superbe.

Sur son invitation pressante, j'étais allé le voir assez
souvent, en compagnie d'Armand Masson, mon collègue
du *Chat Noir* et de l'Hôtel de Ville. J'étais donc bien
connu dans la maison.

Or, un jour, je rencontre le brave Alfred Le Petit, bon
dessinateur et chanteur de chansons normandes savoureux. A brûle-veston, je lui dis : « Y a-t-il longtemps que
tu as vu Valbel ?

— Ma foi, oui, il y a pas mal de temps.

— Eh bien, mon vieux, je sais qu'il est à Fresnes en
ce moment. Si tu veux, enchaînai-je vivement, on ira
le voir un jeudi ou un dimanche. On déjeunera à Bourg-
la-Reine et vers deux ou trois heures on ira à la prison
et on demandera à le voir.

— Mais oui, c'est entendu. Tiens, jeudi prochain, par
exemple.

Le jeudi suivant, Alfred Le Petit et moi nous suivons
exactement le programme ainsi tracé.

Nous déjeunons modestement et, le café bu sans le

moindre alcool, nous nous dirigeons vers la prison modèle.

Introduits dans le vestibule, je fais remarquer à l'artiste que ses originaux des illustrations des *Chansonniers
et Cabarets*, encadrés magnifiquement, faisaient le plus
bel ornement de la vaste pièce où nous étions.

— Valbel est roublard, lui dis-je : il a fait cadeau de
tes dessins au directeur de Fresnes pour se mettre bien
avec lui.

— Il a bien fait, répondit Alfred Le Petit.

L'huissier qui avait l'habitude de me voir entra et
nous salua.

— Serait-il possible, lui demandai-je, de voir le nommé Valbel ?

— Parfaitement. Aujourd'hui, c'est bien le jour.

— Alors, amenez nous-le... pieds et poings liés. Et ne
craignez pas que nous le laissions échapper...

— Je n'ai pas peur de ça. Attendez un moment, je vais
le chercher.

Dix minutes après, nous voyons arriver en superbe
redingote bien taillée, cravaté de blanc, Horace Valbel,
qui, souriant, nous tend les deux mains :

— Ah ! c'est gentil d'être venus tous les deux ! Comment ça va-t-il ? Ce vieux Le Petit ! Ce vieux Trimouillat !

Mais Alfred Le Petit regardait Valbel avec ahurisse-
ment, avec stupeur, incapable de prononcer un mot.

— Ah ! c'est vrai, m'écriai-je ! Mon cher Valbel, je vous
demande pardon. J'ai oublié de dire à notre ami, quand
je lui ai proposé de venir vous voir à Fresnes, que vous
y étiez en qualité de sous-directeur. Il a cru que vous y
étiez à titre de... pensionnaire ! »

Voilà la preuve que ces deux collaborateurs étaient
de vrais amis. Voilà comment on était au *Chat Noir*.

M. Armand Véry

Toute la jeunesse d'Armand Véry se déroula à Montmartre dont il fréquenta les « boîtes » et les artistes. Dès l'âge de 20 ans, il débute dans la presse parisienne et littéraire et, à 21 ans il représente le plus jeune stagiaire de la Société des Auteurs dramatiques car il fournit tous les levers de rideau des *Menus-Plaisirs*, aujourd'hui théâtre Antoine. Il est aussi chansonnier, et les vedettes du café-concert du temps des Paulus, des Jeanne Bloch et des Bourgès chantent ses œuvres.

Mais, soudain, il délaisse la scène. Il se consacre définitivement au journalisme — et au journalisme politique ! Il crée un journal hors Paris, puis entre à l'*Intransigeant* où il trône encore — depuis dix-neuf ans !

Dans la presse de toutes les opinions, Armand Véry ne compte que des amitiés. Nommé à l'unanimité syndic de la presse parlementaire, il est le premier vice-président de l'*Association professionnelle des journalistes parlementaires*.

* * *

« Si surprenant que cela puisse paraître, il y eut, à Montmartre, au plus beau temps de la renommée du *Chat Noir*, des « littérateurs » et des « poètes » qui considéraient les habitués de Salis comme de vieux confrères déjà parvenus.

Ces jeunes, très jeunes, littérateurs et poètes avaient, à deux pas du *Chat Noir*, dans la rue Rodier, le droit d'asile. Cela sous la forme d'un journal bi-mensuel dont le directeur était un habile gascon, fort peu bohème, marié, père de famille... et employé à l'administration d'un grand journal de Paris.

Appelons ce gascon Gaston, si vous le voulez bien. .

Gaston avait eu la géniale idée de commercialiser l'illusion de bien des gamins de 16 à 18 ans se croyant destinés à remplacer Dumas ou Victor Hugo et démangés de la manie d'écrire.

Gaston créa donc un journal à leur intention. Il se présenta comme l'ami des jeunes (il faut toujours être philanthrope) et, dès son premier numéro, il fustigea violemment l'égoïsme des arrivés qui ne voulaient pas se serrer un peu pour faire place aux jeunes... aux jeunes potaches, ses abonnés. Seulement, pour Gaston, n'avait vraiment la vocation que celui qui s'abonnait. L'abonnement à son journal (*Le Phare Littéraire*, s'il vous plaît) était la première, mais obligatoire, étape vers la gloire Son système était très simple. Il glissait, dans certaines publications littéraires, une annonce où il demandait, comme rédacteurs, des débutants ; puis, aux lettres qu'il recevait, il répondait par l'envoi d'une circulaire où il s'engageait à conduire son futur collaborateur jusqu'à l'Académie s'il lui apportait régulièrement prose ou vers qu'il insérerait toujours, quel qu'en soit la valeur, et moyennant deux sous la ligne... à payer par l'auteur.

« L'auteur » acceptait et Gaston, peu calé lui-même en littérature, faisait retoucher les œuvres de ses abonnés par quelques amis de bonne volonté qu'il payait avec une tasse de thé offerte à ses « réceptions » du samedi. Il arrivait bien, qu'une fois retouchées, les pièces de vers étaient devenues méconnaissables, mais « l'auteur » dont la signature brillait au bas, et en très gros caractères, les reconnaissait toujours : il les montrait avec orgueil à son papa, à sa maman, et à tous ses amis admiratifs.

Gaston avait aussi inventé les Concours littéraires. Bien entendu, pour concourir, il fallait être abonné et, en outre, payer un droit spécial lequel était toujours plus élevé que le prix d'une petite médaille de bronze. Comme Gaston était un Mécène, et vous n'en doutez pas après ce que je viens de vous dire, il considérait qu'il est utile d'encourager les vocations. Il distribuait donc à tous les concurrents, et sans injuste inégalité, une médaille qualifiée, suivant les besoins, d'honneur, de première ou de deuxième classe et il réclamait 2 ou 3 francs pour son envoi. Si bien que tout le monde était content, même le patron.

Eh bien ! il ne faut pas médire de ce psychologue. Malgré tout, dans le tas, il se glissa quelques abonnés auxquels son commerce a rendu service. J'en connais peu, mais j'en connais trois ou quatre qui ont un nom dans les lettres, aujourd'hui. Et lorsqu'ils me parlent du *Phare littéraire*, ils le font avec le regret de leur jeunesse mais sans amertume pour leur premier directeur. »

CHAPITRE XV

INTERVIEW DE M. ADOLPHE WILLETTE

M. Adolphe Willette

Fils du colonel fait prisonnier en Allemagne, à Cassel,
pendant la guerre de 1870, Adolphe Willette, après un
rude internat au lycée de Dijon, qui ne lui laisse que
des rancœurs, aborde la carrière artistique, en 1875.

On le trouve alors à l'Ecole des Beaux-Arts de Paris
où le peintre des oiseaux, Giacomelli, présente le futur
« Pierrot » au conteur délicieux des *Lettres de mon moulin* et, c'est encore sur la recommandation de A. Daudet
que le néophyte entra dans l'atelier du peintre russe
Jean d'Alheim. Sacrifiant, entre deux séances, l'académie à l'art de Pénélope, Willette achève aussi, dans
son petit réduit de la place Saint-Jacques, son premier
Salon : *La Tentation de Saint-Antoine* (1881) et, c'est rue
Véron que notre artiste, — quittant le Quartier Latin,
en même temps que les Hydropathes gravissaient Montmartre (1882), — s'installera après avoir quelque temps
pratiqué le reportage au *Figaro*, Périvier *regnante*.

Sa collaboration à la fondation du cabaret du *Chat-Noir*,
puis à celle du journal du même nom, organe alors des
intérêts de Montmartre, procure l'occasion à Pierrot de
manifester toute sa verve originale et profonde.

La *Vierge Verte*, son premier vitrail, *le Veau d'or* et *le
Parce Domine* seront les plus purs joyaux du fameux
cabaret de Salis.

Puis, c'est tout un débordement d'esprit, de légèreté et de gouaillerie espiègle au *Courrier Français* (1884), au *Rire*, au *Triboulet*, au *Boulevard*, à *l'Echo de Paris*, au *Père Duchêne* et au *Journal*, qui déterminent l'éclosion du dessinateur, peintre, pastelliste et lithographe Willette où Pierrot s'incarna dans le cœur de Colombine.

Dès lors, c'est une gloire qui s'apparente à celle de Watteau ou de Fragonard sur le même nuage de charme et de liberté. D'autre part, l'Institut guette au coin du quai ce crayon enrubanné dont les « actualités », d'une générosité ardente, qui aime de temps à autre à se tremper dans le vitriol, — un vitriol tout de même teinté d'azur.

Si Willette fait de l'Art pour s'amuser, son œuvre s'élève contre l'injustice d'où qu'elle vienne. L'auteur des délicieuses décorations de l'Hôtel de Ville de Paris et des *Cent Dessins de Willette*, morceaux choisis de son œuvre, apparaît une vivante expression du génie français.

*   *   *

« En 1882, mon frère le docteur, qui venait de se marier et de s'établir médecin rue Lepic, où il exerce, me prévint qu'il avait trouvé, pour moi, un petit atelier rue Véron. Cette maison portait alors le numéro 20 ; aujourd'hui, c'est le 21. Et j'habite Montmartre ! Comme je lève les yeux au ciel, j'aperçois l'église Saint-Pierre, la plus ancienne église de Paris, puisqu'elle a été édifiée sur l'emplacement d'un temple dédié à Bacchus dont deux colonnes se trouvent dans l'intérieur de cette Eglise.

Chère et vénérable petite église ! Vous permettez ! Dire que c'est à Pierrot que tu dois d'exister encore, et avec quelle prospérité ! En effet, cette église étant une gêne pour sa colossale voisine et, étant devenue trop pauvre pour son très respecté curé qui rêvait de transporter la paroisse, en bas, place des Abbesses dans une nouvelle église construite en ciment armé, sa destruction allait être décidée, sous le prétexte fallacieux qu'elle ne tenait plus debout! J'ai raconté, dans *Feu Pierrot* comment entre la poire et le livarot, j'ai décidé, notre conseiller municipal, d'alors, le terrible socialiste Eugène Fournière, à présenter la défense de l'église Saint-Pierre devant le Conseil municipal. Les journaux libres-penseurs, n'y comprenant rien, pour sa récompense le blaguèrent en l'appelant : « Notre-Dame de Fournière ! » Non seulement l'église fut complètement restaurée, mais son clocher lui fut rendu.

On aurait dû classer la Butte tout entière, et cela eût été merveille pour le Parisien et l'Etranger de voir cette verdoyante colline, semblable aux petites collines qui sont la gaîté des fonds de peintures primitives, dominer la Ville immensément pétrifiée. C'est en effet pour son caractère encore champêtre que Montmartre a été choisi comme asile par tant de jeunes hommes renonçant au monde par fière honnêteté et par amour de l'art. Gérard de Nerval, dans *La Bohême Galante*, en a fait une description délicieuse ; les peintres Michel, Lépine, par les études qu'il leur inspira, montrent quel paradis vient d'être perdu pour les Parisiens! Berlioz, Renoir, Henner, Roybet, Gérôme, Puvis de Chavannes, Ziem ont aussi habité Montmartre.

Mon cher Jean-Emile, le Montmartre d'alors n'était pas le pays de la coco, des bars pour pédérastes et des restaurants de nuit. Ainsi, quelle singulière audace que celle d'écrire Pigalle avec un s' ! Outrager de la sorte la mémoire du grand sculpteur français Pigalle !... Et puis, croyez-moi, le laisser-aller si bêtement crapuleux de l'habit noir, n'existait pas encore ; les honteuses frasques de celui-ci au Bal de l'Opéra n'auraient même pas été tolérées au bal de l'Elysée-Montmartre ni place du Tertre !

Sur la Butte, place du Tertre, on allait chez « la mère Catherine » marchande de vins et de tabac qui possédait des jardins donnant sur la rue Saint-Rustique, ou bien on entrait « Chez Ravenaz » ou « Chez le père Poncier », également bistros-restaurateurs, sur la place de l'Eglise.

On disait également, en descendant la rapide rue des Saules le long du cimetière Saint-Vincent : « Allons chez Sals ! » Ce Sals était, en même temps qu'employé à la mairie, le patron de ce petit restaurant très rustique appelé « au Lapin à Gill », à cause de son enseigne peinte à même le mur par le fameux caricaturiste. On disait aussi : « Aller aux Assassins » non à cause d'une clientèle, à tort présumée effrayante, mais parce qu'on y voyait de naïves peintures évoquant des crimes célèbres, entre autres celui de Troppmann, à présent un des joyaux de la fameuse galerie de Courteline qui, bien avant les modernes critiques d'art, a su découvrir le génie des peintres douaniers ! Sals était le seul restaurateur du pays qui recevait des clients la nuit, mais il fallait le réveiller et, pour être admis, décliner ses noms : alors il faisait lever Mme Sals, véritable cordon bleu qui, tout en maugréant, se mettait à son fourneau. »

Puis, le bon maître Willette nous entretient des « ratés », des « piliers » de brasserie :

« Qu'avaient-ils donc raté ces artistes, le plus souvent timides et promus, dès leurs débuts, « hors concours », par les brillantes médiocrités mondaines ou officielles ?... La protection du monde qui dit d'un Férandy ou d'un Paulus, un « artiste » ainsi que de Corot ?... Ou bien serait-ce la fréquentation des salons, véritables coulisses de comédies d'amours pitoyables ou de politique malpropre et criminelle ?... Ce qu'ils ont raté, les pauvres, c'est la vie honteuse de l'artiste qui a vendu son indépendance ! N'avaient-ils pas le pressentiment, en voyant la fortune si rapide de leurs voisins et confrères de l'avenue de Villiers, que l'art couvé par le monde est flétri, dès son éclosion, que son succès est de peu de durée ?

Mais ces ratés étaient des piliers de brasserie ! Permettez, n'y a-t-il pas aussi les piliers de cercles ?... Des cercles d'où il n'est jamais rien sorti que des décavés bons à tout faire !... tandis que vous n'allez pas tarder à savoir ce qui est sorti de ce petit cabaret du *Chat Noir*, celui du 84 du boulevard Rochechouart, et où les cartes étaient inconnues.

Oui, Forain, à Montmartre nous étions des « purées » mais nous n'étions pas des « ma... », ainsi que vous l'auriez dit, dans la croyance absurde que nous vous reprochions votre légitime succès ! Notre purée était honnête, et vous ne l'ignorez pas, l'honnêteté est aussi nécessaire que le dessin pour la probité de l'art.

Un soir, en sortant de la *Grande Pinte*, des camarades que je rencontrais m'engagèrent à les accompagner au *Chat Noir* pour assister à l'ouverture de ce nouveau cabaret, fondé par un peintre, (ah ! c'ti là exactement « raté » !) 84, boulevard Rochechouart. Je les suivis, mais je ne pénétrai pas dans le cabaret dont je me contentai de regarder, du trottoir, par la porte et la baie ouvertes, l'intérieur où le roux cabaretier revêtu d'un costume blanc, ceint d'un tablier blanc et portant la coiffe traditionnelle du cuisinier, recevait et aidait à servir ses nombreux clients pour cette fois régalés. Et, malgré les instances de mes camarades, je refusai d'entrer et repris seul le chemin de la rue Véron, en songeant, avec mélancolie, à l'Ecole des Beaux-Arts et à la conduite si fâcheuse qui avait été celle de Rodolphe Salis, le nouveau cabaretier, soit à l'Ecole, soit au Quartier Latin.

Mais je reviens à l'atelier, et je retrouve Rodolphe Salis vers lequel me conduisent Tanzi et Victor Rey : « Eh bien ! mon vieux camarade, tu ne veux donc pas venir nous voir ? Les camarades sont chez eux chez moi et ils te réclament... Tiens, mais tu as fait un chat noir !... mais il est épatant ton tableau, et c'est ça que ces « veaux » t'ont refusé au salon de 1882 ?

« Ben, mon vieux, faut qu'on le voie, laisse-nous l'emporter, je le mettrai à la plus belle place de mon cabaret. » Je consens et je suis, avec mes amis, le diabolique cabaretier au *Chat Noir* que je ne devais quitter que l'année de sa translation, du 84 du boulevard Rochechouart à la rue Victor Massé, dans un hôtel particulier. On accroche donc *La Paire d'Amis* en belle place, et comme la blonde femme et le chat noir se détachaient sur un fond or, cela faisait d'autant plus d'effet qu'elle se voyait du boulevard. Et Salis, très joyeux, après nous avoir payé une tournée, me montra ce qui avait paru dans le journal *Le Chat Noir* pour lequel l'avisé Victor Rey avait obtenu du maître Henri Pille, le délicieux en-tête que vous connaissez.

Laissez-moi vous dire qu'on attribue à tort à Steinlen ce premier *Chat Noir*... c'est après moi qu'il en fit, et de très vivants !...

Au moment où, commandité par Cusenier, distillateur national, Salis montait, à la place de l'ancienne poste d. boulevard Rochechouart, son cabaret, il avait, chemin faisant, chapardé un superbe chat noir à poils ras ; même, pour l'avoir il était grimpé après un réverbère en haut duquel le matou s'était réfugié ; ce chat, baptisé l'Amoureux, lui inspira l'idée joyeuse de donner, à son cabaret, cette enseigne : *Au Chat Noir* ! Ne dit-on pas, à Paris, que les chats noirs portent bonheur ? Ce fut mon projet, exécuté en tôle, consistant en un chat noir perché sur le croissant de la lune qui devint l'ense igne du *Chat Noir*...

Son ombre portée gambadait gaiement sur la banne de l'épicier voisin, notre ennemi, lequel enragé, sera bientôt emmené en prison !

Je me souviens de François, le premier garçon du *Chat Noir*. Il était sans doute trop brave homme pour Rodolphe Salis puisqu'il n'y resta qu'un an. François m'acheta même une petite toile : *La Cigale et la Fourmi* qu'il me paya deux cents francs. Rodolphe Salis, plus tard, m'offrira deux cents cinquante francs pour ma grande toile : *Le Parce Domine*. Comparez !

A l'ancien *Chat Noir*, les soirées ne suivaient aucun programme, on attendait tout de l'imprévu, de l'imprévu si amusant surtout quand il vient de la rue où vont, droit devant eux, tant de rêveurs qui ne demandent qu'à prêcher en public ; ils font rire, ils peuvent intéresser. Dès qu'ils se faisaient distinguer, on leur criait : « A la tribune ! « C'était le comptoir, resté désert, après le départ de Mme Salis. Le bonhomme était invité à aller s'asseoir... s'il n'était pas intéressant. S'il se fâchait, on le mettait à la porte.

Le *Chat Noir* n'était pas une société organisée, ni un cercle fermé ; y entrait qui voulait et sans courir le risque d'être brimé grossièrement, genre inventé et exploité plus tard par Aristide Bruant. Et il arrivait parfois d'entendre l'étranger connaisseur, après un entretien avec l'un de ses artistes, s'exclamer ravi : « Il ne sait pas qu'il a du talent ! » Au *Chat Noir*, l'encensoir était chose inconnue.

Emile Goudeau, qui signait A. Kempis les spirituelles chroniques de notre journal, était le boute-en-train du *Chat Noir*. Il haranguait, mieux que Salis, la foule à l'intérieur comme à l'extérieur. Seulement, il prenait mal les plaisanteries.

C'est du *Chat Noir* que date l'une des meilleures blagues, véritable prophétie du cubisme, du futurisme, l'Exposition des « Incohérents », imaginée par Emile Goudeau et installée par Jules Lévy.

Salis était un imperturbable farceur. Sa faconde amusante rappelait celle du camelot parisien. Il avait un petit vernis intellectuel. Un bégaiement factice lui permettait d' « étourdir » les hommes les plus graves mais il avait la manie du souvenir... Il fallait lui « laisser » toujours quelque chose.

Le soir on oubliait les difficultés et le travail de la journée : nous poussions tous, en chœur, des chansons de la vieille France, reprises d'ailleurs par Bruant dans son répertoire. A vrai dire, c'était l'entrain de l'atelier qui se continuait au cabaret. Personne n'est plus mélomane que le peintre, qu'il soit en bâtiment ou en tableau. Jules Jouy, — le précurseur honoré de cette belle piéiade des chansonniers montmartrois, — J.-B Clément, Paul Marrot, Aristide Bruant, Camille de Sainte-Croix, Marie Krysinska, — horriblement myope mais musicienne exquise, — Marsolleau, Georges Fragerolle, compositeur rubicond et à la voix puissante, Rollinat, poète musicien, se firent entendre au *Chat Noir*.

Salis, ce malin qui n'avait aucune foi politique ou religieuse, pour échapper aux innombrables contraventions qu'il encourait, un beau jour résolut de se faire recevoir Franc-maçon.

« Et bientôt, le cabaret apparut menacé de devenir une succursale de la Loge et il s'en manqua d'un cheveu que nous ne fûmes expulsés pour cause de « travaux ». Nous les recevions les frères .·. en chantant du Béranger !

« Vous me demandez de vous entretenir du journal *Le Chat Noir*. J'ai souvenance des « à la manière de... » du peintre Signac qui, en faisant du Zola, dans ce journal, s'affirma le précurseur de Paul Reboux et de Charles Müller. Ah ! quelle rare et délicieuse collection que celle du *Chat Noir* qui, lui, au contraire du *Nain Jaune*, — le lamentable organe du Boulevard au temps de l'Empire, — n'a pas vieilli... Ajoutez que ce journal, qui subit l'influence de Baudelaire, d'Edgar Poë, de Rollinat, sans être anarchiste, était indépendant vis-à-vis de l'Elysée

dont les familiers ne nous témoignaient aucune tendresse... bien au contraire...

« Puisque vous insistez pour que je vous parle du *Chat
Noir* apprenez que Salis réservait à l'Institut une petite
salle, au fond du cabaret, pour les intimes et la Rédaction. Quelques boulevardiers douteux, bien entendu, y
fondèrent une salle d'escrime. Je me souviens que je
m'y pris de querelle avec une manière de demi-solde,
officier réformé, et qu'il me provoqua en duel. Il était
furieux de ce que je faisais le portrait d'une jeune
dame qu'il visait. Pierrot alla donc ferrailler ! Parlons
art : c'est plus réconfortant ! Mon premier vitrail : *La
Vierge verte* — dont mon ami le chansonnier Jacques
Ferny se rendit acquéreur à la vente du *Chat Noir* pour
s'en dessaisir gentiment en ma faveur — fut fait gracieusement pour la devanture du cabaret de Salis. Ce carton
représentait une femme, de notre temps, aux cheveux
d'or, aux yeux de chat et dont le cache-poussière, alors
à la mode, était parsemé de hannetons d'or. A sa ceinture était passé un lis — La Vierge verte — c'était bien
elle, elle tenait au-dessus de sa tête un chat noir en
furie. Mon carton fut exécuté assez fidèlement, et, mise
en place, la *Vierge verte* fit avec succès, le boulevard...
Rochechouart. Trois ans plus tard, je donnai à Salis mon
vitrail : *le Veau D'or*, qui remplit la grande baie du *Chat
Noir* de la rue Victor-Massé. M. Champigneulle. un
grand verrier, se chargea de l'exécution de ce carton
peint à grandeur d'exécution.

« Cet autre vitrail *Te Deum*, dont je suis le plus fier, alla
rejoindre le *Parce Domine*. Le vitrail est l'art démocratique par excellence. Au contraire du tableau enfermé,
visible des deux côtés, il récrée également les gens de
la rue.

« Un matin, Salis me dit, dans un accès de générosité :
— « Tiens, Pierrot, je te donne... toute la largeur de mon
nouveau mur à décorer, plus 250 francs ! » Salis fait

tendre la toile sur le mur et je me mets à l'œuvre, sans esquisse, sans le plus petit projet dessiné. Je dus peindre, la nuit, avec, pour tout éclairage, une grosse lampe à pétrole dite de panorama. J'appris, plus tard, par la veuve de Salis, Mme R..., que le *Parce Domine* avait été vendu 3.500 francs...

« Comment, malgré le bruit des chants, tout à la blague de mes camarades qui emplissaient, le soir, le cabaret, comment a pu me parvenir, — de ma déjà lointaine et pieuse enfance qu'elle avait tant émue, — cette clameur de détresse et d'effroi lancée vers Dieu par un peuple, ce douloureux « *Parce Domine ! Parce populo tao !* » qui devait m'inspirer la composition de cette toile ?

« Peut-être que, demeurant isolé au milieu des cris et des rires des joyeux damnés partant de la chaudière, qu'était le soir le *Chat Noir*, j'ai pensé au triste sort réservé à la plupart d'entre nous victimes de l'insouciance ?

« Pauvres Diables ! Sans compter les trente-six chandelles que, souvent, me faisait voir la blague de mes copains, comme celle d'un feu d'artifice tiré du même trou !

« Un dernier mot, mon cher Jean-Emile, sur les obsèques du *Chat Noir*. C'était la belle saison. J'étais brouillé avec Salis. Vers cinq heures, j'avais rejoint mes camarades à la terrasse du « Clou » où la bonne gaîté montmartroise battait son plein lorsque, tout à coup, nous perçûmes, venant de l'avenue Trudaine, des accents de mandolines jouant « la polka des Volontaires », d'Olivier Métra ! Cette pitoyable mascarade, c'était tout ce qui restait du *Chat Noir*. Le chansonnier Aristide Bruant allait prendre solennellement possession de son hôtel, rue Victor-Massé. Rodolphe Salis, revêtu d'un uniforme de préfet de l'Empire, l'épée au côté, marchait derrière la musique et devant... mon *Parce Domine* trimballé, comme une pauvre icône pour moujik par ses nouveaux garçons déguisés en académiciens ! puis venaient quelques matous sans amour-propre...

« C'était idiot, c'était navrant !... à la chie-en-lit ! et de la terrasse du « Clou » partirent des huées et des sifflets

Nous, du moins, nous avions sifflé parce que notre cher passé était souillé et que nous prévoyions pour le fier *Chat Noir*, un avenir de music-hall. A peine installé dans son nouvel Hôtel, le *Chat Noir*, orgueil de Montmartre, souleva les protestations indignées de toute la rue Victor-Massé ! habitée alors par des marchands d'habits et de peaux d'lapins, de reconnaissances du Mont-de-Piété et de revendeuses à la toilette, ignobles proxénètes.

« L'Ane Rouge », Salis, parut quelque temps embarrassé de l'étendue de son nouveau local et même très perplexe. Ne pensa-t-il pas, un moment, à louer son premier étage à un photographe ?

« Heureusement Henry Somm et Henri Rivière lui sauvèrent la mise en lui proposant, le premier, un guignol et le second, un théâtre d'ombres, avant le Cinéma. On sait le reste... »

Comme nous parlons de M. Maurice Donnay, le bon maître Willette nous répond :

— « *Donnay*-vous donc la peine de vous asseoir. Oui, on me demande souvent :

— « Avez-vous vu Maurice Donnay ? Comme on me dit : « As-tu vu la lune ?

— « Ma foi non, que je réponds, oncques ne l'ai vue de ma vie ; il n'était pas du Vieux *Chat Noir*, mais j'ai eu l'honneur et le plaisir de correspondre avec lui. »

Willette n'est pas tendre pour Rodolphe Salis, qu'il baptisa « l'Ane Rouge » parce que « méchant et menteur, roux et célèbre par son ingratitude, félin et obscur gaudissart ». Et il reproche à M. Maurice Donnay d'avoir fait fi de l'ancien *Chat Noir* qui le rendit célèbre et d'être venu chez Salis au moment où celui-ci ayant découragé l'enthousiasme désintéressé ne pouvait plus compter, à l'hôtel de la rue Victor-Massé, que sur une collaboration régulièrement rétribuée.

Et le bon maître conclut :... « Si au *Chat Noir* de la rue Victor-Massé, M. Maurice Donnay s'était informé auprès des quelques anciens qui croyaient pouvoir y persévérer, le début de son discours, lors de sa réception à l'Académie, eût pu être moins pénible. »

Dans ses mémoires, *Feu Pierrot : 1857... 19... ?*, Adolphe Willette, sous ce titre : « Discours à M. Maurice Donnay » reproche à l'auteur de *Lysistrata* d'avoir volontairement passé sous silence le talent indéniable de ceux qui l'avaient précédé au premier *Chat Noir* où ils travaillaient pour rien. Exploitée et spoliée par Salis, sa génération du *Chat Noir* déplore que M. Maurice Donnay contribue à affirmer sa réputation légendaire (?) de Mécène. De même, « Pierrot » fait grief à M. Paul Bourget d'avoir fait intervenir la valetaille dans ses pages sur le Cabaret et de n'en avoir retenu que cette « pitrerie de garçons de café déguisés en académiciens », blague vestimentaire, trop scandaleusement célèbre, contre laquelle d'ailleurs s'élevèrent de toutes leurs forces Emile Goudeau, Henri Rivière et lui ! Cette idée était venue à Salis, ajoute Willette, après qu'il eût tué, involontairement, au Vieux *Chat Noir*, l'unique garçon qui y servait. Willette, cité comme témoin, ajoute, d'ailleurs, que Rodolphe, poursuivi, fut acquitté.

Salis paya bien l'enterrement de ce pauvre homme mais il refusa tout secours à sa compagne sous prétexte qu'ils n'étaient pas mariés. Willette s'étonne aussi que M. Maurice Donnay, dans son discours de réception à l'Académie, n'ait pas dit que le *Chat Noir* offrait vraiment une résistance acharnée à l'invasion de l'esprit étranger.

Dans son indignation, fondée ou non, Willette en réponse au discours de M. Maurice Donnay sous la coupole, ajoute enfin :

« Oui, Piron tu avais bien raison de dire :

«Ils sont là-dedans quarante qui ont de l'esprit comme *quatre !»*

Lorsque nous prions le grand artiste de conclure, il nous offre la conférence qu'il fit en avril 1912, au théâtre des Célestins à Lyon, et dont voici quelques passages essentiels : « ... Montmartre n'est pas le pays des rigolos, des esbrouffeurs, comme le croient ou affectent de le croire les gens sérieux et les étrangers qui, aguichés par le justement célèbre mollet de nos petites montagnardes, demandent — « Mouline Rouge ?... Mouline Rouge ?...

« Rouge ! le Moulin de la Galette l'a été avant son lumineux rival, le jour où son meunier Debray fut, sur une de ses ailes, attaché et fusillé par les Autrichiens en 1814 ! Montmartre, Mont des Martyrs, a toujours justifié ce beau nom.

« Si on crie haro sur Montmartre, c'est que Montmartre a fait peur peu de temps après la Commune ! C'est le Mont Pelé de Paris !

« La véritable originalité de Montmartre a été, depuis un demi-siècle, de servir d'asile aux poètes, aux artistes fuyant la mêlée des « gens sérieux » qui, en bas, se débattent dans la boue des affaires.

« Pour le malheur de la Butte, l'homme sérieux qui d'abord méprisait, ne la comprenant pas, notre gaîté, en a, dans la suite, tiré profit et a ruiné, écrasé, avec ses tas de cailloux, nos tonnelles où se bécottaient les oiseaux et les amoureux.

« C'est donc tout là-haut, dans ce dernier refuge de la Bohème obligatoire, que Pierrot rencontra une arrière cousine de Mimi-Pinson dont il fit, en l'épousant, sa Pierrette. »

LA RUE NORVINS

CHAPITRE XVI

INTERVIEWS
de MM. HENRY GAUTHIER-VILLARS (WILLY)
et LÉON XANROF

M. Henry Gauthier-Villars (alias Willy)

Henry Gauthier-Villars = Willy. Bonnet blanc, ou blanc bonnet, avec « L'Ouvreuse du Cirque d'Été », à *L'Écho de Paris,* et « L'Ouvreuse » tout court, à *Comœdia.*

Willy = Jim Smiley comme Jim Smiley = H. Maugis, toujours Henry Gauthier-Villars, père en collaboration avec Willy (H. Maugis) et Mme Colette, ex-Colette Willy, des célèbres *Claudine à L'École,* à *Paris,* en *Ménage.*

Musicographe distingué (*La mouche des Croches, Entre deux airs,* la *Colle aux Quintes,* etc...), concepteur abondant de *L'Année Fantaisiste* où pétaradent les à-peu-près répercutés dans tant de romans gouailleurs, Willy enfin, seul contre tous, concentre et représente l'esprit du Boulevard de Paris : sa verve piquante et malicieuse, toute son ironie mordante.

*   *
*

« Des souvenirs ? J'entends bien. Mais pourquoi sur

Montmartre plutôt que sur Le Quartier Latin (1). Au vrai, je faisais la navette entre le *Chat Noir* et *Bullier*. Et surtout, je craindrais de tomber dans des redites. On a dû déjà n'est-ce pas vous signaler l'intéressant : « Tout est dit et l'on vient trop tard... » Alors... sans doute connaissez-vous« L'Ode à Montmartre », d'Armand Masson ?

Ses inoubliables strophes bourdonnent encore dans ma mémoire :

En ce temps-là nous abordâmes,
— Vers mil-huit-cents-quatre-vingts-trois, —
Sur le rivage montmartrois,
Au grandissime émoi des dames
Qu'effarouchèrent nos rumeurs
Et notre allure picaresque...
Sur la galère chatnoiresque
Nous étions quatre-vingts rimeurs

C'était Charles Cros, Fragerolle,
Maurice Rollinat, Champsaur
(Alors sec comme un hareng saur)
Alphonse Allais, le Viveur drôle,
Ponchon, qui donnait les primeurs
De sa verve funambulesque.
Sur la galère chatnoiresque,
Nous étions quatre-vingts rimeurs.

Jean Moréas, venu d'Athènes,
Jouy, Ferny, Meusy, Mac Nab

1. Consulter l'interview de Willy dans " Le Quartier Latin „ (Hier et Aujourd'hui), du même auteur.

(Qui, des « Fœtus » était le dab)
Donnay, Goudeau, roi des Ruthènes,
Renommé, parmi les humeurs
Deplot, pour sa soif titanesque.
Sur la galère chatnoiresque
Nous étions quatre-vingts rimeurs

Léon Bloy « doux comme la teigne »,
Le bon vieux maître Curnonsky,
Henry Gauthier-Villars, de qui
Le crâne eût pu servir d'enseigne,
— A cette époque — aux parfumeurs
Par sa tignasse absalonesque.
Sur la galère chatnoiresque,
Nous étions quatre-vingts rimeurs.

Si vous voulez que je repique,
Rien de plus facile ! allons-y !
Tailhade, Marsolleau, l'épique
D'Esparbès, Jean Rameau, Crésy,
Haraucourt, dont le vers faunesque
Bravait la police des mœurs.
Sur la galère chatnoiresque,
Nous étions quatre-vingts rimeurs.

C'est comme au front d'Eléonore,
Quand y en a plus y a Montoya,
Hyspa, Privas et Trimouillat,
Trimouillat dont la voix sonore
Nargue aux sirènes des sileurers
Comme au verbe de Boudouresque.

Sur la galère chatnoiresque
Nous étions quatre-vingts rimeurs.

Et ma liste est bien incomplète :
J'allais oublier le rayon
De ces poètes du crayon,
Rivière et Steinlen, — et Willette
Résumant toutes les clameurs
Humaines dans sa large fresque.
Sur la galère chatnoiresque
Nous étions quatre-vingts rimeurs.

ENVOI

En votre honneur, troupe héroïque,
J'ai rimé ces doubles quatrains,
Comme en haine catégorique
Des aèdes contemporains,
De qui la Muse pédantesque
Distille l'ennui dont je meurs.
— De la galère chatnoiresque
Où sont les quatre-vingts rimeurs!...

Où sont-ils ? — Mais où sont les rêves
Et les ardeurs de nos vingt ans ?
Où sont les généreuses sèves
Dont se gonflait notre printemps ?

Où les chimères endiablées
Dont nos têtes étaient peuplées ?
Où, les joyeuses envolées
De notre rire puéril ?

Nos espérances où sont-elles ?
Mais où sont les feuilles nouvelles,
Et les premières hirondelles,
Et les boutons naissants d'avril ?

Où sont les mèches léonines
Dont nos fronts jeunes s'ombrageaient,
Noir maquis où les mains câlines
Des Célimènes fourrageaient ?
Où, les moustaches conquérantes,
Dont les pointes exubérantes
Ne trouvaient point d'indifférentes
De Montmartre au Palais-Royal ?
Où, les solides mandibules
Dont nous tortorions sans scrupules
Les chairs plutôt dariuscules
Du vieux beefsteak de l'Idéal ?

Qu'est devenu le divin prisme
D'insouciance et de gaîté
Qui nous colorait d'optimisme
La fâcheuse réalité ?
O Temps jaloux, vieillard morose,
Dis, qu'as-tu fait du prisme rose
Qui nous dissimulait la prose
De ce monde banal et bas,
Métamorphosant en pucelles
Les déjà mûres demoiselles
Qui transvidaient nos escarcelles
Dans la profondeur de leurs bas ?
Mais elles-mêmes, où sont-elles
Les esthètes, à bandeaux plats,

Qui ne se montraient pas rebelles
À carder notre matelas ?
Les Myriems, les Vivianes
Aussi souples que des lianes,
Les Brunehildes diaphanes,
Les Iseults de Ménilmontant ?
Où sont les candides maîtresses
De qui les expertes caresses
Savaient consoler nos détresses ?
— Mais où sont les neiges d'antan ?

ARMAND MASSON

« ... Or je vous rase ! — appréhende à tort Willy. Et puis, il n'y a pas de gloses sans épines ! »

M. Léon Xanrof

Bachelier ès-lettres à 17 ans, licencié en droit à 20 ans, attaché au Cabinet du Ministre de l'Agriculture et avocat à la Cour d'appel, tour à tour, bientôt Léon Xanrof renonce à tout cela, ~ar il pense déjà à *Mon Enterrement*, à *L'Hôtel du Numéro trois* et au *Fiacre*, qui le rendront célèbre.

Poète et chansonnier, l'humour et la malice en personne, M. Léon Xanrof mord sans mordre ; blague avec une verve de Parisien essentiel.

Chansons sans gêne, chansons ironiques, chansons à rire —, dont la plupart composèrent le répertoire de Mme Yvette Guilbert et contribuèrent à sa réputation, — s'inscrivent en tête d'une œuvre légère et subtile que nombre de vaudevilles, revues et pièces à succès complètent comme *Madame Putiphar* et *Le Prince Consort*.

Enfin, Léon Xanrof partage son activité organisatrice et féconde entre le Théâtre et la Défense des Intellectuels.

.*.

« Deux personnes me facilitèrent le passage des ponts de la rive-gauche sur la rive-droite.

« La première fut Félicia Mallet, une artiste extrêmement curieuse qui eut son heure de grande célébrité. Elle venait de se révéler. On l'avait engagée à l'Ambigu pour jouer le rôle d'un gamin de Paris. Elle avait besoin d'une chanson. Elle m'avait entendu aux soirées de l'Association des Etudiants. Elle vint m'en demander une. Je lui remis *Le Fiacre* qui, du jour au lendemain, fut goûté.

« La seconde personne qui aida l'étudiant que j'étais alors, à se faire connaître hors du Quartier Latin, fut Polin, cet artiste d'un talent si fin et si comique. Polin ne m'a jamais interprété mais, il en a eu, un instant, l'idée. Seulement, c'était un bon camarade. Et comme il y avait à l'Eden-Concert une débutante, qui elle aussi, cherchait sa voie : Yvette Guilbert, gentiment notre « tourlourou » lui prêta mon petit volume «Rive-gauche » et, peu de temps après, Yvette, encore inconnue, commençait à interpréter au Moulin-Rouge puis au Divan Japonais les œuvres de cet autre inconnu que j'étais. Je le sus, je me présentai : nous devînmes d'excellents camarades... Et puis, ce fut le succès. On applaudissait l'interprète, on applaudissait les chansons... C'est alors qu'advint une légère querelle entre nous.

« J'acceptais parfaitement l'idée qu'Yvette commençât à gagner de gros appointements alors que je ne touchais que de dérisoires droits d'auteur, mais je trouvais tout à fait injuste que le public connût son nom et ignorât le mien !

« Je la priai donc de me nommer. Elle me répondit que « cela ne se faisait point ». Je m'entêtai. Elle s'obstina.

« Alors, agacé, je la prévins que si elle continuait à ne point vouloir dire mon nom, je ne lui donnerais plus mes chansons et les interpréterais moi-même.

« Yvette se tordit à cette pensée !... Il faut dire que j'étais timide comme une communiante et que j'avais moins de voix qu'un mirliton, sans qu'elle fût beaucoup plus agréable...

« Tout de même, je débutai !... Non pas au *Chat Noir.* — Je n'eusse jamais osé viser si haut !...

« Ce fut chez Bruant qu'eût lieu ce premier contact avec un vrai public si différent de celui des indulgentes réunions du Quartier Latin...

« Ces débuts ? — une cérémonie émouvante pour moi ! Un trac intense m'enlevait le peu de voix, je le répète, que j'avais en temps ordinaire.

« A peine le premier couplet terminé, on me cria : « Plus haut » ! Bruant, qui voyait mon désarroi, eut la mauvaise idée de vouloir venir à mon secours...

« Au moment où j'attaquais le second couplet, il entama avec son public ce dialogue pittoresque : « F... tez-lui la paix à ce petit !... — Mais on n'entend rien !... — Si vous taisiez vos gueules, vous entendriez ! Notez que, pendant ce temps, je chantais toujours !... — Ferme-la toi-même ! ripostent les consommateurs, vexés, sur un diapason qui monte. — « Vous avez la prétention de m'imposer silence ? » tonne alors Bruant. Tout cela pendant que ma chanson allait toujours son petit bonhomme de chemin... « Vous savez bien que je gueulerai plus fort que vous à moi tout seul ! » continue Bruant !...

« Là-dessus, tumulte effroyable, hurlements, vociférations, cris d'animaux... auxquels le cabaretier au cachenez rouge répondait de toute la puissance de son gosier. Il en resta enroué trois jours. Quant à moi, est-il besoin

de dire que personne n'entendit un mot de la fin de ma
pauvre chanson ?

« J'étais assez découragé. Mais, à quelque temps de là,
j'eus l'occasion d'être présenté à Salis. Excellent commerçant, il fut ravi d'ouvrir les portes du Cénacle à
un petit jeune homme respectueux qui payait ses
bocks.

« Le public était moins tumultueux au *Chat Noir* que
chez Bruant. Bientôt, je me sentis tout à fait à mon
aise. Sans régularité, mais souvent, je revins chanter au
Chat Noir. Ce *Chat Noir* dont j'avais si longtemps rêvé,
collégien admiratif et pénétré !

« C'était la grande vogue, une vogue dont le succès
d'aucun cabaret montmartrois n'a pu, depuis, donner
l'idée. C'est que le *Chat Noir* était vraiment une manifestation unique, une création d'art réellement spontanée,
comme toutes celles qui résultent d'un concours heureux
de circonstances.

« L'ouverture d'un cabaret par Rodolphe Salis, ancien
élève de l'Ecole des Beaux-Arts, n'avait été qu'un prétexte. Elle offrait à tous ceux qui, jusque-là, n'avaient
aucun moyen de parvenir jusqu'au public, de s'en faire
connaître et apprécier la chance d'entrer en contact
avec notre maître à tous : le redoutable « Monsieur tout
le Monde » !!!

« Le triomphe du *Chat Noir* vint de ce qu'il répondait
à un besoin, aussi bien celui du public que des artistes.

« Entre les expressions sévères du Grand Art, qui ne
sont point accessibles à tout le monde, et dont aussi,
peu d'artistes sont capables, et cette forme bassement
commerciale de l'Art que sont ses manifestations populaires, il y avait place pour l'éclosion d'un art familier,
charmant, sans grand souffle peut-être, mais sans prétention, lequel pouvait plaire à toute cette partie délicate du public qui s'appelle le Tout-Paris sans doute
parce qu'il n'en comprend qu'une infime minorité. Eh

25

bien ! c'est cet art-là qui donna au *Chat Noir*, dans toutes
les branches, des éclosions vraiment délicieuses, dont
quelques-unes comme le charmant : « Ailleurs » de Donnay n'étaient que l'aurore de talents plus parfaits. La
similitude dans la qualité de leurs œuvres si diverses,
créa un lien étroit entre les artistes qui fréquentaient là
si différents qu'ils fussent d'origine et de carrière. La
même impulsion irraisonnée les avait attirés vers ce
cabaret unique, qu'aucun autre n'a remplacé depuis.
Aussi y régnait-il une camaraderie sans pose.

« Et cela dura jusqu'au jour où le cabaretier Salis, qui
exploitait à son profit l'insouciance de ses collaborateurs de hasard, abusa tellement de leur bonne volonté,
qu'humiliés d'être ainsi exploités, les uns comme Donnay, Caran d'Ache et comme moi-même, s'éloignèrent
pour ne plus revenir. Les autres exigèrent d'être payés,
devenant ainsi des « employés d'art » et des bureau-
crates de la Fantaisie.

« Ce jour-là, le *Chat Noir* cessa d'être un rendez-vous
d'artistes pour devenir une exploitation commerciale.

« Il était blessé à mort...

« De ces heureuses camaraderies d'alors, il m'est resté
des impressions vivantes, des souvenirs précis et clairs.
Je revois souvent, devant mes yeux, dans la lumière du
décor familier à jamais disparu de la petite salle de la
rue Victor-Massé, pittoresque et pleine de bruit et de
fumée : Charles Cros, ce fantaisiste qui inventa le téléphone sans savoir en tirer parti ; — Rollinat, macabre et
chevelu, hanté par d'étranges idées comme s'il eût
deviné qu'il mourrait d'une mort effroyable et rare : il
fut mordu par un chien enragé ; — Mac Nab, ce curieux
poète mécanique, à gestes drôles de pantin ; — Maurice
Donnay, à la fois si fin poète et si délicieux humoriste ;
— Jules Jouy qui semblait si parfaitement équilibré
lorsqu'il improvisait ses chansons, de forme soignée, les
écrivant sous nos yeux d'une écriture trop appliquée,

posée, régulière, presque calligraphiée, toujours sans
une rature, et en mâchant placidement un énorme cigare.
Qui eût dit alors qu'il finirait fou ! Voici Camille de Sainte-
Croix, aux chansons audacieuses ; — Albert Tinchant,
poète et pianiste au nez rouge, au gilet vermillon et qui
fut si malheureux le jour où allant, pour la première
fois accompagner des camarades dans le monde, il cons-
tata avec stupeur qu'il n'y avait pas de crachoir dans le
salon ; — Charles de Sivry, musicien délicat et doux
alcoolique, déjouant avec une astuce de Peau-Rouge les
précautions de sa famille pour l'empêcher de se livrer à
sa passion favorite et dissimulant, dans toutes les parties de ses vêtements, d'innombrables bouteilles micros-
copiques qui contenaient de l'absinthe, de façon à ce
qu'il en échappât toujours quelqu'une à la rigoureuse
visite à laquelle le soumettait sa pauvre femme ; — Clovis Hugues, ce charmeur, le bohème du Palais-Bourbon ;
— Goudeau, poursuivant de ses brocarts Félicien Champsaur qu'il ne pouvait souffrir, et promenant son mélancolique chien de berger à qui il finit, pour le sauver de
la neurasthénie, par acheter un mouton, — vivant — que
la brave bête garda dorénavant avec une vigilance
triomphante, à travers les rues de Montmartre ; — Paul
Delmet, dont une plaisanterie favorite était de retirer,
dans les cafés, son œil de verre pour taper sur la table
afin d'appeler le garçon, au risque de faire évanouir les
dames sensibles ; — Alphonse Allais, fumiste inlassable, d'un flegme impressionnant, qui faillit rendre fou
son pauvre « Oncle » Sarcey...

« N'est-ce point Courteline qui, un soir, eût l'adresse de
glisser, sur un plat d'œufs durs, un œuf tout frais pondu
au moment où le Directeur de Cluny d'alors, Adrien
Marx, venait s'asseoir à sa table ? Or, Marx avait pris
l'habitude, chaque fois qu'il arrivait, de prendre un œuf
dur, de le poser sur la table et d'en casser la coquille
d'un coup de poing savamment calculé. Ce soir-là, quand

Il exécuta machinalement son petit tour favori, l'on peut s'imaginer l'effet qu'il obtint !

« Pour ma part, c'était ce pauvre Mac-Nab qui était plus particulièrement ma victime. Il avait d'inébranlables convictions spirites et je passais mon temps à organiser, en son honneur, des expériences stupéfiantes.

« Tantôt c'était un piano qui jouait tout seul... grâce à une allumette attachée au milieu d'un morceau de caoutchouc que tirait une ficelle passant sous le tapis de la chambre et aboutissant au talon de ma bottine. Dès que je remuais le pied, la ficelle tirait le caoutchouc et l'allumette, placée sur les cordes du piano, se déplaçait, produisant une mélodie étrangement impressionnante.

« Tantôt, grâce à l'heureuse disposition de l'appartement que mon complice, le musicien Victor Charpentier, occupait alors rue Bréda (tout à côté de son salon se trouvait une sorte de vaste placard aboutissant sur le palier même par une porte ignorée des profanes), j'organisais la prise en instantané de l'apparition d'une âme et nous réussissions d'une façon inespérée cette difficile expérience. Longtemps Mac Nab promena une épreuve photographique concluante où l'on apercevait, distinctement, se détachant sur le décor de la chambre, la silhouette imprécise, mais suggestive, d'un jeune corps de femme, gracile et nu, avec les cheveux épars, les mains jointes, une figure extasiée et des yeux levés au ciel... Le tout avait été saisi par l'éclair du magnésium qui l'avait fixé sur la plaque d'un appareil préparé d'avance... et que j'avais eu soin de ne pas mettre tout à fait au point. Autrement, trop de nos camarades auraient pu reconnaître que l'imprécise silhouette et la figure extasiée appartenaient à une petite Montmartroise, modèle de profession.

« C'est elle qui, complaisamment, avait accepté de jouer le rôle de l'âme, en s'introduisant du palier dans le placard, par la porte ignorée. Là, elle avait quitté ses vête-

ments avec la vivacité [que donne l'habitude professionnelle, était sortie du placard, sans bruit, [attendant que
la lumière fût... Puis, une fois photographiée, elle était
rentrée silencieusement dans sa retraite, y avait repris
ses vêtements et était sortie sur le palier pouffant à
l'idée du rôle qu'elle venait de jouer.

« Nul n'aurait soupçonné en voyant[descendre l'escalier
à cette petite femme qui, suivant toutes les apparences
était bien en chair et même « en noce », qu'elle venait de
personnifier la pureté flottante d'une âme désincarnée,
errante dans l'espace...

« C'était là une de ces grisettes dont vous parlez dans
votre cher *Quartier Latin* (1), non plus la grisette sentimentale de 1830, mais amusante et amusée, presque
toujours sincère et désintéressée dans ses amours... Car,
éternellement les grisettes changent d'apparence sinon
d'âme et l'on en rencontrera à Montmartre et sur le boul'
mich' tant qu'on y rencontrera de la Jeunesse, de l'Insouciance et de l'Amour ! Seulement, de plus en plus pous-
sées par les difficultés de la vie, elles deviendront pratiques avant que leur jeunesse et leur beauté se soient
envolées. Au lieu de mourir à l'hôpital elles finiront, con-
venablement entretenues, ou 'mariées à quelque brave
garçon qui les aura enfin appréciées et qu'elles rendront
parfaitement heureux.

« Et, voyez-vous, c'est la grâce que je leur souhaite car
en vérité, les grisettes le méritent bien !... »

1. *Le Quartier Latin* (Hier et Aujourd'hui), avec les souvenirs de
ses écrivains les plus célèbres, du même auteur.

CHAPITRE XVII

QUELQUES LETTRES

Lettres de MM. Eugène Brieux, de l'Académie française et Jules Lévy, homme de lettres, secrétaire général du Syndicat professionnel des Gens de Lettres.

De M. Eugène Brieux
De l'Académie française

Mon cher confrère,

... Ayez donc la bonté de m'excuser. D'ailleurs, j'aurais très peu de choses à vous dire sur le *Chat Noir*. Je n'ai fait que passer, en spectateur, à celui du Boulevard Richard-Lenoir (1), et je n'aurais pas d'anecdotes intéressantes à vous compter.

Mes meilleurs sentiments.

Brieux.

* * *

De M. Jules Lévy

Monsieur et cher confrère,

Vous n'avez pas de chance.

J'aime à rendre service, vous m'en demandez un et je ne puis vous donner satisfaction.

1. M. Brieux veut dire boulevard Rochechouart.

Depuis plus de dix ans, je travaille (1) un très fort bouquin qui aura pour titre *Les Hydropathes et les Incohérents*. Je suis qualifié plus que qui que ce soit pour traiter ces deux sujets.

Ce volume devait paraître en 1915 ; l'état de guerre a remis cette publication pour des temps meilleurs.

Vous ne voudriez pas que je vous fournisse un extrait de ce gros travail, ce qui déflorerait l'œuvre que je dois faire.

Entre confrères ce sont des choses qui se comprennent.

Avec mes regrets, je vous prie d'agréer mes sentiments de bonne confraternité.

Jules Lévy.

1. Cette lettre porte la date du 9 mai 1916.

CONCLUSION

Et maintenant, après cette consultation où les voix diverses de l'admiration distinguée chantent avec l'achar-
nement de la raison et du regret, les identiques litanies,
la Butte se meurt! La Grisette n'est plus! Jetons un dernier regard vers Montmartre.

C'est, dans notre rêve obstiné, le flamboiement de
l'Esprit, celui du *Chat Noir* qui, aux derniers soubresauts
de la Gloire, veut persévérer! C'est la Poésie de son calme
village qui veut, quand même, le hanter! C'est l'Amour
qui, dans l'air flottant, met imperturbablement des baisers, et la Joie, des rires sains. Je veux apercevoir Pierrot impassible, en train de peindre Colombine.

Non, l'Art n'enrichira point Pierrot car il continue à
fuir, avec terreur, les avances déprimantes de la Fortune! Même, pour échapper plus sûrement à son emprise, Pierrot a « donné des adresses » à la Fortune et,
c'est vers les peintres pour snobs qu'Elle se dirige maintenant, rassérénée! Pourtant, voyez-la! au sortir du bar
américain, moins saoûle de son or et de son *gin*, prête
déjà à se donner à un faux artiste de Montmartre!

La Fortune dévale la pente et gagne Paris, en bas,
où des clients indignes de feu le célèbre Cabaret du *Chat
Noir*, — tous les marchands de coco et tous les fêtards
professionnels, intoxiqués et invertis cosmopolites [et,

par surcroît, des deux sexes, — s'élancent avec accompagnement de clakson dans le vide de leur vide, en éructant du champagne à 100 francs la bouteille ! Montmartre, le vrai, vomit sa camelote !...

Enfin, regrettons qu'un certain clan à Montparnasse (1) confonde, intentionnellement ou non, le Montmartre véritable, celui qui pense et qui travaille, avec le faux Montmartre, celui de la Nuit.

1. Lire dans *Le Mercure; de France* (numéro du 1er janvier 1925) la chronique de M. Deglesne sur " la Défense de la Butte et de ses habitants „ en réponse aux attaques d'un autre article paru dans la même revue au sujet de " Montparnasse „ (numéros des 1er et 15 novembre 1924).

Par contre, " La Principauté de Montparnasse „, fondée le 1er janvier 1925, par M. Raoul Cernay, au cabaret artistique *Le Cri-Cri*, 80, boulevard Edgar-Quinet, et *La Horde du Mont-Parnasse* (dictateur : M. Dubois) — entre autres groupements de Montparnasse — fraternisent déjà avec Montmartre, comme elles fraterniseront avec la Commune libre de la Villette et celle de Belleville, l'Etat libre de Picpus et la République de l'Ile Saint-Louis.

FIN

TABLE DES MATIERES

PREMIÈRE PARTIE

Montmartre : Hier et Aujourd'hui.

1. Fondée le 1er décembre 1883, erratum de la page 24.

Imp. Jouve et Cⁱᵉ, 15, rue Racine, Paris. — 6435-24